山东省学校后勤改革与实践研究

新时代学校后勤改革探索与实践

刘学祥　主编

济南出版社

图书在版编目（CIP）数据

新时代学校后勤改革探索与实践 / 刘学祥著 .
济南：济南出版社，2024. 7. -- ISBN 978-7-5488-6684-8
Ⅰ. G52
中国国家版本馆 CIP 数据核字第 2024DJ0512 号

新时代学校后勤改革探索与实践
XINSHIDAI XUEXIAO HOUQIN GAIGE TANSUO YU SHIJIAN
刘学祥　主编

出 版 人　谢金岭
责任编辑　苗静娴　胡雨薇
装帧设计　刘　畅

出版发行　济南出版社
地　　址　山东省济南市二环南路 1 号（250002）
总 编 室　0531-86131715
印　　刷　济南新科印务有限公司
版　　次　2024 年 7 月第 1 版
印　　次　2024 年 7 月第 1 次印刷
成品尺寸　185mm × 260mm　16 开
印　　张　15
字　　数　20 千字
书　　号　ISBN 978-7-5488-6684-8
定　　价　85.00 元

如有印装质量问题　请与出版社出版部联系调换
电话：0531-86131736

编 委 会

主　编　刘学祥

副主编　王　静　王小虎　刘海庆　韩昌卫　朱　政

编　委　（以姓氏笔画为序）

王　静　王小虎　王聚生　朱　政　刘学祥　刘海庆

孙卫东　张义山　张亚楠　张建亮　周长征　段　超

梁家军　董新骄　韩昌卫　翟亚锋

总序

“后勤”原本是一个军事用语，是“后方勤务”的简称。随着社会的发展，后勤一词的使用范围逐步扩大，已成为服务保障性机构和工作的常用语。现如今，后勤一般是指一个组织有效运转所必需的各种供给保障、生活服务及其管理等工作，也叫“后勤保障”。不同类型的社会组织，性质、任务和活动方式不同，其后勤工作的内容、范围和特点也不尽相同。后勤工作的基本职能是从人力、物力、财力和技术等方面保障组织的正常运转和发展，因此它是任何组织都不可缺少的重要基础工作。学校后勤保障由“总务”演变而来，“总务＝大后勤”，现在普遍所说的“后勤”或“后勤保障”仅指部门，其职权范畴已大大缩小。

就我国高校“总务”来说，原有的后勤体制是历史形成的，“机关办社会”“企业办社会”“学校办社会”是计划经济的必然要求。后勤有庞大的职工队伍（约占全校教职员工数的五分之一），教职工住房与学生宿舍、食堂及其他生活设施占学校总建筑面积的一半左右。改革开放后，教育改革被提上国家重要议事日程，而计划经济体制下形成的学校后勤体制机制，无疑成为学校的沉重包袱，越来越成为学校发展的体制性障碍，后勤部门和职工越来越感到跟不上学校的发展步伐，疲于应付，真正成了“后勤”。随着我国社会主义市场经济的建立和完善，学校后勤社会化改革从1999年起步（高校先行），逐步深化。其要义是将学校后勤服务纳入社会主义市场经济体制，建立以政府引导、社会承担为主，适合办学需要的法人化、市场化后勤服务体系，包含四层意思：一是学校后勤应当进入市场，让市场（而不是行政计划）成为高校后勤资源配置的基础手段，使学校后勤服务体系纳入社会主义市场经济体制；二是学校后勤社会化应以政府引导、社会承担为主，政府引导起宏观调控和扶持作用，社会承担主要是剥离“学校办社会”的职能，使学校后勤这一经济属性较强的行业回归社会，恢复其商品属性和职能，从而为教育，尤其是高等教育的发展甩开包袱；三是社会化的学校后勤必须满足办学需要，这就要求其在具有第三产业“服务”的本质职能的同时，必须将“育人”（主要指高校）纳入职能之中；四是社会化、市场化的学校后勤的组织形式是企业法人化。学校后勤社会化改革的最终目的是增强办学活力，改革的实质是社会主义市场经济在学校后勤领域的体现。

尽管后勤社会化改革经历了各种困难，但是从 20 年的历程来看，先行的高校后勤的社会化改革促进了高校办学规模的扩大和办学模式的转变，推动了高等教育的发展，对经济和社会的发展产生了积极影响。高校后勤社会化彻底打破了落后后勤模式所形成的体制性障碍，提高了后勤的服务质量和管理水平，减轻了学校和学生的负担，提高了办学效益，增强了办学活力，有利于高校的可持续发展和校园的稳定。

学校后勤社会化改革也是摸着石头过河，经历了很多波折，难点问题主要有：

一是资产问题。产权关系是所有制的核心和主要内容。在高校后勤社会化过程中，后勤占用资产的界定和重估，直接影响着国有资产的保值、增值和转移。因此，对于后勤资产清查核定工作，即便不考虑产权关系转移问题，也应该强调国有资产的保值增值、利益分配关系等连锁问题。

二是经营模式规范问题。尽管有的学校参照企业法或公司法成立了后勤集团与董事会，但高校现有体制下的后勤机构，其组织特征不具备法人地位，导致经营过程非常艰难。

三是经济关系问题。后勤改革的重点就是按照市场运行规律进行体制与机制上的调整，难点主要是涉及利益的再调整，例如怎样解决好服务与盈利关系，实现市场经济运行模式，理顺后勤管理与服务的体制和运行机制，保证后勤服务集团的自主经营权和经营发展权，解决行政事业经费与其他经营性经费混淆、收入差异、利润再分配等问题。

四是人事关系脱钩问题。高校后勤人员结构复杂，后勤队伍中既有正式工，又有合同工，还有临时工，解决人事关系是最困难的问题。如果后勤没有独立的人事权，人力资源就不能充分调配，而后勤集团往往缺乏用人的自主权。

五是缺乏配套改革。改革需要配套进行，高校后勤社会化改革必须通盘规划。所有制关系的改革与运行机制的改革要配套，宏观管好与微观放活要配套，内部机制的改革与外部关系的改革要配套，后勤企业活力的发挥与市场的开拓要配套，服务市场的完善与生产要素的发展要配套，生产要素中产品市场与资金市场的形成要配套，运行机制改革中价格、税收和财务要配套，价格改革与工资改革要配套，等等，而高校后勤社会化改革几乎是孤军深入。

随着社会改革的深入，近年来学校后勤出现了新的不适应：管理服务新要求的不适应，财务管理的不适应，新理念新业态的不适应，等等。学校后勤社会化改革走过20余年了，应该好好总结，深入思考，努力探索，规划好未来。

习近平总书记在2016年12月7日、8日召开的全国高校思想政治工作会议上指出："要坚持把立德树人作为中心环节，把思想政治工作贯穿教育教学全过程，实现全程育人、全方位育人"；"思想政治工作从根本上说是做人的工作，必须围绕学生、关照学生、服务学生，不断提高学生思想水平、政治觉悟、道德品质、文化素养，让学生成为德才兼备、全面发展的人才"。总书记还指出了全员育人、全程育人、全方位育人的七个渠道，其中就包括跟学校后勤直接相关的服务育人、环境育人、管理育人。

山东省学校后勤协会自2017年起，以育人之使命，以服务保障之责任，组织立项学校后勤课题研究，力图以理论成果指导全省学校后勤改革实践。或编或著，或辑或录，定会益于教育发展，亦将留下行业组织发展历程。在学校后勤"三服务三育人"的主业中，学生公寓具有非常重要的战略地位，这不仅是因为学生在公寓生活学习活动的时间最长，更因为它是学生"三观"培育的重要场所，故协会立项研究成果集以《高校学生公寓二元主体管理体系建构与实践》为发端，陆续呈献，恭请专家同人斧正。

山东省学校后勤协会
2020年12月

序

学生公寓是大学生生活、学习和交往的主要场所，是大学生思想碰撞、观念交流、对标争先的重要平台，更是高校开展思想政治教育，对大学生进行人格塑造、行为养成、情操培育以及文化浸润的重要阵地。与传统公寓管理模式相比，新时代公寓管理要求更高、内容更广、功能更全，亟须进行范式创新、流程再造以及功能拓展。创新公寓管理模式，培育公寓建设文化，对构建和谐校园、涵养行为观念、培育和践行社会主义核心价值观以及提高大学生综合素质具有重要作用。

在全国高校思想政治工作会议上，习近平总书记着重强调："要坚持把立德树人作为中心环节，把思想政治工作贯穿教育教学全过程，实现全员育人、全过程育人、全方位育人，努力开创我国高等教育事业发展新局面。"这为新时代做好大学生思想政治工作提供了根本遵循。在此基础上，《高校思想政治工作质量提升工程实施纲要》（教党〔2017〕62 号）提出"十大育人体系"，明确要求高校大力实施管理育人和服务育人，对高校学生公寓建设提出了新的更高要求。另一方面，受多种因素影响，我国大多数高校存在管理模式陈旧、育人功能不足以及专业管理人才匮乏等问题，严重制约了公寓育人功能的发挥。在新的历史条件下，如何对公寓管理进行理论研究和实践探索，创新公寓管理模式，激活公寓管理育人、服务育人职能，是新时代高校思政工作者面临的重大现实课题。

基于这样的供给需求，齐鲁工业大学（山东省科学院）孙卫东团队结合长期以来对高校公寓建设的思考和研究，精准对接学生成长成才需求，深度挖掘学生公寓育人元素，探索提出了以"二元式"为核心理念的新型公寓建设范式，凝练形成了涵盖"环境＋文化"

二元建设维度、“宜居 + 宜学”二元功能发掘以及“学校 + 学院”二元责任主体等的建设思路，并以所在学校为试点，进行了大量的学理论证和实践探索。本书的成稿就是他们多年来公寓建设管理实践与创新的汇集性成果。通读全书，我感到具有如下特点：

一是导向性更“明”。本书坚持问题导向和需求导向，以习近平新时代中国特色社会主义思想为统领，从新时代高校思想政治教育亟须供给侧结构性改革和新旧动能转换的时代方位出发，精准聚焦新时期公寓建设管理的功能定位和学生成长需求，着力解决传统公寓管理模式陈旧、功能单一、育人效能不足等问题，深入推动学生公寓从控制职能向服务职能、从一般性事务管理职能向资源整合与拓展职能、从服务保障职能向共同育人职能转化，全面增强学生公寓靶向供给和按需供给能力，符合新时代高校学生公寓建设管理的发展趋势，具有较强的目标性、方向性和引领性。

二是模式性更“新”。本书打破常规，在全面总结、深入思考和长期实践的基础上，创造性地提出了“二元式”学生公寓建设管理体系，较好地实现了环境营造和文化浸润的双“元”建构、厚德和塑能的双“元”覆盖、显性家园和隐性学园的双“元”定位以及学校管理和学院推进的双“元”联动，开辟了学生公寓建设管理新视域，在全国范围内都具有较强的突破性和先创性。

三是学理性更“严”。本书在创作过程中符合“理论探讨—规律提炼—经验梳理—理念提出—思路凝练—路径提出—实践论证”的基本逻辑，从理论研究切入、从现实问题出发、从历史经验寻计、从实践探索论证，研究思路清晰、框架设计严谨、学术累积厚实、学理论证严谨，形成了较为可靠的研究结论。同时，本书在撰写过程中注重大学生思想政治教育与教育学、管理学、心理学等多学科的交叉，具有较强的科学性、学术性。

四是可行性更“强”。本书从高校学生公寓管理的发展历史切入，全面分析了当前高校学生公寓建设管理的现状与问题，深入研究了新时代高校学生公寓管理的使命、功能与定位，论证了高校学生公寓二元主体管理体系建设的必要性、可行性等，并围绕二元主体学生公寓管理体系进行了利益相关者分析、利益相关者需求分析，构建了从体系设计一直到体系实施的完整理论框架，全面、系统地展示了二元主体学生公寓管理体系的目标定位、内容架构、功能模块、价值理念以及实践路径，具备较强的全面性、系统性、可行性。

彩云常在有新天。作为一名教育工作者，我非常高兴见证本书的出版，也为作者以及他的团队感到由衷的欣慰和自豪。本书一定能够为山东省乃至全国高校学生公寓建设管理提供新的研究思路和实践范式，为推进高校学生公寓管理体系和治理能力现代化以及高等教育高质量发展提供理论支持和技术支撑。

是为序。

穆景涛

山东省学校后勤协会副会长兼高校公寓管理分会理事长、山东农业大学副校长

2020 年 12 月 15 日

目录 CONTENTS

总序……………………………………………………………1

序…………………………………………………………………1

第一章　高校后勤思想文化建设…………………………1

一、高校后勤文化建设的内涵……………………………2

二、高校后勤文化建设的意义……………………………3

三、高校后勤文化建设的实践路径………………………3

四、高校后勤文化建设的几个重点………………………6

第二章　高校食堂管理社会化改革……………………11

一、高校食堂社会化改革模式……………………………11

二、高校食堂二十年社会化改革的经验体会……………12

三、从特色案例看改革……………………………………14

第三章　高校物业管理社会化改革……………………41

一、高校物业管理的类型…………………………………41

二、高校物业管理的特征…………………………………42

三、高校物业管理的内容…………………………………43

第四章　高校学生公寓管理改革………………………67

一、管理模式探索…………………………………………68

二、公寓社区党建…………………………………………73

三、公寓文化建设…………………………………………82

四、公寓物业服务…………………………………………88

五、公寓安全管理…………………………………………93

六、智慧公寓建设…………………………………………98

第五章　高校能源管理改革……103
一、高校能源管理体制机制改革……104
二、高校供水节水……109
三、高校供电节电……112
四、高校供暖节能……115
五、合同能源管理探索……119
第六章　高校后勤信息化建设……121
第七章　高校校园商贸管理……131
一、高校校园超市经营管理情况……131
二、高校自助洗衣机经营管理情况……132
三、高校学生浴室经营管理情况……132
第八章　高校校园绿化与景观建设……141
第九章　高校校医院管理……159
第十章　高校幼教管理实践研究……163
第十一章　中小学后勤管理改革……187
一、综合改革……188
二、食堂管理……192
三、公寓管理……200
四、智慧后勤建设……205
五、绿色校园建设……209
六、校服管理……217
后记……223

第一章　高校后勤思想文化建设

文化即“人文化成”，包括物质文化、制度文化、心理文化、精神文化等方面。后勤文化作为一种组织文化、行业文化，有其行业文化特质，必然要植入大学精神、文化和办学理念等。概括地说，高校后勤文化是后勤员工“在工作实践中创造的，并且为员工普遍认可和遵循的价值取向、工作作风、行为规范和思维方式的总和，是维系高校后勤事业科学发展的精神源泉和动因”。

近年来，随着不同层面的推动，高校后勤文化建设逐渐被重视起来，由原来零星的、散漫的文化建设的“点”，到成为自觉的理性实践，凝练出高校后勤文化建设的经验体系、评比体系、推广体系等。后勤文化跟饮食、物业、绿化、景观、能源等工作结合，形成了一系列的后勤“子文化”。当前，山东省很多高校或者在单项后勤文化建设上颇有心得，或者在构建后勤整体文化体系上甚有建树，后勤文化已经呈现出枝繁叶茂之态。

为什么要加强后勤文化建设？后勤文化的使命和作用有哪些？后勤文化建设之初，大家的认识还是肤浅的，以为搞几个文化活动就是文化建设了。编者阅读了很多高校文化建设的成功案例，结合学习思考，拟提出“双引擎”的理念，作为对高校后勤文化建设作用的定位和阐释。

首先，后勤文化对内可凝聚人心、鼓舞士气、引领后勤发展方向、提升后勤价值追求，凝练后勤精神，对内就是“核动力”。让每个员工明白为什么工作，工作的意义何在，如何提升工作的价值。其最大意义在于触动人内心对岗位的真正热爱和自信，激发其工作的热情。

后勤改革的步伐一直没有停过，后勤的服务业态也在发生变化，后勤的工作纷繁复杂，经常不被师生理解和认可，后勤的服务形象也常常遭人诟病。但是，近年来让人惊喜的是，后勤文化一直在默默地影响着后勤的从业者和服务对象，或者说，后勤文化引领着后勤的理念和发展，帮助后勤员工赢得了更多的理解和认可。不少高校后勤建设的脚步甚至跑在了一流学科建设的前面。可以说，后勤文化既作用于细微处，也发扬于时代前。

其次，后勤文化实实在在地落实着“立德树人”这一教育的根本任务。作为大学文化中的部门文化，它既有传播学校主文化至后勤的职责，又有融入学校主文化，服务学校重点工作、核心使命的任务和功能。后勤天地宽，处处皆育人；后勤人是不上讲台的“教师”，这些不是生硬的描述。新时代教育工作要在坚定理想信念、厚植爱国主义情怀、加强品德修养、增长知识见识、培养奋斗精神、加强综合素质6个方面下功夫。后勤文化的价值引领和育人作用至少在其中3个方面大有可为。比如，后勤通过自身业务的开放性，为学生呈现丰富的劳动教育内容和形式：与思想政治教育相结合，培养学生的劳动价值观；与生产生活相结合，培养学生的劳动能力；与学习实践相结合，培养学生的创新创业能力。开放多元的后勤业态、工种以及未来智慧后勤建设的科技需求，为学生劳动教育提供了丰富的选题。做好后勤承担劳动教育的路径建设研究，有助于为高校劳动教育落地破题，有助于学生德智体美劳的全面发展。其实，后勤文化在高校中的育人功能从没有缺位，之前多被大量的业务工作掩盖，大家干得多，梳理得少，零星考虑得多，系统研究得少，这造成后勤文化的育人价值被忽视。近几年，很多高校后勤主动融入、主动赋能，呈现出文化育人、育人文化的生动实践，比如开设劳动教育课、开办后勤学校、开设“勤学堂”等，可谓创新不断，百花齐放。

后勤文化的“双引擎”建设，呈互为动力之势、互相融合之象，“内引擎”是基础，“外引擎”是目标。一个良好的后勤文化建设生态，需要优良的内部文化建设，同时也需要正确的价值输出和育人引领。山东省高校后勤文化建设，汲孔孟文化之智慧，担时代育人之使命，已经取得了长足的发展，也必将在全国高校文化建设中唱响齐鲁之声。

一、高校后勤文化建设的内涵

后勤文化建设的主体是后勤干部员工，后勤文化是在长期的后勤服务过程中逐渐形成的一种文化形态，同时也是所有后勤员工都认同和遵循的行为规范、内心追求，是在服务、劳动、和师生互动、不断修正和提升的过程中，逐步形成的较为稳定的价值观、道德观、信念和理想。

高校后勤文化建设内容众多，内涵丰富，在一代代后勤人的实践和努力下，也形成了一些特定的内容和符号。

一是物质文化

物质形态是高校后勤物质文化建设的主要表现形式，包括后勤的环境和产品。后勤环境作为校园环境的一部分，是全体后勤工作者为老师和学生提供各种服务的工作场所。后勤产品则是师生直接或者间接感受到的物质形态，包括美味的饭菜、醒目的标识牌、整齐的服装、干净的教学环境以及整洁的宿舍，等等。这些有形的物质表现形态是物质文化建设的体现，对师生的学习、工作以及生活都产生着重大的影响，同时也是评价高校后勤文化建设质量的关键因素之一。

二是制度文化

高校后勤制度文化是后勤部门根据后勤服务内容制定的规章制度、工作流程以及工作指南等。好的制度体现出后勤管理的理念、目标和追求，体现出后勤治理的水平和能力，伴随着后勤工作的全过程，是后勤工作的行为准则。而只有后勤人在工作中，形成执行制度，自觉落实制度，用制度做事、管事的氛围后，才可以说制度文化形成。

三是行为文化

高校后勤的行为文化是后勤工作者在提供服务的过程中所表现出来的行为实践。行胜于言，这是后勤文化建设的最后一公里，也是最主要、最直接、最丰富的内容。行为文化在育人上的作用比之其他文化更为重要。

四是精神文化

高校后勤精神文化是深层次的建设内容，也可以说是文化建设的灵魂，是后勤工作者在长期的后勤服务工作中积淀下来的无形财富，体现出后勤人共同的价值理念、目标追求、发展方向、精神面貌等。

二、高校后勤文化建设的意义

高水平大学的建设与一流的后勤服务保障密切相关，而一流的后勤服务更是离不开一流的后勤文化。高质量的高校后勤文化建设会极大地促进高校后勤服务质量的提升、保障能力的提高、文化育人目标的实现，有利于提高学校老师、学生和社会的满意度，有利于提升后勤干部职工的价值感、尊严感、荣誉感、自信心，促进后勤人热爱岗位，履职尽责，完成后勤人价值的实现和后勤事业的长足发展、高质量发展，形成温馨和谐、干事创业的良好生态。

三、高校后勤文化建设的实践路径

（一）坚持文化引领、文化驱动，制定后勤文化长期发展规划

后勤文化属于大学校园文化的一部分，既是学校文化特色和文化底蕴的间接展现，也体现出高校后勤部门管理者的战略高度、规划水平。新时代的高校后勤不仅要为学校做好服务和保障，同时也要通过自身孜孜不倦的追求和创新实践，在某些方面起到引领的作用，为高水平大学的建设增光添彩。高校后勤应加快建设后勤文化，制定科学的发

展方案、发展目标、工作任务和具体的操作策略，让后勤文化和校园文化协调发展。

（二）以党建为统领，优化党风政风，强化员工主人翁意识

作风决定行动力，只有抓好党建和思政工作，加强后勤部门的党政作风建设，以克服形式主义和官僚主义为长期的抓手和目标，才能更好地做到组织严密、纪律严明、风清气正、温暖和谐，走出一条新时代高校后勤文化建设的正确之路、独特之路、有效之路。

（三）找好载体，深化后勤精神的挖掘，拓展、弘扬育人文化

建设高校后勤文化的目标之一是打造良好的后勤形象，把后勤精神、服务理念通过各种文化形态，通过后勤人传播出去。后勤榜样是生动活泼的，是体现优秀后勤精神的符号，在文化建设中要善于塑造后勤榜样。后勤精神是在长期的服务实践、育人实践过程中，在后勤文化理念和文化体系的建设过程中，在理论升华和实践经验的总结中逐步形成的，寻找到好的载体，比如优秀的校园文化活动，是形成后勤活力、激发后勤人工作动力的好做法。后勤精神不容易形成，需全方位的谋划和长期实践，一旦形成，就会成为后勤人自觉遵守的道德原则、内心追求，真正彰显出文化建设的力量和重大意义。

过去说，后勤人是不上讲台的老师，而现在，很多高校已建立起后勤学校之类的组织，在自育的同时，后勤人也走上讲台，对学生进行生活教育和劳动教育。这展现出后勤人的智慧和勤劳，是新时代后勤文化建设值得继续探索和实践的方向。

（四）持之以恒建设学习型、服务型、创新型后勤，提升后勤人的素质和技能

后勤文化建设最终要落到实处。所以，后勤管理部门要继续加强对员工的知识培训并且重视其技能提升，打造“学习型后勤队伍”，这需要思想上的高度重视、经济上的保障、培训体系的建立等。服务是后勤的初心和灵魂，是任何时候都不能忽视的。后勤的改革和探索是持续不断的，所以创新精神是后勤发展不竭的动力。“三型”后勤的建设，应成为后勤组织文化的抓手和目标，也是途径。

（五）构建畅通的沟通监督机制，建设学校和师生满意的后勤

全体师生是高校后勤人员服务的主体。因此，确保高校后勤服务质量的关键，就是要加强后勤工作者与师生之间的沟通，让师生“走进后勤”，后勤“走进学院”，以共建共联、项目合作等有效的形式，打造更多有实效的沟通平台，做好精准服务，使后勤人员充分了解师生的各种需求，倾听师生的声音，同时搭建有效的监督平台，帮助后勤人员充分了解工作的不足之处，接受师生的合理建议和指导，建立有效的奖惩激励机制，激发员工努力提高后勤服务质量的动力。

【案例一】山东科技大学——发挥文化软实力作用，创新文化驱动，构建长效保障体系

高校后勤事业要高质量发展，改革是机遇，科学管理是方式，积极创新是发展动力。后勤队伍是重中之重，是后勤文化建设的保障。建设高水平的高校后勤很重要的一点在于培育具有时代特色、创新性和创造力的后勤文化理念和建设体系。山东科技大学被评为全国文化建设示范单位，文化建设体系丰满，有较早的实践和丰富的积累，提出“四大体系、六型后勤”建设要求，系统规划和实施新型长效保障体系的建设。坚持文化创新，培育大批大学生员工，打破身份用人，给予服务单位用人权和分配权，为员工搭建创业平台，由员工持股成立 8 家专业化服务公司，在创新文化和品牌后勤建设的双轮驱动下，培育出深受师生喜爱的“暖暖茶”大堂服务、乡米香米、高人吉米互联网餐饮、校园环卫天使等服务品牌。同时，创新文化的实施，激发出全员创新激情，各种微创新的大量涌现丰富了校园服务业态，也给师生带来了更多更美的体验。

【案例二】临沂大学——后勤文化建设是形成凝聚力和向心力的内生动力，有助于构建和谐后勤、和谐校园

几十年来，高校后勤改革探索的步伐一直未停止过，后勤的干部职工在改革的过程中，都经历着思想和利益上的碰撞，矛盾凸显时有之，很多变革都是颠覆性的。在这样的大背景下，和谐后勤的形成和发展面临着严峻的挑战，后勤的文化建设为更好地构建和谐后勤做出了突出贡献。临沂大学以“新、活、深”的指导思想，推进后勤社会化改革，堪称后勤文化建设助力社会化改革的典范。主要做法有以下几点：一是改革理念新。从内部讲，就是通过不断深化管理体制改革，进一步明确工作职责，强化责任担当，转变管理模式，提高工作效率；从外部讲，就是运用市场经营理念，使高校后勤这一公共事业成为企业化经营、市场化运作，实现后勤与学校剥离，不是将包袱甩向社会，而是激活后勤市场。二是管理机制活。坚持以师生为主体、多种合作模式并行的“一主多元”原则，后勤管理服务由专业公司托管，提高了管理的质量与水平；学校履行监管职责，实现管办分离，使学校后勤保障充满生机活力。三是改革层面深。2000 年，临沂大学制定后勤改革实施方案，实行契约合同管理，学校不再直接负责，做到一步到位，彻底改制，全面剥离。到 2015 年，全校后勤服务项目全部公开招投标，实行合同化管理。改革之所以能顺利进行，思想文化建设起到了决定性作用。

【案例三】山东理工大学——深挖后勤人员综合素质和能力，以“服务文化”带动服务工作提升

培育高校后勤文化，能够营造良好的文化氛围，从而促使员工提高自身的素质，保障服务质量和服务效率，帮助员工建立起与时俱进的价值观，规范行为方式，全面打造高素质的后勤员工队伍，使之与新时代社会改革要求相适应。山东理工大学通过开展“优质服务月”活动，实行“服务承诺制”“首访负责制”和“维修包修制”等工作制度，培育“文明服务示范窗口”“优质服务标兵”“优秀班组”等先进工作典型，树立了一批“以事业为重、以奉献为乐、以发展为荣”的先进典型和标杆，通过典型宣传，起到了以点带面推动工作的作用，在各中心迅速形成了比、学、赶、帮、超的工作氛围，提高了服务效率和服务水平。

四、高校后勤文化建设的几个重点

（一）饮食文化建设

随着时代的发展，人民生活水平不断提高，高校后勤的饮食服务工作也稳步提升，不仅仅停留在让大家吃得饱、吃得好的层面，更注入了饮食文化，助力高校文化教育事业发展。高校饮食文化是高校后勤文化的重要组成部分，优秀的饮食服务的目的之一是强化饮食文化的育人功能。优秀的饮食文化在引导大学生养成良好的饮食习惯、提高身体素质、养成良好的道德修养、传承优秀的中华民族美德和精神、提升校园的温度和温情方面起到不可忽视的作用。近些年，随着更多优质餐饮企业加入高校饮食服务中，高校饮食条件快速改善，饮食文化建设也逐步呈现出地域性、时代性、历史性、融入性、国际性等特性。

地域性。高校生源来自全国各地、不同民族，所以高校食堂的饮食服务和文化建设既要立足于高校所在地区的历史、民族文化，体现地域特点，又要照顾到不同地区、不同民族的特色。

时代性。饮食文化需结合时代特点，具有正确的方向引领，比如在环境设计上，凸显社会主义核心价值观的宣传，播放相关电视节目等。

历史性。饮食文化具有悠久的历史传统，承载着中华民族共有的优良美德。要在高校餐厅、食堂环境，特色餐品和文化活动的开展上，体现出历史性。

融入性。高校饮食文化是学校文化、后勤文化的一个分支，文化建设一定不能离开所在学校的历史渊源、校园文化、学风校风、治学精神、教育思想和价值取向等。

国际性。随着办学国际化趋势的发展，高校食堂、餐厅的环境和服务必然要融入国际化元素。

饮食服务工作是后勤服务工作的重要窗口，直面师生，且频次最高，因此饮食文化建设在落实后勤工作安全有序、后勤环境高雅洁净、实现后勤服务育人宗旨的过程中，起着关键的作用。吃得有品位，已成为新时代高校后勤饮食文化追求的高境界，必须有文化建设的植入和加强方可实现。高校后勤饮食人在服务中顶着责任风险的压力，心理上也会受到冲击。他们面临成长期的青年学子，年轻人的不成熟也往往让饮食人产生一些负面情绪，如果这些情绪不尽快化解，可能会造成不良的影响。特别是当今的高校餐饮经营模式发生了颠覆性变化，如何引领、融合合作企业的文化理念、经营理念，提高管理水平，这是新时代的新课题。饮食员工在和师生的交流互动中， 如何以自身优良的职业形象影响青年学子，培育健康的校园环境，营造“饮食润爱”“菜里有情、饭里有爱”的温暖校园，塑造学子优秀的文化品格和道德水平，都是饮食文化建设的课题。所以，饮食文化需要长期坚持，持续提升和改进，让学校的餐厅不仅是学生吃饭的场所，也成为聚会交流、开展文化活动和学习的场所，成为能够陶冶情操、具有美的享受的场所，成为对学生进行精神文明教育和传统美德教育的重要阵地。

餐厅环境建设注重体现学校特色和学校发展历史。很多高校在食堂打造学校历史以及学校办学理念的文化墙，以提升学生知校爱校兴校的理念，在一日三餐中，潜移默化地影响校园学子，让学校的育人思想深深植入学生心中。比如山东理工大学“观大美淄博　现泱泱齐风”的灯箱文化，巧妙结合学校所处的地理位置，深入挖掘地域文化，展示齐文化之聊斋故里、古旱码头、千乘之国五霸之首——齐国故都等文化地标，弘扬累世相传的孝德文化、忠贞爱情、清廉忠勤等中华传统文化精髓和美好品德，突出地域文化特色，30 米画卷“齐风泱泱”浓缩风云变幻、波澜壮阔、百家争鸣的 800 年齐风韶韵，激发师生的爱校荣校情怀。宣传方式涵盖了宣传栏、食堂展板、电子屏幕、微信公众号等多种媒介手段，内容涉及节俭文化、健康饮食文化及中华优秀传统文化，积极实践了“三全育人”。

饮食文化建设注重培育服务品牌，体现人文情怀。比如青岛科技大学开展“不忘初心，砥砺奋进，聚力攻坚，担当作为”饮食文化建设月活动，丰富校园饮食文化，促进校园文明建设。在满足师生多样化的就餐需求的同时，努力打造高质量的后勤服务品牌，让饮食与育人在更好的平台交叉融合。青岛大学饮食服务中心创建了“妈妈的味道”“砂锅大爷”服务品牌，以“饮食润爱”为主题，以互动活动和菜品的结合为主要内容，以节日、纪念日为契机，丰富内容，以提升服务质量、让师生满意为目标，经过深入挖掘，集思广益，总结凝练，形成了一个很好的品牌概念，用熟悉的味道唤醒学子们过往的记忆，用真挚的故事抒发深爱的情感，用美味的食品和贴心的服务传递后勤人的温度和情怀。通过深挖品牌内涵，用有情有爱的饮食人、饮食事来打动人，从而塑造良好的品牌形象，塑造后勤服务的新形象。

饮食文化注重制度文化、管理文化的打造和提升。比如很多高校饮食服务中心在日常管理工作中，引进 6T、5S 等管理方法，和合作企业的管理优势有机融合，且在推进过程中，采取了多项创新性的举措，比如青岛大学多年坚持 6T 管理法，在结合工作实际和分析原来饮食服务中心执行的各项管理制度的基础上，创造性地增加了风险源管理内容、安全风险标识设计、看板创新、6T 管理思想的理解等多方面内容，使得 6T 管理的应用效果得到明显提升，安全风险降低，工作效率提高，员工的安全意识和质量意识得到强化，现场质量管理明显提升。

高校饮食文化建设仍存在问题，比如，缺少对饮食文化的整体系统设计，饮食文化有待与合作的餐饮企业的企业文化更好地融合，缺少饮食文化的硬品牌，等等。在具体实施高校饮食文化建设的过程中，各高校应该开拓思路，创新形式，找准切入点，党建引领，强化社会主义核心价值观教育，融入学校和部门的大文化建设系统中，让服务与育人有机结合，相互促进，相互贯通。

（二）校园绿化景观建设

校园景观环境不仅是高校一道美丽的风景线，还起着文化引领和环境育人的作用。校园景观是校园文化的物质表现形式之一，是校园文化的部分承载，反映一定历史时期的文化价值观念、高校办学理念、审美情趣及价值取向。其文化功能的显现同时赋予了高校校园景观潜在的教育功能。高校校园景观具有物质性、精神性、教育性的属性内涵。

高校校园景观大体上可以分为建筑、植物、水景、雕塑等类型，这些不同的景观类型都承载着学校的文化，发挥着独特的育人功能。首先就建筑来看，其能够展现高校的发展历史以及独特的校园文化氛围，对每一位学子来讲，高校建筑都如同身边的良师益友，不断激励着他们努力学习。其次以植物景观来讲，其蓬勃的生命力可以愉悦身心、激发活力。而就校园水景来看，水作为灵性与智慧的象征，可以净化学生心灵，引导学生进行思考，提高学生的想象力。雕塑景观则表现了高校历史与厚重文化，其文化气息有助于为学生营造良好的学习氛围，提升学生对知识的渴望。校园景观既可以有单体的育人价值，也可以有整体性的文化引领架构。高校越来越重视景观的品位设计和打造。比如山东建筑大学新校区西南部是风景优美的“雪山”，东北部则是地势比较平坦的教学区、生活区、休闲区，校园规划秉承“三泉映雪”的立意，组织了一条连接“日泉、月泉、星泉”三个重要开放空间节点的生态廊道，两条纵深轴线构成了最重要的景观路线，两条横向的轴线串联多个楼宇和功能区，加之与道路流线吻合，形成浑然一体的校园景观架构，是高校绿化景观建设的典范，其育人作用不言而喻。

高校校园环境规划设计是高校校区总体规划的一个重要组成部分，应体现高校自身的历史文化特点，满足师生科研、教学、学习、休闲、交流的需要。高校校园环境规划设计应美化校园，体现学校历史文化特色，达到改善情绪、陶冶情操、环境育人的效果。比如临沂大学以“四季常绿，四季花开”为总体规划，与后勤文化建设相融合，凸显育人工程建设，采用科学的色彩搭配，彰显个性。“金色”代表临沂的人文与历史文化，“红色”代表革命传统文化，“绿色”代表生态与活力的文化，“蓝色”代表开放与包容的文化，成为高校环境文化建设独特的靓丽风景。青岛大学不仅用简洁的颜色翻新楼宇，还将社会主义核心价值观以彩绘等形式搬上墙面，提高了阅读教育的有效性。很多高校不仅在楼宇墙体上下功夫，校园内的文化长廊、路灯杆、体育场以及大量的楼道等也都进行文化建设。海洋景观建筑在中国海洋大学中十分常见，管长龙教授说：“海洋景观建筑不能脱离科学常识。”校园中的这些建筑时时刻刻都在提醒着学生孜孜求学。

高校校园景观环境建设要注意生态性与地域性相结合，注重创新。充分利用学校选址内的地形地物，结合原有山体、植被、水体等自然景观进行，因地制宜，将自然景观与人造景观有机结合，发掘高校自身历史文化底蕴，建设富有地域特色的校园环境。临沂大学围绕打造金色文化景观，注重挖掘临沂悠久的历史文化资源，同时密切结合沂蒙的风土人情；围绕打造绿色文化景观，依托现有的自然环境巧妙构思，立足“做亮主轴线、做优核心面、做精休读点”，绿地布局合理，校园特色突出，生态环境优良；围绕打造蓝色文化景观，从规划到建设坚持体现国际化、开放性的理念，校园环境资源与社会共享。

在进行校园景观环境规划设计时，应集思广益，多方面征求师生的意见。师生深度参与的景观文化建设才更具有生命力和感染力。山东农业大学北校区在对位于生命科学学院楼前的绿地进行改造的过程中，开展“校园绿地中文化和景观的融合设计”活动，吸引广大师生参与方案设计，建成了具有学科特色的景观，深受好评。

目前，高校校园景观建设取得了长足的发展，但还存在文化缺失的问题。如，忽视景观文化的传承性，忽视精神层面的价值，校园景观文化特色不足，地域文化因素植入不足等；大多数高校对于校园景观的建设操之过急，在不考虑自身实际的情况下，盲目对一些模板进行照搬，从而导致牛头不对马嘴的现象；等等。

（三）高校校园实体书店建设

在高校后勤思想文化建设中，校园实体书店成为一股新的重要力量。实体书店是高校重要的文化设施和文明载体，在传播先进文化、推动全民阅读、建设书香校园、促进学生全面成长成才等方面具有十分重要的作用，对于高校落实“三全育人”职能，培养德智体美劳全面发展的社会主义建设者和接班人具有重要的现实意义。

2019 年 7 月，教育部办公厅发布了《关于进一步支持高校校园实体书店发展的指导意见》（教发厅〔2019〕6 号）（简称《意见》）。《意见》要求各高校应至少有一家校园实体书店，加大扶持力度，鼓励高校毕业生自主创办校园实体书店，努力打造开放多元、特色鲜明的校园实体书店。国家层面的支持给高校校园实体书店发展注入了一针强心剂。《意见》明确指出支持校园实体书店与后勤服务实体共建书香餐厅、公寓书屋等，将图书展示、阅读、销售与学生生活服务深度融合，共同打造校园书香生活产品和环境。《意见》指出，高校实体书店的价值是多方面的，不仅代表了思想政治和文化上的先进性，还肩负着推动全民阅读、增进社会效益的责任，是“文化自信”建设的重要组成部分。在这方面，有些高校已经进行了探索实践，也取得了不错的效果。

【案例】青岛大学“浮山书店”——深度融合，文化带动，走出一条特色化、复合经营发展道路

为更好地满足新时代大学生物质文化生活需求，提升校园文化品位和服务品质，青岛大学后勤管理处研究确定了引入社会资金和专业团队，以先进经营策略盘活现有资源，更好地服务师生员工的转型思路，选定了以书香文化带动商超和零售的复合经营策略及文化驿站方案，在国内高校尚属首例的浮山书店顺势而生。书店占地面积600平方米，借鉴台湾著名的“诚品书店”的运营理念，打破传统商超经营模式，在功能设置上是一个集阅读、文创、大学生创客、沙龙、读书会、超市、美食、休闲于一体的多元、动态的文化驿站。浮山书店与普通书店的区别在于，依托高校独有的学术氛围和定期举办的学术交流、对话活动，打造传播阅读与文化交流的平台。浮山书店文化驿站坚持“师生为重、服务至上”的后勤服务理念，突出公益性和服务性，真正成为青岛大学一个“一站式”服务的平台，一个人文荟萃、思想交融的阵地，一个休闲小憩、交流学习的平台。后勤管理处努力让书店成为后勤思想文化建设的重要阵地，成为青岛大学文化新地标。

高校后勤文化建设一定要充分认识校园实体书店的重要意义，充分发挥其作用，通过书店整体的设计、定位，让书店成为后勤服务“三全育人”的重要阵地。建设中要广泛合作，深度拓展，聚拢人气，联合学生会、共青团委、工会、教师工作部、学生工作部等组织，充分利用互联网资源和新媒体优势，拓展多种交流渠道，加强与读者的联动，开展形式自由的阅读活动，在培养师生阅读的广度上持续发力。深度融合了，人气聚拢了，书店内的业态就可以搞活了。还要定位明确、与时俱进，打造师生的“一站式文化消费空间”，走一条可持续发展之路。改善实体书店阅读环境，提升读者阅读体验感，通过开展读书会、演讲会、交流会、新书发布会、电影展、画展等多形式活动，为读者创造精神交流的机会。书店还可引进文创、饮品和聚会服务，如销售大学文化衫、纪念品等。校园实体书店可以填补图书馆空白，努力寻找市场空白点，增加自身价值。

第二章　高校食堂管理社会化改革

社会化改革之前，高校后勤最基本的状况是“一校一户办后勤”（总务处），学校对后勤实行“统、管、包”的管理，后勤管理体制和运行机制存在诸多问题，所以，高校后勤社会化改革的主要目的是实现高校后勤管理模式与运行机制的根本转变。1999 年高校后勤社会化改革之后，我省各高校食堂紧随时代步伐，审时度势，结合自身实际，积极探索食堂社会化改革的步骤和方式，为提高食堂的保障能力和学校稳定做出了积极贡献，同时也积累了高校食堂管理的新经验，形成了适合自身发展的、有特色的管理模式，为进一步深化改革奠定了坚实的基础。

一、高校食堂社会化改革模式

（一）社会化后勤（甲乙方“契约关系”）管理模式

根据教育部等六部委下发的《关于进一步加快高等学校后勤社会化改革的意见》，我省各高校于2000年前后成立了校内后勤集团或后勤总公司，实行了固定甲、乙方模式，即由后勤管理处代表学校为固定的甲方，乙方为后勤集团，管理处代表学校将学校经营服务职能以“契约方式”整体委托给后勤集团，并对后勤集团的经营服务情况进行监督管理，后勤集团根据提供经营服务的内容和质量要求，合理收取管理费，两个机构同时向学校负责，为高校的教学、科研的正常开展及师生员工的日常生活提供较好的后勤服务，确保学校日常工作有序进行。但是甲乙方“契约关系”管理模式仍存在着许多弊端，比如分而不离、主体地位不平等、关系不顺畅、增加了中间环节和运行成本等，这种“分离”不是实质意义上的“分离”，是“剥而不离”。随着改革的推进，全省高校有的甲乙方合并，仍然是“一校一户办后勤”，只是管理形式发生了变化，食堂制定“年度运行办法”和“伙食成本控制指标”上报后勤管理处审批后，按照现代企业管理制度，不断改善办伙条件，组建成自主经营、独立核算、自负盈亏的学校后勤服务实体。这种管理模式下，学生食堂成本构成如下：

学生基本大伙食堂伙食成本构成

直接成本（大约 XX%）			间接成本（大约 XX%）						盈余
原料	水电气暖	燃料	管理费	基本工资	绩效工资	社保公积金	劳保低值易耗	事编岗贴	±2%

学生辅助食堂伙食成本构成

直接成本（大约 XX%）			间接成本（大约 XX%）							盈余
原料	水电气暖	燃料	管理费	基本工资	绩效工资	社保公积金	折旧	劳保低值易耗	事编岗贴	±2%

（二）甲乙方"合同关系"管理模式

通过社会招标，学校将食堂餐饮经营服务职能以签订合同的形式整体委托给社会餐饮企业，学校为甲方，社会餐饮企业为乙方。学校对社会餐饮企业的经营服务情况进行监督管理，社会餐饮企业根据提供经营服务的内容和质量要求，合理收取服务费。通过招标引进优秀的社会餐饮服务企业，引入竞争机制，引入社会力量和资金参与食堂改造，充分利用社会资金，提高食堂资源配置水平、优化就餐环境，形成市场化运作。

（三）"契约关系"与"合同关系"并存的管理模式

实行"契约关系"与"合同关系"并存的管理模式，保留自营部分，引入优质餐饮企业，进行有序竞争。通过取长补短、相互学习，促进校内餐饮服务业的发展，满足广大师生的就餐需求。

我省高校食堂管理社会化改革以服务学生为本，向管理要效益，压实责任，从队伍建设、文化建设、制度建设、成本核算、生产安全、食品安全、食品质量、服务质量等方面，加大力度，狠抓细节，落实标准，取得了很好的成绩，积累了宝贵的经验。

二、高校食堂二十年社会化改革的经验体会

从 20 年的改革进程看，高校食堂管理社会化改革总体上是可以肯定的，应继续加大改革力度，深入探索适应新时代要求的高校食堂管理经营模式。

（一）思想认识和政治站位要高

对任何管理工作来说，定位都非常重要。我国高校食堂管理服务质量如何，关系着学校育人职责任务的完成。要想增强员工爱岗敬业的精神，就要提高政治站位，使每一

位员工真正把责任扛在肩上，化为自觉行动。凡是员工思想政治工作做得到位的，其改革和管理都会顺利。加强党的建设，发挥党组织的核心引领作用和党员的先锋模范作用尤其重要。只有这样，才能保证高校食堂社会化改革的顺利进行和学校的稳定发展。

（二）完善评价机制

制度建设是做好高校食堂管理工作的前提和基础，除了要以制度管人管事，还要有客观可行的评价机制。评价标准不仅要符合国家规定，还要看管理团队是否团结、员工队伍是否稳定、服务产品（饭菜）是否有较好的声誉，更重要的是服务对象和上级管理部门是否满意，即广大师生对饮食工作满意不满意，学校领导对饮食工作满意不满意，员工对自身的工作满意不满意。要在日常管理中不断检验制度和评价机制。

（三）注重用人制度改革和激励机制

有一个好的劳动人事管理制度和用人机制，才能建设有技术、有能力的员工队伍。在分配上打破事编与非事编界限，实行岗位责任制，按岗位和效益优先的原则确定酬金，激发员工的积极性和创造性，是食堂管理的首要任务。着力培养年轻有为的管理者，是食堂管理的长期任务。

（四）建立严格的监管督查体系

高校后勤社会化改革的最终目标是建立“政府宏观调控、市场提供服务、学校自主选择、行业自律管理、各方依法监督”相结合的后勤服务保障体系。为此，我省各高校食堂根据自身情况，从严格餐饮企业准入制度、建立健全监管体系、严把原材料关、加强培训、引进先进管理理念五个方面提出了监管对策，无论契约式管理，还是引进服务型管理，必须遵循服务属性，按照“公益性、非营利”的原则，最大限度地满足师生需求。为确保师生利益，使各监督部门在行使监督检查职能时有章可循，要建立健全监督检查体系，制定监督考核的指标，细化质量检查标准，使用先进的技术手段，使餐饮服务规范有序，以推动高校食堂健康发展，保证食品安全。

（五）强化成本核算，稳定饭菜价格

成本管理是高校食堂在社会化改革过程中的一项难点工作。食堂要向管理要效益，必须强化成本管理意识，食堂管理人员要增强遵纪守法、爱岗敬业和当家理财的责任感、使命感；要有集中统一的采购，规范采购行为（最好是规模化联采联购）。有的高校建立了价格平抑基金，灵活运用财务会计手段，消除物价变动带来的成本补偿不足问题，对稳定食堂饭菜价格起到至关重要的作用。

（六）增强质量意识，筑牢安全防线

为了确保高校食堂的食品质量不断提高，必须强化安全意识，加强质量管理。首先

要强化合同（契约）管理，充分利用合同的法律效力，提高管理效益；其次，通过检查监督等方式，促进食堂工作人员不断强化管理意识、质量意识和安全意识；再次，通过建立一系列规范，借鉴 ISO9000 质量管理体系和 ISO22000 安全管理体系的理念，使食堂管理向标准化、规范化发展，培育持续发展的动力。

（七）加强专业培训，全面提升服务水平

服务师生是高校食堂工作的出发点和落脚点，要不断提高服务水平，就必须加强员工培训。通过思想和专业服务培训，把“要我服务”变成“我要服务”，变“被动服务”为“主动服务”，积极开展“争先创优”“优质服务月”“优质服务年”等活动，落实“管理育人、服务育人”的宗旨。通过经常性的业务培训，不断提升员工专业水平，增强员工的事业感和团队意识。

（八）文化建设是提升团队凝聚力的法宝

文化建设对高校食堂管理具有重要推动作用，可以把员工紧紧地黏合、团结在一起，使他们目标明确，步调一致，有助于食堂管理整体水平的提升。它所形成的文化氛围和价值导向能够调动与激发员工的积极性、主动性和创造性，把员工的潜在智慧诱发出来，使员工的能力得到充分发挥。好的食堂文化有潜移默化的育人功能。

三、从特色案例看改革

第一篇　管理篇

一是企业化管理模式自营

【案例一】山东大学饮食管理服务中心

山东大学后勤于 1999 年进行社会化改革。2000 年 7 月，山东大学与山东医科大学、山东工业大学进行了合并，合并后的学校后勤管理试行了后勤管理处与后勤集团并存的“固定甲乙方模式”，即由后勤管理处代表学校，为固定的甲方，乙方为后勤集团。经过四年的探索运行，2004 年取消后勤集团，恢复为后勤管理处。随着改革的深化，食堂管理也由饮食中心变为饮食服务总公司，又变为饮食管理服务中心，但饮食管理服务中心与交通通讯服务中心、幼教服务中心作为服务类后勤保留了自主经营“契约式”管理模式。为此，饮食管理服务中心按照“公益性、非营利，最大限度满足就餐者需求”的原则，制定“年度运行办法”和“伙食成本控制指标”上报后勤管理处，经批准后实施运行。

2012 年 4 月，学校出台了《关于进一步加强学生食堂工作的意见》（山大后字

〔2012〕7号），进一步确立了“以科学发展观为指导，以学生为本位，坚持学生食堂为学生健康成长服务的方向，系统建立既体现公益性又适应市场规律，保障学生食堂可持续发展的长效运行机制”的指导思想；确定并实施了“建立完善学生食堂有效控制的管理机制、可靠平衡的供需机制、合理浮动的价格机制、公平有序的竞争机制、多位一体的监管机制”五项机制建设；明确了学生食堂工作坚持的五项基本原则和六项优惠政策，建立了1000万元学生食堂专项基金。从而构架起符合学生食堂工作实际的、更加科学的新型学生伙食保障服务体系，不仅全面贯彻落实了中央、山东省关于进一步加强高等学校学生食堂工作的文件精神，而且对学校食堂工作的科学发展进行了系统规划建设。

1.按照“政治伙食”定政策。学生餐饮是学校基础性、关键性的后勤保障工作，是学生完成学业的基本保障，是学校完成公共产品生产不可或缺的基本条件，其保障能力直接涉及学生切身利益、涉及学校和社会的和谐稳定，通常被称为“政治伙食”。根据中央和山东省关于加强学生食堂管理的相关文件精神，结合学生伙食实际，学校明确了五项原则、六项政策，从政策层面把学生食堂明确为公益性非营利机构，从而为坚持正确的办伙宗旨确立了明确、稳定、长效的内部政策约束机制，按照“监管＋运作”模式运行。

2.明确管理体制与机制。学校《关于进一步加强学生食堂工作的意见》系统地确立了学生食堂工作管理体制，由学生食堂工作领导小组全面负责对学生食堂工作的领导，学生食堂工作领导小组办公室设在后勤保障部，领导小组办公室代表学校履行对学生食堂工作的监督与管理，主要包括年度运行方案审批、成本结构性控制、大宗伙食物资招标采购、食品安全监督管理、价格调控与服务评价等六个方面的职能。授权饮食管理服务中心（副处级建制）具体负责学生食堂工作的运行与实施。按照安全卫生、管理服务、廉政建设三项目标责任制，实行统一管理、统一核算、统一标准、统一服务。在此基础上，学校逐步健全了学生伙食工作监管机制：一是建立了政府主管部门、学校主管职能部门的专业监督机制；二是建立了以学生生活保障咨询会议为主的学生伙食工作的研讨和沟通机制；三是建立了以教代会、工会、学生会代表为主参与的学生食堂评价监督机制，公开评议伙食服务质量；四是建立了饮食管理服务中心和食堂对生产服务全过程和安全、质量、价格全方位的内部自律机制。

3.建立内部目标责任管理体制。学校规定学生基本伙食成本控制的原则是收支平衡、零利润服务。饮食管理服务中心建立了以食堂为基本核算单位的“中心—校区餐饮管理部—食堂”三级目标责任管理体制。遵循学生伙食公益性原则，确定了学生基本伙食非完全成本零利润服务、学生辅助伙食准成本微利服务的伙食价格形成机制，以及学生基本伙食和学生辅助伙食综合平衡机制。为确保学生基本伙食成本得到有效控制，食堂运作得到有效监督，学生利益得到有效保证，后勤保障部对学生基本伙食运行机制做了具体规定：一是饮食管理服务中心的年度运行办法和学生伙食成本控制指标每年报后勤保障部审批后执行，每年做平衡预决算，各项支出严格按照规定的控制指标从服务收入中提出，严禁超支；二是学生基本伙食的财务管理职能由学校财务部实行统一管理，伙食日常服务业务的资金结算和会计核算工作，在国家法律法规和学校财务管理规定的约束和规范下，由财务部、后勤保障部和饮食管理服务中心共同完成；三是学生伙食的收费职能由学校网络与信息管理（校园卡）中心负责；四是学生伙食原材料采购由后勤保障部组织统一招标采购，物流部负责具体运作，实行统一配送，食堂无采购权；五是饮食管理服务中心负责全校学生食堂的整体运作，食堂是具体的服务单位，无成本构成的决策权和伙食节余的处置权，无财务、收费、采购、分配等权力。

【案例二】枣庄学院饮食中心

学院饮食中心以学生为本位，以“优质服务、师生满意”为宗旨，系统建立既体现公益性又适应市场规律、保障食堂可持续发展的长效运行机制，以“做放心食品，行真情服务”为中心的运营理念，不断创新特色餐饮品牌。食堂管理设立伙食基金，质量量化管理，安全色标管理，确保了学校食堂饭菜质优价廉、安全健康。

1. 加强安全管理，实行校长负责制。学校党委高度重视后勤饮食保障工作，饮食安全管理实行校长负责制，成立了由分管校长任组长，后勤处、学生处、团委等相关部门负责人任副组长，大学生代表广泛参与的伙食管理委员会，每周定期到食堂现场对伙食工作进行检查指导。

2. 加大投资力度，改善就餐环境。学校不断加大对食堂建设和维护的资金投入力度，每年投入专项资金进行设备更新和设施维护。

3. 加大政策支持力度，设立伙食基金。学校不断加强政策支持力度，根据食堂就餐人数，设立了 100 万元的物价平抑基金，用来稳定校内食堂饭菜价格。

【案例三】滨州医学院伙食管理

学校高度重视伙食管理工作，成立了伙食管理工作委员会，形成了校长主管、分管领导主抓、相关部门协助、后勤管理处负责经营的管理体制和运行机制。党委、行政主要领导每学期固定两次、机动多次进入食堂现场调研办公，以问题为导向，及时研究解决，给予优惠政策，不断加大资金投入，确保了饮食管理服务工作的稳定畅顺运行。

1. 政策支持运行有序。学校积极落实教育部等五部门《关于进一步加强高等学校学生食堂工作的意见》（教发〔2011〕7 号）等文件精神，对学校餐厅按照非经营性质资产管理，不计提折旧；学校免收餐厅水电气费；学校编制内人员（含人事代理）的工资由学校负担；空调、电梯、供暖等大型配套服务设施的投入和运行费用由学校承担。

2. 加大投资力度改善食堂条件。学校注重食堂的基本建设，不断加大投资，加强初始装饰装修和大型维修改造建设，为师生提供舒适的就餐环境；加大食堂大型设备的配置和更新力度，为员工提供好的工作环境。

二是完全引入社会餐饮企业经营

【案例】山东畜牧兽医职业学院食堂

学院的食堂全部引进社会餐饮企业进行管理经营。为提高师生就餐服务质量，既注重专业管理，又鼓励有序竞争，同时加强监管力度。

1. 引进社会餐饮企业，激活校内餐饮市场。学院有南、北区两个食堂，面向社会公开招标引进资质达标、信誉良好的三家社会餐饮公司经营，形成良性的竞争局面，促进餐饮服务质量的提高，提升了餐厅品位。

2. 加强监管力度，进行有效评价。学校成立膳食科负责食堂的日常监督管理工作。依据委托管理合同的规定对经营方提供的饭菜质量、安全、价格、服务等进行监督和管理，并给出实际评价，要求对问题限期进行整改。

三是自营与社会企业经营并存

【案例一】中国海洋大学饮食管理服务中心

中国海洋大学食堂以后勤社会化改革为契机，加大食堂改革力度，立足校情，解放思想，积极进行“饭桌改革”，经过多年努力形成了多元化餐饮服务平台，满足了师生日益增长的就餐需求。

1. 确立“三个一”工程改革实施方案。在学校的正确领导和大力支持下，后勤社会化改革以师生需求为导向、以水平提升为目标、以餐饮社会化为途径，确立了餐饮改革“三个一”工程的新航标。第一，一个大思路：准入、改构、提升、求精；第二，一个大方向：总体提升、个性发展；第三，一个大目标：兼顾学生承受能力、学校负担能力，遵循社会主义市场经济规律，建立并完善可靠平衡的供需机制、公平有序的竞争机制、规范标准的监管机制。

2. 形成自营与引进经营并存的多元化餐饮平台。通过食堂社会化改革，引进优质的社会餐饮资源，注入社会资金，不仅改善了就餐环境，也完善了校内餐饮结构，增加了饭菜品类品种，为师生提供高、中、低档结合，南北特色、东西风味兼备，形式多样的菜品选择，逐步形成了“以基本大伙为保障，以风味特色为拓展，以辅助休闲品类为补充”的全天候、多层次餐饮服务保障体系，学校伙食服务质量和业务水平进一步提高。具体做法有：

（1）保持公益属性，保障基本大伙。为了让师生得实惠，学校将社会效益和师生利益放在首位，大胆冲破经济利益藩篱，通过学校投入改造经费降低经营成本、毛利控制平衡物价、统一采购强化食品安全等手段，进一步增强学校餐饮的公益属性。多年来，学校不断加大投入力度，仅2016年，学校餐饮服务改造投资就达1000多万元。

（2）引入竞争机制，拓展特色风味。通过公开招标、邀请招标、重点考察谈判等方式，引进中快餐饮、鑫玉兰等社会优质餐饮企业。有序、逐步开放辅助餐饮、风味餐饮、基本大伙，边开放边总结，给师生及自营食堂留足适应和调整的时间。

（3）引进技术人才，提高制作水平。为使餐桌升级改革更有力度，学校特聘了北京大学的高级技师指导饮食工作。此次特聘高级技师，被称作学校的又一次思想解放，也是“环境育人”的一次广义拓展。

（4）利用信息管理，加大透明度。建设完善“餐饮管理系统”，从原材料的采购需求到验收入库、出库，从班组、餐厅成本核算到财务报销，将每个环节都公开、透明化。

（5）坚持统一采购，保证食品安全。坚持青岛市阳光平台采购，规范各项原材料供应商的招标；严控高中低价菜比例，坚持保障低价菜、免费汤和低价主食品种的供应；坚持基本伙食保持价格稳定。

从改革初期的“吃饱”到“吃好”，再到新时代的“吃出品质”；从一枝独放到百花满园，多元化的餐饮平台让海大人的“胃口”迎来了美好的春天。

【案例二】潍坊学院饮食服务中心

潍坊学院餐饮紧随食堂社会化改革的步伐，积极探索食堂管理经营的新模式，立足自身实际，自2017年5月开始，采取立足自营，适当引入社会化托管方式，引进竞争机制，以提高食堂的服务水平。

1. 社会托管，解决学校财力之困。2017年5月，经面向社会公开招标，社会两家餐饮企业分别取得第一餐厅和第二餐厅的委托经营权。两家公司利用暑假对两个餐厅进行了全方位改造装修，累计投资1000余万元，于新学期开学正式投入运营。装修后的餐厅面貌发生了翻天覆地的变化，就餐环境得到了大幅提高；专业化的队伍，新颖的供餐模式，使饭菜花样、菜品味道有了很大提高，新餐厅得到广大师生一致好评，成为潍坊学院“网红”。

2. 自营与引入经营共存，促进餐饮水平的提高。社会餐饮企业的引进，使自营餐厅的经营倍感压力，为提高自营食堂的生存能力，管理人员积极探索，寻求适合自身发展的思路，极大地促进了自营餐厅的发展。自营餐厅主动对标，认真研究引进餐饮公司经营思路，力求实现“跟跑”“并跑”到“弯道超车”；加强交流，学习兄弟院校的新型供餐模式，采取“请进来、走出去”“外派跟踪管理”等方法提高餐饮管理水平。在中膳·鲁道餐饮公司指导下，全面实施“6S”“6D”标准化管理法，极大提高了餐厅管理规范化、科学化水平。

3. 加强监管力度，实行末位淘汰模式。为保证食品安全和饭菜质量，学校制定了《学生食堂餐饮服务监督与评价办法》，成立由政府主管部门、学校后勤部门、饮食服务中心、服务对象和各餐厅组成的监管模式，对餐厅实行全方位、多层次、无缝隙的监督管理。每学年末，根据检查监管统计成绩，进行科学合理的综合考评，对末位1—2家窗口进行淘汰。

【点评】

经过二十多年的后勤社会化改革，我省各高校食堂在食堂管理模式和经营机制方面进行了有益的探索，形成了“百家争鸣”的局面。目前高校食堂管理模式自主经营的较少，通过招标引进社会企业经营或自主与招标引进社会企业共存经营的较多，但是由于消费群体的特殊性，招标引进的管理模式也造成了不少高校食堂的垄断经营，不仅使得食堂公益性、非营利的特性弱化，还不断暴露出各种新的问题，学生的利益难以得到全面保护。如何让高校食堂发挥公益性、服务性的作用，优化高校食堂运营管理模式，引进竞争机制，改革经营管理，完善对引进经营者的制约措施，使食堂更好地为广大师生服务，已经成为高校食堂管理改革进程中亟待解决的问题。

第二篇　质量与价格篇

为使大学生在学校这个大家庭生活得更好，高校食堂在就餐环境、饭菜质量和服务质量上下功夫，不仅要提供优美的就餐环境和质高价廉、安全卫生的饭菜，而且要提供热情周到的服务。为此，高校食堂管理既要着眼于食堂的环境、技术、设备的不断改善，又要着眼于员工素质的整体提高，做到硬件、软件两手抓。不仅培养教育广大员工爱岗敬业、乐于奉献的精神，而且让员工牢固树立优质、文明、热情服务的思想，使热情周到的服务成为每个员工的工作标准和行为体现。

【案例一】山东大学饮食中心——导入ISO9000质量管理体系，为餐饮服务质量保驾护航

2007年6月，山东大学饮食管理服务中心取得了ISO9000质量管理体系证书。通过质量管理体系的建立和有效运行，生产服务实行全过程管理、全过程控制、全方位监测，做到了工作有程序、操作有标准、控制有规程、作业有记录、过程有监测，实现了对生产服务过程中48个环节107个关键点的有效控制，伙食工作由传统经验管理逐步转向科学化管理。

1.制定质量标准，监督指导落实。在质量管理控制方面，制定实施了《食品制作与服务提供控制程序》，建立了食品和服务标准，细化了操作规范，设计了工作流程，确定了监视和测量方法，制定了食品制作和服务提供过程中的12个项目、48个环节的有效控制措施，由中心研发部负责统一组织实施。

食品制作与服务提供控制程序结构简表

<table>
<tr><th>手册要求</th><th>控制程序</th><th>控制标准</th><th>操作规范</th><th>作业规程</th></tr>
<tr><td rowspan="5">4.2 5.1
5.2 5.4
5.5 6.1
6.2 6.3
7.1 7.2
7.5 8.2
8.3</td><td rowspan="2">食品制作与服务
提供控制程序
投诉受理
控制程序</td><td>主副食成品量化统一标准</td><td>副食原料切配规范
副食加工规范
主食加工规范</td><td>副食初加工流程
副食菜品生产流程
主食加工流程</td></tr>
<tr><td>食堂服务标准</td><td>明码标价制度
从业人员规范</td><td>窗口服务规程</td></tr>
<tr><td colspan="2">控制人员</td><td colspan="2">作业记录</td></tr>
<tr><td rowspan="2">食堂管理员</td><td>值班经理
服务班（组）长</td><td colspan="2">窗口服务检查表、遗留物品登记表、投诉受理记录表</td></tr>
<tr><td>食品安全管理员
质检员
主、副食班长</td><td colspan="2">原材料加工检验记录表
食品质量检查记录表</td></tr>
</table>

其中《主副食成品量化统一标准》确定了24类主副食成品的重量、成型和价格方面的要求，《副食原料切配规范》包括5类原材料、6种初加工切配方法的16项要求，《主食加工规范》包括面团调制、制皮上陷、成型工艺、成熟方法等方面的7个过程共50项的要求，《副食加工规范》包括原料领用放置、烹饪前期准备、原料初步熟处理、烹调的原则和注意事项等6个过程的49项要求，《食堂服务标准》确定了设施和环境、餐前准备、餐中服务、餐后清场4个方面共17项工作的要求，《窗口服务规程》包括餐用具准备、食品布置、服务纪律、服务仪表、服务用语、问题处理和餐后清理等7项操作规程的34个环节的要求。

2. 注重营养分析，强化营养宣传。中心研发部配备了本科学历专职营养师，在学校卫生与健康中心的指导下，在加强食品质量监管指导的同时，积极探索实践营养配餐研发工作，编制了《山东大学学生食堂菜谱》，并通过食堂电子屏、食堂宣传栏和《山大饮食简报》等多种形式，在食堂员工和师生中开展营养健康知识宣传与普及，大力倡导低盐低糖的健康饮食。

通过以上程序、规范、规程对食品制作和服务提供过程进行充分、系统的规定。特别是《主副食成品量化统一标准》《主食加工规范》《副食加工规范》和《窗口服务规程》的制定实施，既继承了传统烹饪技术和经验，又突显了现实学生餐饮服务的特点，确保了食品质量的稳定性和配餐的合理性。

【案例二】山东理工大学饮食中心

1. 强化服务理念，提高服务质量。中心制定了服务标准，强化培训员工服务理念，并规定食堂每学期进行两次服务质量问卷调查，广泛听取师生的意见和建议，以便进行针对性的改进；同时，食堂认真落实中心推出的值班经理制度，现场即时解决实际问题。

2. 丰富供餐模式，满足不同层次需求。在保证基本大伙供应的前提下，推出一系列自助餐区和宴席菜品，满足师生不同层次的消费需求。

【案例三】威海职业学院学生食堂

食堂贯彻“服务无大小，关键在用心，用一颗真诚的心，全心全意为师生服务”的理念，不断提升餐饮服务质量，开展微笑服务活动。全体员工以热情、耐心的态度为师生服务，得到师生肯定。

【点评】

高校食堂承担着教学、科研和师生生活的服务保障任务，其工作直接关系着师生员工的身体健康、切身利益和学校的稳定。随着社会发展进入新时代，人们对美好生活的需求越来越高，当代大学生的生活需求也发生了很大的变化，对食堂的就餐环境、饮食质量、服务质量也有了更高的要求。而市场经济条件下，食品原料价格的起伏不定，影响着高校食堂的饭菜质量，为此，高校食堂应积极建立和完善食堂的长效运行机制，采取各项切实可行的措施稳定原材料价格，以保障饭菜质量的稳定，切实提升高校食堂的规范管理和服务意识、服务质量。

第三篇　采购与安全篇

“民以食为天，食以安为先”，高校食堂的食品安全关系到广大师生的身心健康和学校的稳定发展。随着高校后勤社会化改革的不断深入，各高校食堂不断加强食品采购与加工各关键环节的控制，使食品安全得到有效保障。

一是采购控制

高校食堂无论是自营、托管，还是自营与托管共存，均把食品原材料的采购控制在自己手中，因为食品原材料采购是食品安全生产过程的第一关，把好食品原材料采购是保证食品安全的前提条件。

【案例一】山东大学饮食管理服务中心——对伙食物资实行统一招标采购

山东大学饮食管理服务中心认真执行学校招标采购和物资管理相关规定，积极深化伙食物资采购供应体制改革，逐步完善了伙食物资集中招标统一采购和统一配送、小型炊具及低值易耗品集中管理和统一供应的伙食物资供应配送体系。

1. 执行招标规定，实行统一采购。为确保食品原材料品质和食品安全，把好伙食物资采购关，由后勤组织对伙食物资实行统一招标采购，成立了由省食品药品监督管理局食品安全专家、省质量技术监督局质量审核专家、驻济高校伙食工作专家和学校职能部门负责人组成的招标评委会，并邀请学生代表列席参加招标。

2. 规范采购程序，严格执行标准。制定实施了《采购控制程序》，建立实施了供货商管理、采购管理、配送管理、物资验收等6个方面的36项采购工作程序，由中心物流部负责组织实施。实行伙食大宗物资学校统一招标采购，全面应用物流计算机管理系统，配备专职伙食物资验收员和物流信息录入员，实现了“权力制衡”对采购过程的有效控制。

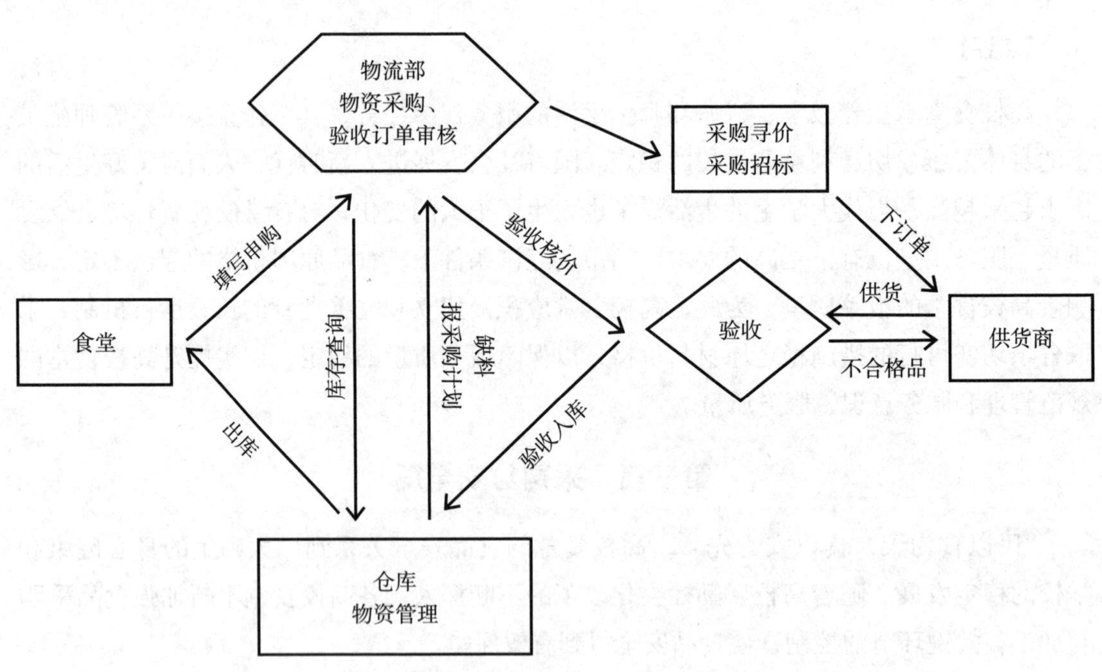

伙食物资采购供应流程图

采购控制程序结构简表

<table>
<tr><th>手册要求</th><th>程序文件</th><th>作业规范</th><th>作业记录</th></tr>
<tr><td rowspan="5">4.2　5.1
5.2　5.4
5.5　6.1
6.2　6.3
7.4　7.5
8.2</td><td rowspan="5">采购
控制
程序</td><td>物资采购标准</td><td>物资申购单　市场划价单　合格供货商登记
合格供货商台账　采购供应满意率调查表</td></tr>
<tr><td>物资检验标准</td><td>原材料抽检记录　不合格物资处理记录</td></tr>
<tr><td>仓库管理制度</td><td>物资入库单　出库单
冷冻原料记录　肉类台账</td></tr>
<tr><td>食品添加剂
使用管理规定</td><td>原材料抽检记录　不合格物资处理记录</td></tr>
<tr><td>车辆管理规定</td><td>食品配送车辆清洁消毒记录表</td></tr>
</table>

其中，通过实施《物资采购标准》，明确了供方资质、质量要求、保质期限、包装标识、批次检测和价格等六个方面的要求；通过实施《物资检验标准》，明确了采购索证、检验内容、不合格物资标识和处置、验收方法、台账登记、抽样检测、签收入库、供货商评价等八个方面的工作标准；通过实施《仓库管理制度》，确定了仓库安全管理、仓库安全规程、出入库管理、仓库人员管理等四个方面的工作规范；通过实施《伙食物资采购和进货验收规定》，规范了物资采购验收、禽肉类、冷冻原料等方面的管理；通过《食品添加剂使用与管理制度》，建立台账，贯彻落实了食品添加剂“五专”要求。

通过采购控制程序和相关标准的建立和实施，理顺了采购、配送、验收程序，健全了市场调查、信息分析、招标采购、供货商达标、质量验收、安全控制等物流配送体系，进一步实现了物流配送的科学化管理，确保了伙食物资质量和安全。

【案例二】潍坊科技学院膳食处——创新采购模式，实现阳光采购

采用智慧采购软件——“校采通”从原料采购入手，抓安全，保质量，提效率。“校采通”是一个学校餐厅安全食材智慧采购平台，该平台是一款基于 SaaS（软件即服务）与云服务的学校餐厅 SCM（供应链管理）系统，集食品原料采购、供应商配货、记账、结算于一体。使用该平台可以使餐厅的整个采购流程更规范、过程更透明、结算更便捷，节省人力、物力，降低生产成本。

1. 运作流程

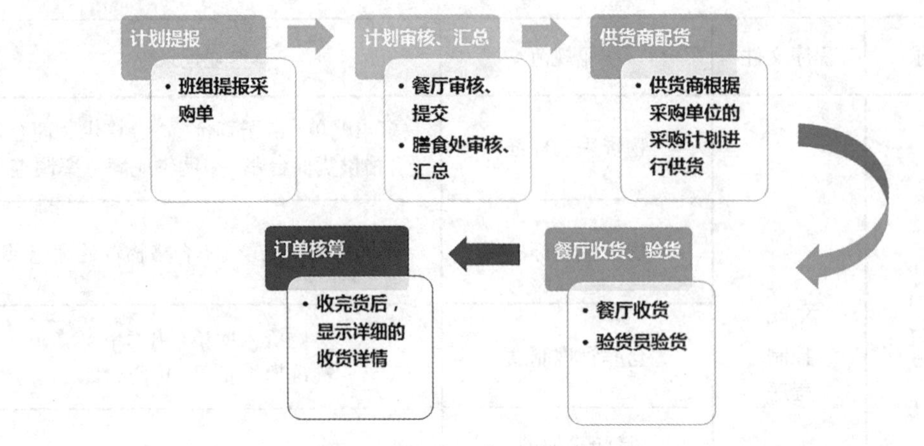

“校采通”运作流程

（1）计划提报。班组通过手机 APP 提报采购计划；由餐厅保管审核，提交整个餐厅的采购计划。

（2）计划审核、汇总。采购科审核、汇总、选择供货商。

（3）供货商配货。供货商根据采购计划配齐货物，按时配送到指定的餐厅。

（4）餐厅验货。验货员依照计划对供货商提供的货物进行逐一查验（包括种类、数量、质量、价格），合格的确认提报入库，出现数量或价格异常的进行调整，出现质量问题的予以退货，并按合同进行处罚。

2. 主要功能优势

（1）阳光采购。各级管理人员，验货、收货人员均可通过手机 APP 查看当天所采购的物品种类、数量、价格，便于监督和对采购环节的把控。财务人员通过“校采通”查看供货商的送货详情，月底结账，公开透明。从分管校长、管理中心主任、餐厅经理到餐厅班组长对购进货物的种类、数量、价格及质量评价，都可了如指掌，实现了阳光采购。

（2）智能采购。餐厅的采购人员每天可通过平台提报当日的采购计划，默认常用菜品库，提报方便准确，省时省力；经审核提交后，管理人员选择相应的供货商，为整个采购单位进行采购，操作简单便捷。传统院校餐厅采购工作繁琐且容易出现错订、漏订现象。使用“校采通”系统后为每一个角色固化，规范了详细的作业流程，每个角色都清楚自己的工作职责和标准要求，大大降低了差错率，进一步提升了工作效率。

（3）配货准确。供货商通过平台，可查看由各食堂发出的采购计划；平台自动汇总，查看方便。便于追根溯源，供货商为各餐厅提供的原料一旦验收提交，系统就自然保存，一旦出现食材食品安全问题，若确认为食品原料的问题，可直接找到供货商处理。

（4）收货便捷。验货员以及收货员通过平台对供货商送来的货进行核对验收，确认无误，一键提交即可完成整个收货流程，无需进行计算，平台自动生成收货总额。实现了办公移动化。“校采通”拥有电脑端和移动端，数据同步、实时更新，可随时随地审核处理订单，随时随地进行查看，脱离纸质文件、优化采购过程。

（5）库存清晰。平台具备库存管理模块，帮助餐厅实现科学管理，防止短缺。利于高效的仓库管理工作，极大地方便了餐厅库存管理人员。

（6）评价及时。使用平台的食堂各班组，对当日采购的食材质量和价格及服务可及时给予评价，评价的好坏作为评价供货商的重要依据，供货商也可根据评价情况改进完善，评价数据又为食堂选择供货商提供了强有力的数据支撑。

（7）数据准确。平台为用户提供了准确的数据统计，整个环节中无需计算，平台自动汇总，自动核算，减轻了财务人员的劳动，所有数据自动上传，无需人工录入，提高了财务工作效率，避免了手工录入的差错，与供货商对账更加方便准确。

智慧采购系统的应用，降低了管理成本，提高了工作效率，减少了出错率，增加了采购的透明度，综合服务能力进一步增强，食品安全得到进一步保障。

【案例三】山东建筑大学食堂——食品原料信息化储存、超市化管理

学校食堂在推进高校食堂社会化改革进程中，对所有食品原料实行统一采购，大宗食品原料由学校统一招标。每一类食品原料通过招标确定3—4个供货商，每个供货商都要按照中标品种，在实行“超市化管理”的仓库内分类别（主食、副食、杂粮等）摆放整齐，明码标价，在规定时间内供食堂各核算单位领取食品原料。实行食品原料仓储微机化管理，推进了“电子台账”系统的落实，进一步提高了食品原料溯源管理的准确性。

食品原料实行超市化管理，提高了食品原料采购的透明度和公平性，通过供货商之间的竞争，有效提高了原料供货质量，平抑了原料采购价格。

【案例四】山东师范大学饮食中心——探索农校对接，推动联合采购

充分发挥学校“伙管会”积极作用，规范“校、企、农”之间协作机制，完善价格调控体系，推动建立规范、诚信、高效、安全的伙食原料交易市场，搭建信息化、规范化、标准化的伙食采购平台，有效整合农民专业合作社与高校伙食资源，确保质量合格，降低伙食成本，把好食品源头安全关，实现互利双赢。与齐河县“美东”农业科技有限公司进行合作，探索从田间地头直接到餐桌、没有中间商赚差价的原材料供应采购模式，实现“农校对接”，降低了伙食成本，稳定了饭菜价格，保证了食品安全。

【案例五】山东畜牧兽医职业学院食堂——大宗食材由学校统一把关集中采购

开放学校食堂市场，放得开，还必须管得住、管得好。采取供应商综合评定办法，引入知名品牌食材，避免了运营商为降低成本而忽视质量，有效提高了食材安全水平，让学生们在学校吃得放心，让家长们安心。

二是监督控制

把好采购关，落实监督关，是敢于担当的高校食堂管理者的责任和义务。无论是使用5G、6S、6D、7S 、6T等精细化管理模式，还是HSP食品安全管理体系，都是为保证食品安全，都离不开对食品加工环节关键点的控制。为此，设立监督检查部门，加大安全监督检查力度，以保证提供安全健康的食品。

【案例一】山东大学饮食管理服务中心

始终坚持依法办伙的指导思想，严格执行国家的各项安全法律、法规，认真贯彻落实食品安全标准，建立了在政府主管部门指导下、学校职能部门依规监管、饮食管理服务中心目标管理、各食堂规范自律相结合的一体化食品卫生与安全防范监管体系，形成了食品安全政府主管部门依法监督、学校职能部门依章监管、饮食中心常规监控和食堂日常巡检的食品卫生四级联动监管模式。

1. 实行三级安全责任制度。饮食管理服务中心实行自中心主任、餐饮部经理、食堂管理员至食堂各岗位的食品安全责任制，逐级签订安全责任书，完善职能部门监控员、巡视员、市场调研员、验收员，以及食堂管理员、安检员、质检员、值班经理等岗位的安全职责和任职要求，健全了中心、餐饮部、食堂三级安全领导组织机构，构建了食品安全网络，逐步完善了食品安全保障工作治理结构。

2. 制定安全控制程序。制定实施了《安全控制程序》，建立了各级安全组织机构、安全责任目标管理、安全制度管理、安全培训、食品安全管理、消防安全、设备设施安全、监控检查、应急响应和处理9个方面共28项工作程序，由中心监控部统一负责组织实施。

安全控制程序结构简表

手册要求	控制程序	操作规范	作业规程	作业记录
6.3 6.4 7.2	安全 控制 程序	食堂安全规范	食堂安全规程 食品留样管理规定	安全检查记录 食品留样记录
		食堂消毒规范	食堂消毒方法 餐具洗消规程	专间消毒记录 餐用具洗消记录
		从业人员规范	岗位安全责任制	员工上岗检查记录
		消防安全 管理规范	消防安全教育培训制度 防火安全巡查检查制度 消防安全设施管理制度 用火用电安全管理制度 义务消防队管理制度	安全检查记录 员工培训记录 设施设备台账 设施设备维修检修 记录

（续表）

手册要求	控制程序	操作规范	作业规程	作业记录
6.3 6.4 7.2	安全 控制 程序	应急处理预案	食物中毒事件应急处理预案 学生食堂应急处理预案 消防应急疏散预案 预防“禽流感”实施细则 突发事件和异常情况处理规程	应急事件处理报告

其中，通过《食堂安全规范》，明确了10个区域共82项安全标准；通过《食堂安全规程》，确定了8个区域共182项工作要求；通过《食堂消毒规范》，规定了餐具、用具、专间等17项工作标准和11项消毒流程；通过《食品安全管理员岗位职责和工作日程》，发挥了食品安全管理员在员工上岗检查、安全检查、食品留样、剩余原料验证、餐用具洗消检测、专间消毒检测及食品安全培训等日常监控管理工作中的积极作用；建立并完善了食品安全检测化验室管理制度，开展餐用具、蔬菜农残、肉类和水产品专项检测，为提高食品安全水平提供了有力的科学手段和依据；建立电子监控系统，提升透明化厨房建设的力度，目前各校区食堂共有164个监测点，基本覆盖了食堂主要区域，中心监控部、六个校区餐饮管理部均设有终端监控设备，各部门负责人可全面及时查看、追溯食堂供餐服务情况，为安全保障和餐厅服务工作提供了科学的监管手段；强化设备设施及消防安全工作，确定了设施设备分级管理、购置、验收、操作培训、维护保养、检修、报废等8个方面的工作程序。

3. 实施全员培训制度。2017年9月，饮食管理服务中心引入第三方认证机构，先期对各级管理人员、内审员、食品安全管理员开展食品安全管理体系全员培训。随即启动质量管理体系换版，同步融合食品安全管理体系，实施双体系认证工作，利用危害分析与关键控制点（HACCP）七项原理，按照食品安全管理体系12个步骤，编写前提方案、操作性前提方案、合规方案、产品描述、流程图、重设关键控制点及其关键限值、修订安全控制程序，报认证机构初审。通过以上程序文件和规范的建立和运行，完善了自上而下的安全运行和监督管理体系。

【案例二】滨州医学院饮食中心

滨州医学院饮食中心通过标准化布局，流程化管理，确保安全生产。

1. 严格遵守“九室一厅”设置，确保不因设施配置问题存在食品安全隐患。餐厅建设达到了餐饮业量化分级A级标准和高校标准化餐厅的要求，分别设有二次更衣间、粗加工间、净菜间、切配烹调间、肉类加工间、凉菜间、主食加工间、花样间、稀饭间、烤烙间、油炸间、蒸房间、洗刷消毒间、冷藏间、主食库、副食调料库、杂物仓库和备餐间等。

2. 按照《山东省餐饮食品加工用具、设备标识管理指南》的色标管理要求，对各专间配置的各类餐厨用具、设备进行色标分类，制作图示，明确用途，并严格落实“四定”原则，专区定点放置，实现了器具用品的标准化管理。

3. 严格执行索证制度、仓库保管制度。坚决杜绝《食品安全法》及《农产品质量安全法》规定的禁止生产及销售的产品进入餐厅，原材料采购进货渠道正规，大宗物资严格执行学校招标结果，坚持索证和验收制度，采购、索证、验收记录翔实，有据可查；库房按照要求分类、分架、隔墙、离地存放，并保持清洁，原料、半成品、成品分开存放并明显标示，食品、非食品分开存放，严格执行先入先出的制度，严防贮存变质或过期。对用于贮存食品的冰箱实行目标管理，责任到人，各贮存区用途标识清楚，严格按鱼肉分置、成品与半成品分置的要求存放，冰箱按要求设置温度显示仪，定期除霜。食品添加剂实行“五专两公开”制度，采用精确的计量工具称量，并有详细记录。

4. 设立检测室，确保食品安全。自 2007 年开始，中心建立蔬菜农残和餐用具快检室，由专人负责进行日常自检，确保原材料和用具安全，为饮食安全又增添了一道厚重的屏障。中心与相关厨具设备生产公司合作研制餐用具消毒保洁设备，并由专人负责，严格按照四步洗消流程，实施高温物理消毒。多年来，在外检的定期采样中，合格率均为 100%。餐厅配置高档留样柜，一日三餐由专人负责食品留样，坚持 48 小时留样制度。

5. 落实食品安全管理体系。中心按照 HACCP 食品安全管理体系的七项原则进行日常管理，提升食品安全管理水平。通过对原料采购、储存、粗加工、烹调加工、售卖等流程进行危害分析，确定每个环节的关键控制点，实施控制手段，进行操作记录，严格遵循餐厅自检→中心抽检→纠正偏差→再行自检的闭环操作，形成部分 HACCP 计划并进一步细化。

6. 强化生产安全管理。中心实行安全工作一票否决制，不断强化安全防范意识，定期对餐厅的水电气、机械和消防设备进行拉网式检查，还联合保卫处进行夜间巡逻。

【案例三】山东畜牧兽医职业学院加强对食堂的监督检查

将食品安全责任层层细化，责任到人，加强日常监督检查，做到检查有依据、有记录、有反馈、有落实、有总结。坚持每月点评考核制度。每个月召开例会对各个餐厅进行点评，指出不足和整改方向，邀请师生对食堂进行考核测评，检查合同执行情况，并建立完善准入、退出机制。积极组织食堂食品安全员学习培训，落实食品安全责任制，同各服务商家签订食品安全责任书。

【点评】

“民以食为天，食以安为先，安以预在前”，食品安全管理是高校后勤工作的重中之重，它不仅直接关系到广大师生的身体健康和生命安全，而且关系到高校的工作、学习、生活秩序，以及高校的稳定和发展。高校食堂要在各地政府餐饮监管部门、教育行政部门和学校有关部门的领导下，建立健全食品安全监督管理体系，加强关键环节的控制，坚持“依法办伙，预防为主”的原则，积极开展食品安全教育活动，落实食品安全主体责任，把好食品制作的每一道关口，降低食堂的餐饮风险，切实做好餐饮安全的保障工作。

第四篇 人力资源篇

对于学校食堂来讲，在社会化改革的发展过程中打造一支稳定优秀的管理服务队伍是做好餐饮服务的第一要素。但随着社会的发展，愿意从事高校食堂餐饮服务的年轻劳动力越来越少，如何聘请到优秀的管理服务人员成为学校食堂的一个难题。

【案例】山东大学饮食管理服务中心

重视员工队伍建设，不断加强员工管理、规范劳动用工、开展多层面的员工教育培训，建立了较为完善的人力资源管理体系。

1. 严格人事管理制度。在员工队伍管理方面，健全了招聘录用、档案管理、竞争上岗、年度考核等方面的人事制度。员工招聘经研发部审核身份证、健康证、暂住证、培训合格证、学历证明和个人简历等资历后，办理入职手续；为规范员工信息管理，建立了员工基本情况和履职文本档案，健全信息数据库管理系统，实行员工信息过程监督管理；根据《人力资源控制程序》《非事业编制员工管理办法》《员工手册》和《年度考核办法》等制度规定，规范员工行为、工作纪律等 11 个方面 178 项要求，通过业务技能测试和业绩考核，实现员工的晋职晋级，竞争上岗，按照《年度先进工作者评选办法》表彰先进。

人力资源控制程序简表

手册要求	程序文件	作业规范	作业记录
4.2 5.1 5.2 5.4 5.5 6.1 6.2 7.5	人力资源控制程序	员工培训标准	员工培训签到表 员工培训记录 员工成绩考核记录
		新员工录用标准	饮食管理服务中心非编员工登记表 饮食管理服务中心员工（社会劳动力）录用（辞退）通知单 饮食管理服务中心新参加工作人员审批表 后勤保障部非事编用工信息表
		人员档案管理标准	饮食管理服务中心事业编制员工数据库 饮食管理服务中心非事业编制员工数据库

（续表）

手册要求	程序文件	作业规范	作业记录
4.2 5.1 5.2 5.4 5.5 6.1 6.2 7.5	人力资源控制程序	员工年度考核标准	员工年度考核表
		人员能力确认标准	员工能力考核表

2. 依法劳动用工。要求全员签订劳动合同、缴纳社会保险和住房公积金（五险一金）。按照岗位责任、劳动强度、技术程度等因素，制定实施了《饮食管理服务中心非事业编制员工收入分配制度改革方案》，非事业编制员工实行岗位绩效工资制度，岗位绩效工资由岗位工资、年功工资、加班工资、绩效工资四部分组成，建立了具有长效激励作用的相对稳定的工资制度和正常增资机制。

3. 制定员工培训制度。在员工教育培训方面，制定实施了新员工入职培训、在岗人员常规培训、转岗人员技能培训、特殊岗位人员认证培训、监视测量人员业务培训、技术骨干集中培训和管理人员集中培训共 7 类教育培训，明确了培训内容、培训职能部门、培训计划实施和培训有效性评价的要求，做到了员工教育培训的及时、有效、适宜和全员覆盖。为提高员工技能水平，中心成立了培训教研室，专题负责技术骨干的技能培训，指导各部门开展业务培训，编制了近 20 万字的培训教材，编辑了有 149 个主副食品种的《山东大学学生菜谱》，实现了教育培训自编教材、自主教学的突破。根据中心《技术岗位技术津贴实施办法》，通过培训教研室的理论和实践操作考核，每年奖励优秀技术骨干近 90 人。采取走进技术学院集中培训和邀请专家实践轮训相结合的方式，开展技术骨干的专项培训，现有 111 名技术骨干取得中高级烹调师、电工和内审员资格证书，员工队伍逐步年轻化、专业化、职业化。

【点评】

对学校食堂人力资源进行有效管理是高校后勤社会化改革的重要内容。在社会化改革的进程中，各学校食堂注重人力资源管理的改革与创新，运用人力资源管理的一般理论进行系统分析，采用理论和实证相结合的分析方法，从人力资源管理的可操作层面，对定岗定编、择优聘用、绩效考核、薪酬设计、技能培训、员工激励等方面做了重点研究。只有打好学校食堂人力资源管理基础，才能促进学校餐饮更好地发展。山东大学饮食管理服务中心通过管理专家的理论指导和长期的实践摸索，逐步形成了学校食堂人力资源管理完善的制度体系，极具示范性。

第五篇　民主办伙篇

随着学校后勤社会化改革向纵深发展，各学校食堂在民主办伙管理方面进行了很多积极有效的探索，丰富了形式、深化了内涵、创新了途径，建立了以学生为主体的伙食工作评价监督体系，通过民主参与化解了矛盾、了解了需求、促进了稳定；通过广泛听取师生的意见和建议，找到自身存在的不足，明确了提高管理服务水平和服务质量的方向。

【案例一】滨州医学院饮食中心

1. 积极开展学生参与伙食监督管理工作。中心邀请学生代表联合成立伙食管理委员会，定期参与餐厅相关管理工作，从食品采购、验收、生产、销售、定价等各方面对餐厅进行监督。中心还定期组织校学生会生活部、班级生活委员等召开座谈会，开展问卷调查广泛征求意见。此外，通过开展“食堂开放日”、厨艺培训班、美食品鉴会、勤工助学岗等活动，使学生了解饮食安全，参与饮食管理，体验饮食文化，感受饮食关爱，体会饮食辛苦，从而增加供需双方的沟通理解。

2. 亮化厨房，广泛听取意见。中心积极响应省食药监局关于“亮化厨房”工程的通知，连续投入 30 余万元在食品加工关键区域安装监控设备，直面学生，实时播放食品安全重点区域操作情况；在餐厅售卖窗口设立“就餐 110”、监督台、意见簿和投诉箱，公示了中心和餐厅的投诉电话和投诉邮箱，广泛听取师生意见；中心副科级以上干部和食品安全管理员，每天按时在学生餐厅值班，认真了解和监督各餐厅的饭菜质量、价格、就餐环境和卫生等环节，发现问题及时采取措施进行整改。

【案例二】山东大学饮食管理服务中心

积极拓展民主办伙的途径和方法，努力实施阳光伙食战略，建立实施了原料采购价格公开、主副食菜谱公开、伙食信息发布、学生餐饮问题现场处置、中心主任接待咨询日、学生勤工助学岗位监督巡查、学生民主评价机制等 9 项民主办伙制度，建立了以学生为主体的伙食工作评价监督体系。有声有色的互动活动，促进了伙食保障工作水平的提高，也得到了广大师生员工的支持和理解，确保了学校伙食工作的健康发展和学校的安全稳定。

1. 落实服务承诺。中心实行 24 小时服务承诺制度，设置饮食服务监督热线和投诉受理电子信箱，努力提高餐饮服务的及时性；在各食堂配置意见箱、设立服务台，面对面接受学生的问询。

2. 加强沟通交流。与学生权益中心紧密联系，组织院系学生代表定期召开见面会，与学生进行面对面的沟通交流，向学生公布食堂工作动态，增进学生对食堂的了解，同时，也虚心接受学生对食堂服务的意见和建议。组织学生“走进食堂”，参观后厨，让学生了解食品制作的全过程。开展走进院系活动，了解需求，广泛征求意见和建议。

3. 设立助学岗位，落实三全育人。在食堂设立勤工助学岗，让学生参与初加工、窗口服务、面点制作、收餐等岗位的日常餐饮服务工作，培养学生实践能力和动手能力。组织“美食美课”的教学活动，教学生学习制作食品，提高学生的生活能力。开展“家乡味道”征集活动，让学生参与特色食品的制作，加强感情交流。

4. 让学生做监督员。聘请学生代表成立义务监督队伍，全面监督食堂的各项服务。让食堂了解自身存在的饭菜质量和服务质量的不足，以便及时改进和提高。

5. 让学生参与评优。中心定期举办“美食文化节”“厨王争霸赛”“优质服务月”“微笑之星”等活动，让学生参与其中，促进了服务质量的提升。

6. 办好饮食简报，重视信息传播。利用饮食简报积极宣传餐饮管理服务信息和食堂的各项服务举措，让师生了解食堂，让食堂了解师生需求。

7. 进行调查问卷，及时了解问题。对餐饮服务工作的各个环节进行研讨，设计问卷调查表，每学期在餐厅进行问卷调查，了解食堂在服务过程中存在的问题，以便食堂采取措施，及时改进。

【案例三】鲁东大学饮食服务中心

饮食服务中心广泛听取广大师生的意见和建议，通过 QQ、微信、微博等网络平台加强与师生员工的交流，及时了解大家对中心工作的意见和建议。积极与学生会及其他校内学生团体合作，举办“光盘行动”“大学生进餐厅帮厨调研”“食品安全月调研”等活动，倡导“安全、节约、环保”的就餐理念，广泛征求学生意见，缩短了与学生的距离，增进了彼此了解，提升了学生满意度。

【点评】

学校食堂“民主办伙管理”制度不仅对加强伙食管理有十分重要的作用，而且对学校稳定发展起着极为重要的作用。各学校食堂要充分发挥“民主办伙管理”的积极作用，搭建沟通桥梁，寻求问题根源，增进彼此了解；通过互动，促进“供需”和谐，提升服务水平。

第六篇　文化建设篇

学校的食堂文化是校园文化的重要组成部分，也是食堂建设的重要内容之一，必须有广大师生和相关部门参与才能建设好。好的食堂文化既能增强员工的凝聚力和责任感，优化服务理念，同时也能为师生提供精神食粮。

【案例一】重视文化建设的山东大学饮食管理服务中心

中心将视觉识别系统很好地融入文化建设中，以整体的视觉形象营造高雅的就餐环境，融实用性、教育性、知识性、艺术性于一体，以“安全、文明、节俭、营养”为主题，展示中华传统文化、饮食文化、社会主义核心价值观、名言名句、勤俭节约、文明公约、食安山大、讲文明树新风、蔬菜水果的营养分析、平衡膳食宝塔、明码标价和品牌食品等基本要素，设计人文景观来净化大学生的心灵，使之得到美的享受，受到美的陶冶，养成美的行为，形成美的品质。建设视觉识别系统，对塑造有特色的山大餐饮形象具有十分重要的意义。

1. 营造和谐环境。视觉识别系统能够让师生直观地感受中心餐饮文化的内涵，营造和谐、健康的就餐环境。如，设计以“柴、米、油、盐、酱、醋、茶、料”为题材的海报，小字部分是由饮食中的原料引发的人生哲理。

2. 提倡文明用餐。良好习性靠养成，文明餐厅靠创建。中心加大宣传力度，通过制作各种宣传标语，引导同学们从自身做起，做践行文明用餐的先行者，养成自觉排队、互相谦让的良好习惯。

3. 提倡勤俭节约。勤俭节约是中华民族的优良传统，小到一个人、一个家庭，大到一个国家、整个世界，要想生存，要想发展，都离不开勤俭节约这四个字。可以说修身、齐家、治国都离不开勤俭节约，诸葛亮把“静以修身，俭以养德”作为“修身”之道；朱子将“一粥一饭，当思来之不易；半丝半缕，恒念物力维艰”当作“齐家”的训言；毛泽东以“厉行节约，勤俭建国”作为治国的经验；习近平总书记反复强调坚决制止餐饮浪费行为，切实培养节约习惯，在全社会营造浪费可耻、节约为荣的氛围。在建设节约型社会的今天，我们要牢固树立“铺张浪费可耻，勤俭节约光荣”的节约意识，使勤俭节约成为一种时尚、一种习惯、一种精神。

4. 创造山大餐饮个性文化。为体现学校的历史、文化、艺术特质，体现自身的餐饮特色和管理模式，山大餐饮因地制宜，实事求是，将超前性和现实性、科学性和可能性有机结合起来，通过视觉识别系统展示山大的教育环境和个性特征。比如，“孔食箴言、中华饮食文化起源”展板，从背景颜色到细节处理，看起来温馨、舒服；鲁菜和《齐民要术》展板，让大学生了解《齐民要术》这部古代烹饪百科全书。

视觉识别系统是中心独有的一套识别标志，是理念识别的外在表现，理念识别是视觉识别的精神内涵。没有精神理念，视觉传达只能是简单的装饰品；没有视觉识别，理念识别也无法有效地表达和传递。视觉识别是最外在、最直观的部分，是传递饮食管理服务中心整体信息的最佳手段，同时又可以艺术地提升学校餐饮形象，将饮食管理服务中心的服务理念、文化特质等抽象语言转换为具体符号概念，以有形的方式展示出来。

【案例二】山东理工大学饮食中心注重环境文化建设

1. 中心梅园餐厅一直注重就餐环境文化氛围的营造，自助餐区大厅内摆放绿色植物和琉璃装饰品，安装大屏幕视频播放系统，就餐时段播出央视新闻和轻音乐。由本地知名书法家题写的“梅园餐厅”匾额悬挂于餐厅入口，校美术学院负责人作梅花主题画作，悬挂在餐厅大厅内，成为校园文化建设的新景观。

2. 2018 年以来，中心联合学校报社，每周日固定在校报微信公众号推出梅园餐厅新一周菜单，菜单内容图文并茂，带有音乐链接，兼具视听效果。菜单中附带延伸阅读内容，包括节气饮食、餐厅相关活动预告、菜品制作食谱、专题策划等，提高了可读性、知识性，深受学生欢迎。

3. 校长和毕业生代表不定期在梅园餐厅举行座谈午餐会，提升梅园餐厅文化育人的载体作用。

【点评】

高校食堂应充分注入校园文化元素，比如创建“文化餐厅”“文明餐厅”等，让食堂上升到一个更高的文化层次，不仅使广大师生得到“味觉”上的享受、“视觉”上的愉悦，而且“吃”进了文化知识，升华了思想境界。

第七篇　配送中心篇

随着学校食堂社会化改革进程的加快，各学校食堂配送中心的建设成为新课题。配送中心具有五大优势：第一，统一采购能降低进货成本，保证原材料质量的一致性；第二，统一储存和检测能控制能源成本和材料质量；第三，统一加工能减少设备投资，合理分档利用原材料，有效控制成本；第四，统一人力资源管理能有效降低人力资源成本；第五，统一信息化管理能提供准确数字，便于食堂管理。为此，各高校食堂根据自身的情况，因地制宜，建立了不同形式、不同类别的配送中心，保证了食堂食品的安全供应。

【案例一】山东农业大学主食加工配送中心

高校食堂消费量最大的是主食，保障主食的安全生产与供应尤为重要，传统的加工模式需要耗费大量的人力资源，而劳动力成本在不断增长，形势要求必须打破传统的生产方式，引进先进加工技术和管理理念，采取集约化生产方式。建立标准化、专业化的主食加工中心是解决用工问题、控制成本、减少食品安全隐患的必要途径。

山东农业大学主食加工配送中心于 2017 年 10 月建成，按照中央厨房标准建设，建筑面积 540 平方米，包含多个功能区域（原材料仓库、加工中心、醒发室、蒸制间、晾制间、成品间、检验室等），集加工、配送、检验于一体。加工配送中心总投入 200 余万元，建成馒头、面条、馄饨皮三条主食生产线，承担了全校 3.5 万师生的日常主食供应任务。

1. 标准生产，保障安全。通过专业智能的现代加工技术，主食加工配送中心做到标准化、精细化加工，保证了产品的口感，确保了食品的安全与营养。馒头生产线使用微电脑编程控制、光电感应技术代替人工操作，采用自动上粉、自动和面、连续压面、切割成型的生产工艺，最大程度保持了面胚面筋结构的均匀完整，做到了制品大小重量统一、表面光滑、口感纯正。面条生产线根据鲜面条的结构特点使用真空和面提高了和面质量，按照先入先出的原则布局熟化系统，采用波纹轧滚，改善了面皮的面筋网络结构，使面条的口感更佳。

2. 完善制度，强化管理。主食的安全生产关系到广大师生的身心健康，为此，饮食服务中心按照“高标准、严要求、重品质、抓细节”的工作思路，配备了专职的食品安全管理员和食品检验员；建立健全了食品安全管理规章制度，如《从业人员健康和培训管理制度》《面点加工餐饮安全管理制度》《关键环节操作规程》《食品添加剂使用管理制度》《食品原材料进货查验制度》《食品安全突发事件应急处置方案》等；检验室开设了原材料和成品检验、餐饮具微生物检测等项目，确保原材料和餐饮具的使用安全，力争从源头上消除校园食品安全隐患。

主食加工配送中心的建设，解决了之前主食加工条件简陋、设施陈旧、用工量大和劳动强度高等问题，由半机械化变为全自动化加工，使操作岗位变得单纯化、工序更加专业化，每批产品质量具有同等性。通过标准化、规范化的集中加工生产，保证了主食质量的安全稳定，同时也降低了人力成本，极大提高了生产效率。

【案例二】山东青年政治学院餐厅集中配送

为保障食品安全和卫生，加强对原材料安全的源头管理，学校筹建了配送中心，进行餐饮原材料的集中采购、集中管理和集中配送。配送中心设有粮食库房、预包装和分拣区域、肉类加工车间、冷库、干货库、调味品库、禽蛋库、食用油库、农残检测室等。

粮食库房的最大容量为 70 吨，其中大米可以存放 35 吨，面粉存放 30 吨，杂粮类存放 5 吨，按照满负荷存量可以保证学校一个月的使用量。所有货品都放置在地台上，仓库内配置了温度湿度计，每天专人进行检查并记录，记录表格存档管理。

在粗加工区域，所有蔬菜类原材料都在此区域进行粗加工，对常规的叶菜类蔬菜进行农药残留检测，不合格的蔬菜进行退货、停止配发处理。部分蔬菜在预包装和分拣区域分拣、分装，便于第二天进行配货和发货。蔬菜类原材料的厨余垃圾都集中在此，减少了各餐厅的餐厨垃圾。

肉类加工车间，主要用于肉类产品的分割和分拣处理，对于部分肉类产品则采用机械加工处理，提高工作效率。设有两个冷库，最大库容为 35 吨，所有冷冻货品都是批量采购和入库，冷冻货品的台账和三证都在此保存。

另外还有干货库、调味品库、禽蛋库、食用油库，各个库房内都配置了单独的温度湿度计，同样是专人负责，每天对库房的温度和湿度进行检查并记录存档，所有调味品和干货的台账和三证都是集中管理和索取，各餐厅不再单独设置台账和三证。

配送中心有价格公示系统，每周日下午公示下周所有原材料的价格，各餐厅采用手机或者电脑下单订货。

配送中心还设有农残检测室，主要是针对叶菜类蔬菜的农药残留检测，专人检测，并对检测记录进行存档管理。

配送中心相比于自行采购有以下优势：一是价格上有优势，并降低了人工、配送和存储成本；二是在退货、加工服务上有优势；三是专业检测，食材的安全和质量有保障；四是冷链配送，保障食材新鲜；五是所有原材料台账与三证集中管理和索取。

【点评】

高校食堂建设“配送中心”，集中采购配送，利用信息化手段管理，不仅可以降低采购成本和人工成本，而且能保证饭菜的花色和基本质量要求。集中采购和统一配送管理虽然存在许多问题和困难，但能够对食品采购源头和制作过程加以控制，确保食品安全。

第八篇　品牌建设篇

随着中国特色社会主义进入新时代，我国社会主要矛盾已经转化为人民日益增长的美好生活需要和不平衡不充分的发展之间的矛盾。学校伙食工作也必须紧跟时代步伐，品质生活需求的品牌建设迫在眉睫。学校食堂有两个重要特点，第一，需求稳定，且持续旺盛，这正是学校食堂品牌培育的良好条件；第二，已由改革初期的食堂引导消费，发展到师生寻求品质消费，这就要求学校食堂注重品牌建设。

【案例一】“舌尖上的山大”走红网络

山东大学济南本部六个校区和青岛校区共设有 18 个学生食堂和 7 个教工食堂，学校食堂总建筑面积 93424 平方米，餐位 18443 个。山东大学饮食管理服务中心多年来始终以不断满足学校发展要求和学生生活服务需求为目标，以整体化、规范化、标准化体系建设为载体，逐步形成了独具特色的学生伙食工作保障运行机制，先后获得“中国高等学校伙食工作先进单位”“山东省高校伙食工作先进单位”“山东省高校学生食堂管理示范单位”“山东省食品安全诚信承诺单位”“全国食品放心工程综合检查标兵单位”“全国高校百佳食堂”等 60 余个称号，连续十年保持 ISO9000 质量管理体系认证。由学生们宣传的“舌尖上的山大”走红网络，获得几百万次点赞；“2015 年中国大学情怀排行榜”山东大学“饮食情怀”名列全国高校第 4 位。山大食堂受到师生乃至社会的一致好评，也鼓舞着伙食工作者不断提高饭菜和服务质量。

【案例二】“山科减脂套餐”一夜爆红

山东科大学者餐厅推动创新服务，构建美好体验，丰富校园餐饮业态和多元化服务模式，注重在餐厅环境营设中嵌入科大精神和后勤文化“符号”，用“文化”托起师生校园新生活，用学生喜爱的语言和方式增进沟通和拓宽育人渠道。学者餐厅 2018 年 4 月推出的多款“减脂套餐”，发布到网络上后点击率达数十万，一夜蹿红成为网红套餐，被央视等多家媒体报道。

【案例三】青岛科技大学打造“食育文化”品牌，建设品质食堂

青岛科技大学后勤餐饮工作坚持以师生为本，内强素质，规范服务，苦练内功，增强自身实力，积极探索餐饮管理水平与服务质量新举措、新内容和新途径，不断推进饮

食服务工作向前发展，赢得了驻地高校“吃在科大”的美誉。主要是科学规划做好顶层设计，以“品质食堂”的建设为目标，加大投入力推“品质食堂”硬件建设，建立规范构建“制度标准”体系，强化培训提升“管理品位”水平，强化督查营造“服务氛围”环境，运用载体打造“食育文化”品牌。

对照“品质食堂”建设标准，结合学校实际，充分利用餐厅墙面、屋顶、立柱等资源进行全方位的文化环境布置，让餐厅成为学生学习知识的第二课堂。树立健康饮食的意识，潜移默化地帮助学生养成健康的饮食习惯；了解食品的生产、加工、流通、储藏，丰富食品安全的知识；结合“八礼四仪”中的“餐饮之礼”规范学生的行为举止；于传统节日举办节日餐或美食节，推广乡土美食，传承地方文化；学习食品的生产与加工，提倡“光盘行动”，培养学生珍爱粮食、勤俭节约、爱护大自然的道德品质。充分挖掘餐饮的文化教育功能，使得学生餐厅逐渐从单一的“整洁”要求迈向“舒适”“温馨”，充分发挥“服务育人”功能。同时开设“食堂亦课堂”食育教育课程，将食品安全、营养知识教育纳入校本课程。以“7S”“6T”规范精细化操作为抓手，以食育文化建设为育人宗旨，建设“品质食堂”，不断满足师生品质化、差异化、现代化、多样化的餐饮服务需求，为全面构建一流特色高校后勤服务保障体系夯实基础。

【案例四】“滨医膳食”品牌建设正深入推进

滨州医学院饮食中心引进公共营养师一名，并借助学校医学研究特长，聘请了营养与食品卫生学教研室教授作为营养指导员，建立营养配餐咨询智库，每周推出营养食谱；作为定点合作单位，中心还积极协助烟台市食药监局和疾控中心进行课题研究，在所有餐厅推广健康饮食、低盐饮食试点工作，努力打造“滨医膳食”品牌。学校食堂先后荣获“省级高校标准化食堂”“食品安全量化分级管理A级单位”“省级餐饮服务品牌示范食堂”“省级餐饮安全示范单位”“山东省高校餐饮服务示范单位”“高校农校对接与学生食堂采购工作先进单位”“山东省高校伙食管理工作示范单位”“山东省清洁厨房”“三星级食堂”等称号，“滨医膳食”品牌建设正深入推进。

【案例五】树立山东高校餐饮品牌，展现饮食人良好的精神风貌

由山东省学校后勤协会主办、高校伙食管理分会及山东师范大学后勤管理处承办、济南盛凯驰广告传媒有限公司录制的全国首档高校食堂大师傅竞技真人秀节目——《我是大师傅》以“服务育人、健康营养、科学饮食”为主题，打造山东省高校的餐饮品牌。各校深入发掘优秀的一线骨干力量，踊跃参赛。摄制组历时10个月，先后往返威海、青岛、济南等地市，行程近4500公里，拍摄近一万分钟的素材，对素材进行后期剪辑加工后，在山东教育卫视等媒体播出，在全省高校食堂产生了非常好的影响，“我是大师傅”成为校园餐饮品牌。

【点评】

“品牌”是一种无形资产，它具有两个方面的作用。第一，它可以提高高校食堂的美誉度与知名度，在某种意义上体现了学校后勤保障的水平。第二，能增加高校食堂的凝聚力，使团队成员产生自豪感，增强员工对食堂的认同感和归属感，而且有利于提高员工素质，使全体员工以主人翁的姿态工作，为高校食堂的发展而努力奋斗。

高校后勤社会化改革的道路还很长，高校食堂社会化改革的道路也很长，目前仍存在就餐环境、供餐方式、设备设施有待提高，以及集约化、专业化、产业化生产程度还很低的问题。这一切，都需要我们后勤人做出更大的努力。

第三章　高校物业管理社会化改革

高校物业管理服务是一种集保障、服务、管理、经营为一体的系统工程。在高校后勤社会化改革中，校园物业管理成为最先行的社会化内容之一。高校物业管理是指物业服务机构依照国家有关法律法规的规定和物业服务合同的约定，对学校已经建成并投入使用的各类建筑物及其附属设施设备、绿化、卫生、交通、治安和环境等管理项目进行维修、养护和管理，并向服务单位提供多层次、综合性的有偿服务。主要包括高校的各类教学楼、科研楼、图书馆、体育设施、办公楼、学生公寓、教工住宅及其相关的设备设施、道路和场地等物业管理服务。为高校提供物业服务的机构既包括高校内部成立的物业服务部门，也包括通过社会化选聘方式委托的社会物业服务企业。

一、高校物业管理的类型

在高校物业管理服务进程中，围绕着高校物业管理服务的特点，目前形成了三种物业管理方式。

（一）后勤自行管理

后勤自行管理是在高校后勤社会化改革初期，为实现新旧体制的平稳过渡，高校后勤管理部门代表学校与后勤物业管理部门签订合同，基本实现了模拟市场化的运行机制，但双方的关系基本上仍然以行政为纽带，后勤资产的产权关系不顺；高校后勤服务部门没有完整的经营自主权，未实现真正的市场化运作；后勤物业服务部门需要对学校多个管理部门（如后勤处、财务处、资产处等）负责；双方责权难以界定清晰，无法形成企业化核算关系。物业管理机构缺乏物业管理经验，人员专业素质和服务意识参差不齐，与专业化、社会化、市场化的物业服务企业相比，存在一定差距。

（二）单项委托（外包）管理

高校物业管理实体分成两个部分，一部分仍然是原来的高校物业管理实体，对于符合外包条件的单项服务则采取充分竞争的方法，从社会上引入专业物业服务企业进行管理，通过竞争比较，有利于提高单项服务的管理服务水平，带动高校物业管理服务整体水平的提升。但是，由于高校物业管理服务整体仍属于高校行政管理的一部分，并没有进行实质的剥离，后勤物业管理机构受自身专业水平和管理水平等要素的限制，较难对专业外包服务企业形成真正市场化的管理和监督。

（三）全委托（外包）管理

高校后勤物业管理机构遵循“小机关，多实体，大服务”的格局，通过引入专业物业服务企业参与后勤物业管理，并以市场竞争机制来保障服务质量，促进高校物业管理服务水平和质量不断提高。但由于物业管理的专业性特征，一方面对后勤管理部门的监管水平和专业能力要求较高；另一方面，社会物业服务企业和高校后勤管理部门的合作是在利润的驱使下进行的，高校物业管理服务具有教育属性和公共服务特性，必然形成双方目标的差异性，这就需要完善物业服务合同，畅通双方的沟通协调渠道和建立有效的监督管理机制。

二、高校物业管理的特征

从高校物业的使用角度看，高校物业可以分为：教学科研办公物业、学生公寓物业、教职工住宅社区物业、文化体育类物业、服务接待类物业等，除教职工住宅社区物业外，其他物业产权基本上属于国家所有或企业法人所有。高校物业产权和使用的特殊性决定了高校物业管理服务除了具有社会一般物业管理的社会化、专业化和市场化等特征外，还具有如下特点。

（一）保障教学和科研为首要职能

高等院校的首要职能为教学和科研，高校物业服务必须紧密围绕这个职能开展。在物业服务方案设计方面，要充分考虑教学和科研使用需求，确保物业在教学和科研保障方面的功能正常。在使用需求发生冲突时，应在确保教学和科研正常使用的前提下，兼顾其他需求。例如，教学区周边道路交通，为确保教学区授课环境，在特定的时间内予以封闭管理。

物业管理服务充分利用教学活动的时间规律，才能提供与之相适应、相配套，具有针对性、可操作性的个性化物业管理服务。如，寒暑假是设施设备集中维修、调试、养护的最佳时期，课后、双休日是设施设备小型维修、急修，日常巡检和各类植物日常养护的时间。岗位设置、服务工作调整、假期工作安排等都应考虑时间因素。

（二）业态复杂多样，管理难度大

高校物业是保证高校正常的教学和科研活动及广大师生生活活动顺利进行的重要物质基础。高校校园内物业业态复杂多样。学校有教学楼、科研楼、办公楼、公寓、住宅、文化体育场馆以及复合功能性楼宇，有的还包括校医院，多个不同业态的物业在一个管理项目中，使得物业管理服务相对较复杂，对物业管理服务人员的综合性要求较高。

（三）服务对象具有规律的流动性

一般的物业管理对象都具有固定性，例如住宅小区，其服务对象主要是本小区的业主。但是高校物业管理的对象具有较强的流动性，每年都有学生毕业，有新生入学。每一届的学生，其生活方式都可能存在一定的差异，这就需要物业服务企业能够不断发掘新的需求，适应新的变化。

（四）安全稳定是管理服务的重中之重

高等院校被称为“象牙塔”，是国家培养高等人才的基地，校园内的安全稳定工作不能出任何问题，否则将带来极大的社会影响。高校的安全稳定工作既体现在对物的管理上，也就是要杜绝安全隐患，做好应急预案并落实；同时也体现在对人的服务上，高校学生是一个活跃敏感的群体，在对学生的服务中，一定要注意方式方法，不能激化矛盾，避免恶性事件的发生。

（五）育人功能

管理育人、服务育人已经越来越成为物业管理服务工作的一个重要职能。物业服务企业应紧密围绕教学和科研工作的开展，通过良好的工作、学习环境保障，培养在校学生良好的生活习惯、自觉遵守公共秩序的习惯和强烈的安全防范意识，担负起“管理育人、服务育人”的责任和义务，成为高校培养人才的有机组成部分。

三、高校物业管理的内容

由于各高校后勤社会化改革发展阶段不同，为高校提供物业管理服务的机构性质不同，高校物业管理服务的内容也存在较大不同。一般情况下，高校物业管理服务的内容主要包括以下几种。

（一）房屋维修与保养服务

高校房屋建筑多以教学楼、科研楼、办公楼、学生公寓等为主。物业管理应定期掌握房屋的基本情况，对这些建筑经常养护、维修和管理，使其保持完好、整洁和美观。特别是学生公寓楼，入住的人较多，损坏相对比较快而严重，因此每学期可利用寒暑假期对其全面检修或保养，检修内容可涉及水、电、暖是否通畅，门窗是否损坏，墙面是否剥落，是否需要粉刷等。

（二）设施设备运行与保养服务

物业管理人员要经常对供电、供水、排水、消防、公共照明等公用设施进行维护检查，保证护栏、围墙、桌、椅、楼道灯、绿化设施等公共设备设施正常使用，道路、便道、活动场地达到基本平整，边沟涵洞通畅，保障学校正常的教学、生活秩序。

（三）公共秩序维护与管理

校园内人员流动性较大给高校物业的安全管理带来难度，加之学生防范意识不足等，导致校园内极易发生各种安全事故。这就要求物业管理确立安全第一、规范操作、责权统一的理念，将安全保卫、车辆管理及消防工作作为物业服务工作的重中之重。保卫人员对校园进行 24 小时保安执勤，设立固定岗位和流动岗位；对学校及外来的车辆进行管理，保证停车场的车辆停放整齐、管理有序；同时要保持消防通道的畅通，做好消防器材的维护及消防知识的宣传和消防演练工作，确保师生、员工的人身财产安全。

（四）环境卫生管理服务

保洁服务是物业管理最基本的服务。校园环境卫生整洁不仅是学生对学习和生活环境的基本要求，也是学校形象和面貌的综合体现。因此，学校对环境卫生的要求要远高于其他物业服务对象对环境的要求。为高校服务的物业公司要确立专业操作、保持整洁、服务教学的目标，要引入相关质量标准，严格参照标准进行规范化、程序化实施，为学生和教师营造优美、整洁、舒适的学习、生活环境。

（五）教学和科研保障服务

在做好以上基础物业服务的基础上，物业服务企业在高校物业服务中，还应做好教学和科研的保障辅助性服务工作。具体包括教室、教师休息室、科研用房、实验室、文化体育场馆等的专业管理服务，如按照课表开启关闭教室及教学辅助设备，配备教具等。

（六）各类大型活动保障服务

高校为了顺利完成教学和科研任务，每年都有较多的大型活动，需要物业服务企业予以配合保障辅助性服务工作，如开学典礼、毕业典礼、大型国际会议、招生就业宣讲活动以及学生会组织的各类活动等。这些活动往往参加人员众多，人数无法准确预估，这就要求物业服务企业要有良好的现场管控措施和应急预案，防止人员拥挤、踩踏等事故发生。

【案例一】中国石油大学（华东）物业——由“办后勤”到“管后勤”的跨越

2004 年，学校以青岛新校区启用为契机，按照“高标准、高起点、高水平，新思路、新模式、新机制”“三高三新”的办学思路，将后勤服务全部委托给社会企业。服务范围涵盖餐饮、绿化、保洁、宿管、动力运行保障、基础设施维护维修等，实现了真正的管办分离。学校后勤社会化改革一步到位，实行“小机关、大后勤”服务保障模式，实现了由“办后勤”到“管后勤”的跨越式发展。学校将除餐饮外的动力运行（含高压运维）、环境保洁（含垃圾外运）、绿化养护、楼宇管理、会议服务、后勤数字化服务、能源管理、小型维修、校园秩序维护、消防管理、体育场地维护管理、电梯维保管理等12项工作全部委托给一家物业公司。其社会化程度之高、覆盖面之广、服务内容之全在全国高校物业案例中都位于前列。

后勤管理处作为学校后勤管理与服务部门，现设绿化与物业管理科、能源与修缮工程科和生活管理科3个科室，有职工10人，其中硕士6人，本科4人。物业服务人员有560人，服务全校3万名师生、80万平方米建筑、1600亩校园。

其一，学校监管篇。

一是健全监管体系。

学校严格执行日巡查、周检查、月考核制度，建立政府主导、行业自律、部门监管、师生监督“四位一体”监管体系。

日巡查：科室工作人员根据工作安排，每日随机对物业服务工作进行巡查。

周检查：各职能科室根据工作职责对分管范围内的服务内容进行全面检查。

针对日巡查、周检查发现的问题下发整改通知单，并根据问题严重程度，对照《项目物业监管考评标准》进行扣分。考评由相关单位日常随检、师生员工评价、二级单位考评、入住学生公寓辅导员考评四部分组成。相关单位日常随检（50%）由物业服务项目相关监管部门进行针对性检查考核；师生员工评价（30%）由全校师生网上问卷调查。二级单位考评（10%）由教学院部，校长办公室，学生工作处、工会、国际教育学院等二级单位进行月考核。公寓辅导员考评（10%）由入住辅导员进行考核。每月根据各单位检查结果、二级单位物业监管考评情况、师生服务满意度调查等形成《后勤服务单位量化考评报告》。

二是完善监管流程。

建立“一检查、二处罚、三整改、四培训”的监管流程，辅以经济处罚等手段建立服务质量与物业费支付挂钩的约束机制。

内容／得分／考核等级	相关单位日常随检（50%）							师生员工评价	二级单位考评	公寓导员考评	总分
	绿化与物业管理科	能源与修缮工程科	生活科	体育部	治安科	消防科	平均分	30%	10%	10%	
良好	91	94	88	93	93	91	91.7	91.4	95	89.8	91.8

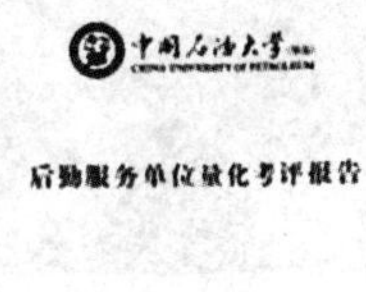

三是充分利用信息化手段。

一方面充分利用社会优质资源，逐步构建社会化背景下的后勤信息化服务体系，借助社会企业先进的信息化管理技术和专业化服务团队，不断提升服务水平，逐步满足广大师生需求，稳步提升服务能力和保障能力。另一方面通过信息化手段，让数据作为后勤管理人员“勤快的腿”“瞪起的眼”和“延伸的手”，让“数据多跑路、人员少跑路”，及时发现问题、分析问题和解决问题，帮助“小机关” 玩转“大后勤” ，倒逼物业服务提能力、提质量、提效益，不断满足广大师生日益增长的美好校园生活需求，为学校改革发展和“双一流”建设保驾护航。

网上报修平台，让师生可以随时随地通过多种手段报修，让物业服务人员和后勤管理人员迅速知道“什么坏、在哪里、修了吗” ；学校自主研发的绿色校园信息系统实现了从管理内容“有什么” “有多少”“在哪里”升级为管理标准“怎么管” “管什么” “怎么样” ，具有绿化养护信息与查询、维护，养护计划与记录线上审批，养护工作日常检视和园林景观展示与绿色知识宣传等多种功能；学生公寓管理系统实现了学生基础信息、专业班级信息、住宿信息、一卡通流水等信息一一对应，建立了学生信息统一数据库，为学校各部门学生信息互联互通、共建共享提供了方便。

暖通空调远程集中控制平台综合利用气候补偿技术、分时分区控温技术、二次网热力平衡调节技术、设备投入自动增减技术、管网防冻控制技术以及物联网技术，使校内83万平方米建筑实现了供暖系统运行状态远程监控以及运行参数自动优化调节，实现了分时分区分温智能自动控制，年节约供暖及空调运行经费近200万元。

暖通空调远程集中控制

网上报修平台

暖通空调远程集中控制

绿色校园信息系

开发物业服务监管平台。打破原有“大锅饭”模式，实行物业服务网格化，做到“服务重担大家挑，人人头上有指标 ”。管理人员通过信息化监管手段，对网格范围内的“一格八要素”，即“人、地、事、标、时、量、质、评”等进行全面的信息采集管理，重点解决“谁在干、在哪里、干什么、啥标准、何时干、干多少、怎么样、谁监督”。监管平台以任务为主线，实现对日常工作运转情况全方位监管，实现让物业人员服务到位、让物业主管管理到位、让后勤管理人员考核到位、让全校师生监督到位“四个到位”，为加强企业自身管理和后勤监管提供平台和数据支撑。

其二，企业服务篇。

在学校的监管下，物业公司坚持以“顾主至上、尽心尽责”为精神指引，以“零缺陷”服务和百分百满意率为管理服务目标，严格遵循五步服务法，即一笑、二专、三马上、四意识、五图表，不断创新与提升服务品质，锻造校园服务精品。

1. 标准化服务

（1）量身定制标准化服务手册，全面落实 54321 管理体系。 物业各部门制定员工手册、培训手册、应急预案；全面梳理业务场景组织架构，完善优化岗位职责、服务规范、作业流程，通过图表方式呈现场景制度并将管理体系全面上墙。

（2）一站式服务。以服务师生为中心，以每栋楼区为单元，以公寓管理业务为基础，围绕学生服务一体化协调，统筹本楼清洁、园区环卫、设备设施维修、秩序维护等业务，一站式满足学生个性化、多元化服务需求。

（3）定点定位定色管理。将保洁用具定点定位存放、按色使用，不同的颜色代表着不同的保洁区域；库房、办公桌椅、消防设施、房间钥匙、档案资料等同样定点定区，房间钥匙按照楼层分色存放，档案资料按类别分色存放。

2. 人性化服务

（1）倾心打造公寓文化。在学生休读区设立图书漂流吧，融合师生力量共建阅读平台。同学可置换和阅读自己喜欢的图书，鼓励同学捐书；同时各公寓之间的图书定期调换，及时更新。

打造公寓文化墙，以学生公寓为文化传播载体，一栋一策，打造具有楼栋特色的学生公寓文化。

（2）组织开展各项活动。开展“留一间雅室”——文明离校、绿色离校毕业季活动，“我们一起过年！”——寒假留校学生年夜饭聚会活动，“面对面、心连心”学生座谈会等；在“世界防治结核病日”“世界环境日”“世界无烟日”等重要时间节点开展相应活动。

（3）爱心驿站。以学生为本开展延伸服务，设立爱心服务柜，为学生免费提供一些日常的应急药品、器具，小型维修工具、针线包等，打造优质便民的公寓服务平台，全面提升学生的幸福感、归属感，为学生提供设施一流、环境一流、服务一流、管理一流的学习生活。

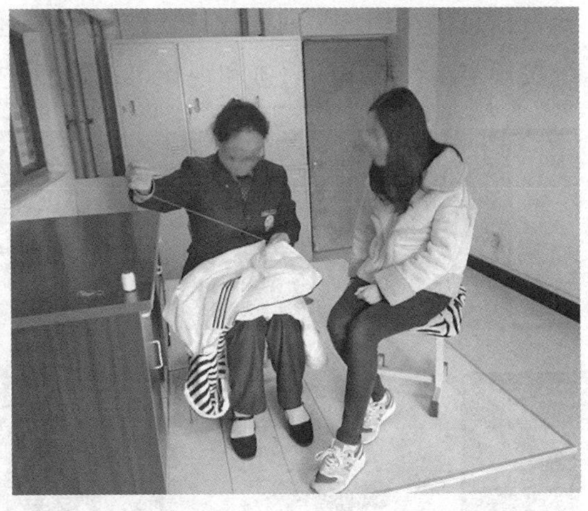

（4）根据服务场景进行 VI（视觉识别）整合，按照统一标准格式制定张贴；用绿植装饰老旧管道，美化提升住宿环境，完善、提升服务质量。

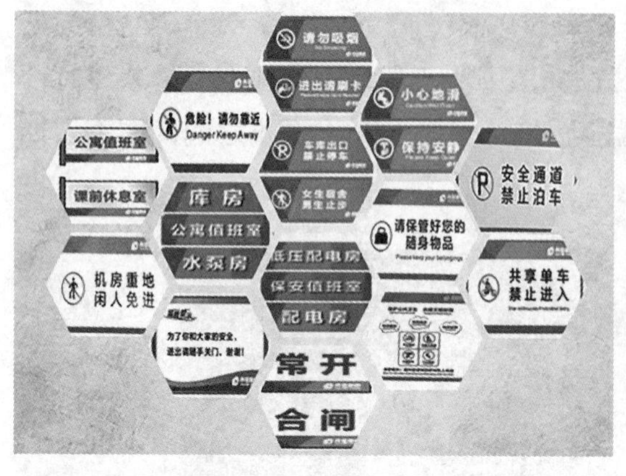

3. 智能信息化服务

（1）智能垃圾分类。积极响应青岛市垃圾分类号召，在公寓楼下设立智能垃圾分类点，通过积分兑换、文明评比等方式鼓励引导同学们积极加入垃圾分类的行列。

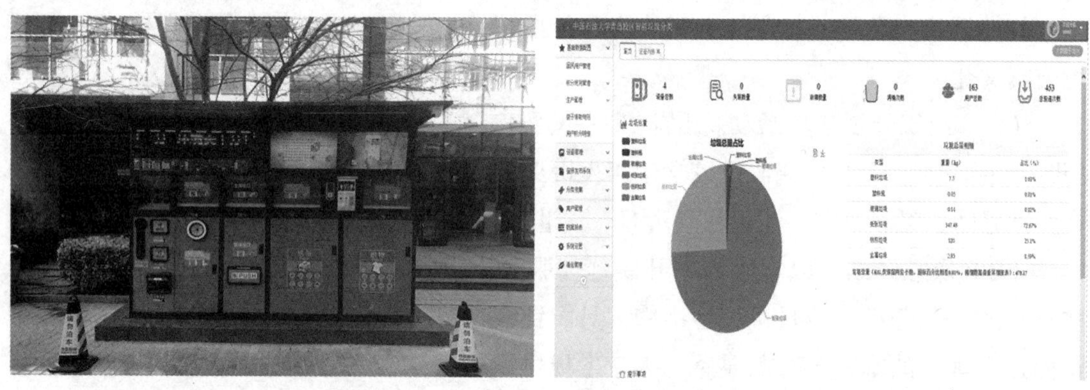

（2）GPS 定位系统。校园巡逻车、洒水车、扫路车、电动三轮车等加装 GPS 定位，实行信息化管理，事前设置好工作任务，追踪车辆和人员轨迹，确保人员准时到岗，系统按规定路线工作，轨迹和视频可追踪回放，在后台实时监控、远程处置。

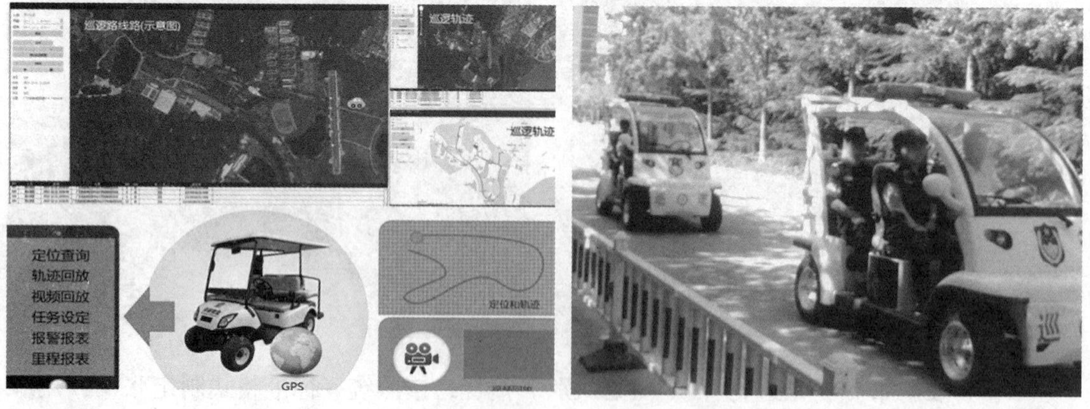

（3）智能化快递中心。校园丹田优里快递中心，瞄准校园最后一公里配送，在校园内设立“优里快递服务中心”，整合主流电商及快递公司，引入信息化和智能化管理

技术，简化寄件取件手续所需流程，监管快递服务人员行为规范，为师生提供优质、安全、便捷的校内物流快递及校园生活服务。

4. 机械化服务

（1）清洁机械化设备。校园环境使用洒水车、扫路车作业；室内保洁使用驾驶式尘推车、手推车洗地机 、吸尘器、擦窗机器人；通过机械化清洁设备提升保洁效果，根据校园公共区域功能分布、清洁环境及清洁状况分析，安排合适的设备进行清洁，确定清洁频次，提升校园环境，打造美丽校园。

（2）绿化机械化设备。绿化使用推草机、背式割草机、绿篱机、旋耕机、灭火机、打药泵进行作业。

5. 专业化服务

加强服务人员业务培训，开展各种形式的岗位技能比赛和练兵活动，培育员工良好的工作态度、工作作风、职业道德和专业化服务技能，聘请专业化人员及单位负责动力、绿化、设备的维护管理。

6. 年轻化团队

走进线下的后勤服务大厅，迎面就是一块大屏幕，实时显示着最新的报修信息和处理进度，学校全年维修受理量近 12 万单。12 名物业服务人员 24 小时待命，提供线上线下报修、缴费、查询、投诉、评价、问卷调查等一站式服务。这支队伍平均年龄 29 岁，在 2019 年被青岛市共青团授予“青年文明号”称号，展青春风采，助服务育人。

【点评】

中国石油大学（华东）是全国高校后勤十年社会化改革先进院校。在高校后勤社会化改革的政策指引下，学校始终将后勤社会化改革放在学校改革发展全局中去思考谋划，逐渐走出了一条具有石大特色，适合自身发展，可复制、可推广的后勤社会化改革之路。

深化高校后勤社会化改革是我们的重要课题，校园物业管理社会化到什么程度，甲乙双方如何实现双赢，石油大学的做法给了我们很多启示。

【案例二】曲阜师范大学日照校区物业——“四化”服务

1. 管理数字化

在当前社会背景下，物业管理数字化、智能化成为必然趋势。校区服务中心启用了学苑管家小程序，小程序具有投诉、表扬、报修、失物招领等功能。扫码注册进入后，可以在服务平台直接发起报修，通过文字、图片、录音、视频记录现场情况，在平台直接查看报修处理情况，并可以对本次维修进行评价。失物招领可以通过服务中心上传的图片直接认领。目前使用这款小程序的师生多达 6000 人，极大地提高了服务中心的服务效率。

学苑管家小程序

迎新推广小程序页面

2. 服务专业化

服务中心为不断提升服务品质，为师生提供更专业化、精细化的现场服务，每周“三会一课”定时召开。周一晨会，周二至周五早各部门例会，周末周会。三会的召开，展现了职工的精神面貌，并使工作有了计划。每周一次的培训课，不但提升了员工的专业技能与服务水平，而且提高了员工的综合素质，改善了员工的工作态度。

多媒体实操培训，安全用电知识培训

服务中心设置了便民药箱、便民服务箱、便民雨伞、擦鞋机等，在满足学生需求的同时也体现了服务的专业性。

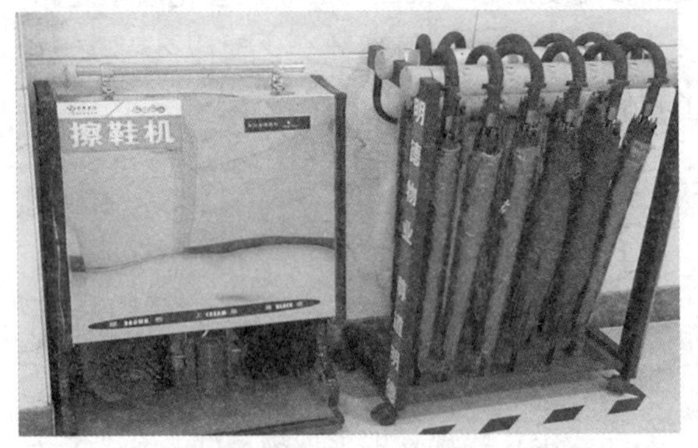

3. 流程标准化

服务中心致力于打造标准化的管理中各环节（环境维护、工程维修、多媒体维护、办公室管理工作等），并在工作中严格规范程序及工作记录，通过标准化，让日常服务量化、细化，同时确保各项管理服务工作具有可追溯性和可验证性。

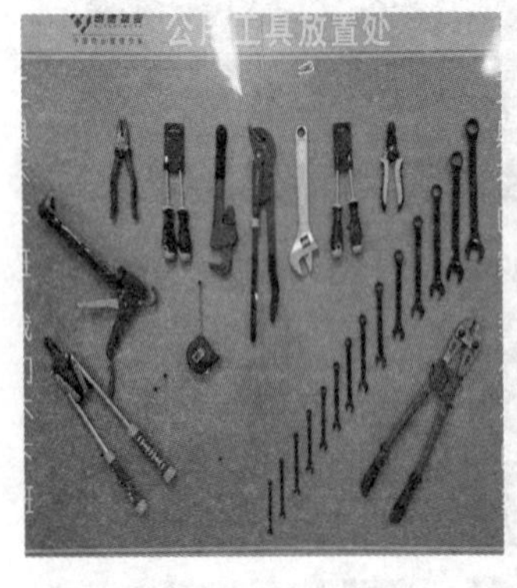

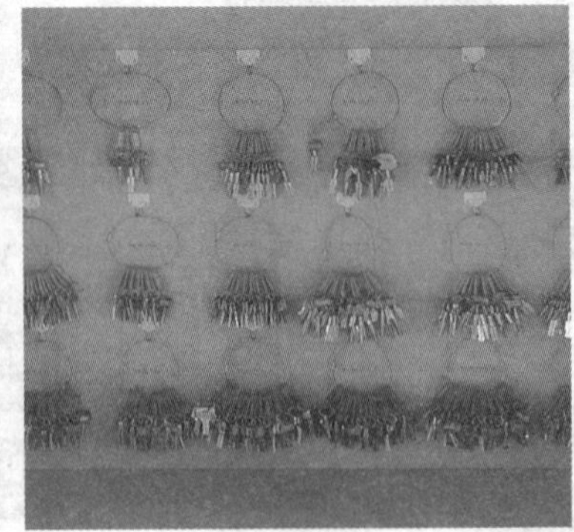

工具墙

档案管理

4.操作机械化

面对物业管理面积大，人力成本高，服务质量得不到保证等问题，服务中心努力提升服务的机械化水平，配备了两台洗地机、一台尘推车，不但减少了保洁员的工作量，而且节省了人工成本，提升了服务品质。

【案例三】潍坊医学院物业——规范化、标准化工作流程

1.着装及仪容仪表规范

（1）统一着保洁工装，工牌佩戴于左胸前；

（2）工装保持干净、整洁；

（3）黑色布鞋，深色袜；

（4）长发需整齐束起，佩戴深蓝色发箍；

（5）工作期间不佩戴饰品。

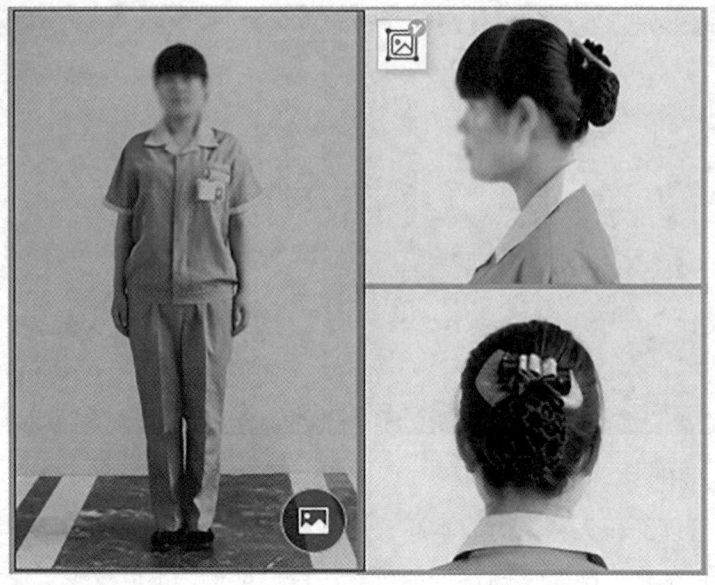

2. 工具及物品管理规范

（1）拖把、抹布

①拖把、抹布保持整洁，应无累积污垢，破损应及时更换；

②区别卫生间及其他公共区域的保洁工具（卫生间：黑色拖把，其他公共区域：白色拖把）。

（2）垃圾桶

①垃圾桶需配有桶盖，表面保持清洁、无污渍；

②每月消毒一次；

③垃圾倾倒时间、频次应标注于桶体或醒目处；

④垃圾桶使用黄黑色定位线，定位线与箱体接触点距离≤ 2cm。

（3）清洁设备

①清洁设备应有固定存放区域；

②清洁设备表面保持干净，无污渍油渍；

③清洁设备停放区应使用黄黑色警戒线隔离，提示非操作人员禁止触碰，定位线与

设备接触点距离≤ 10cm。

3. 地面清洁标准

地面推尘应在学生上课前完成。

（1）工具准备

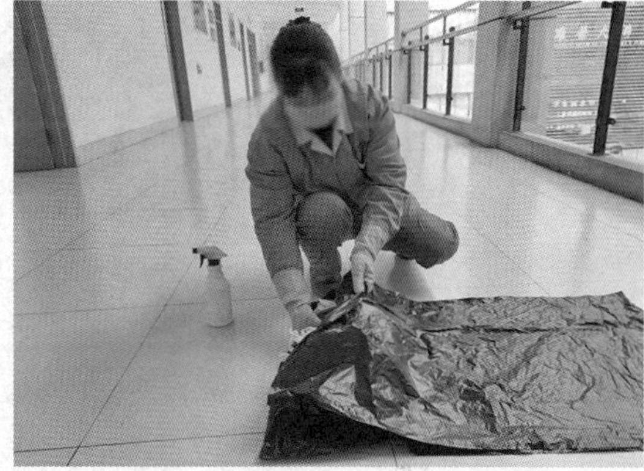

①将尘推放置在铺有纸板或塑料袋的地面上，喷洒静电吸尘剂；

②密封放置 24 小时后使用效果最佳。喷洒除尘剂，每次 5—6 下（新尘推首次使用后适量多喷洒）；

③准备好一个微湿润的干净拖把、云石铲刀、钢丝球。

（2）日常清洁流程

①顺序推尘，如遇水渍应先处理干净再推尘；

②将灰尘抖落于角落；

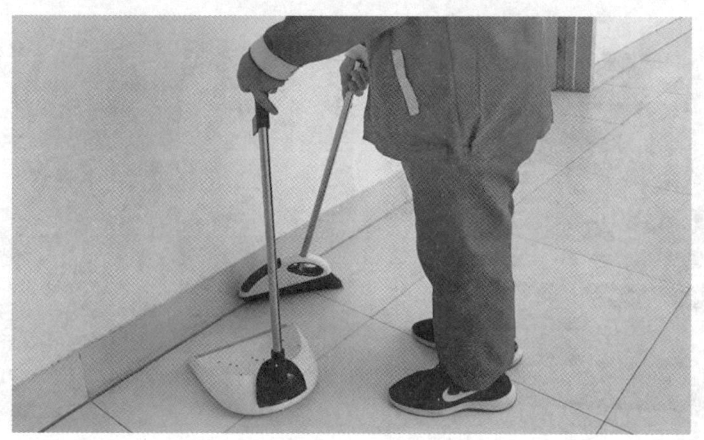

③用套扫收纳灰尘。

4. 卫生间清洁标准

卫生间应在学生上课后清理。

（1）日常清洁流程

佩戴个人防护用品，竖立提示牌，清水冲洗厕位

倾倒纸篓垃圾，更换垃圾袋

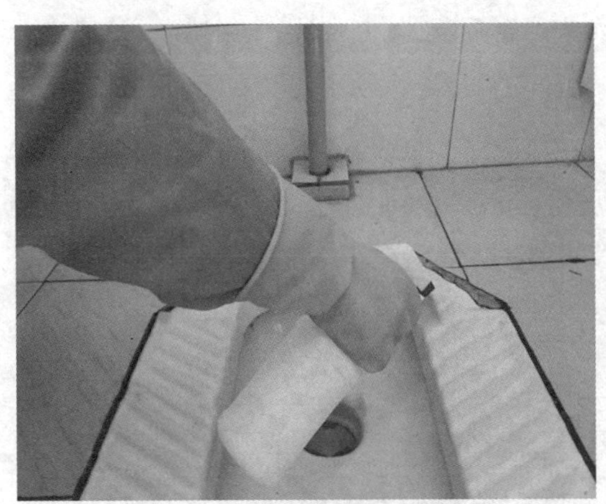

用洁厕剂清洗便池、踩踏板

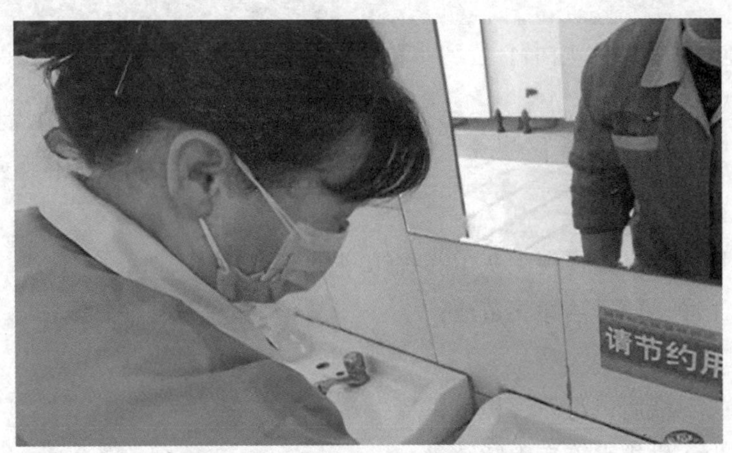

用餐洗净或去污粉清洁洗手池

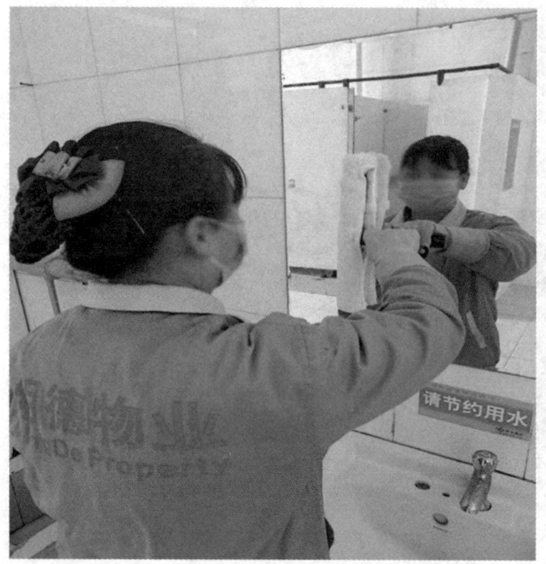

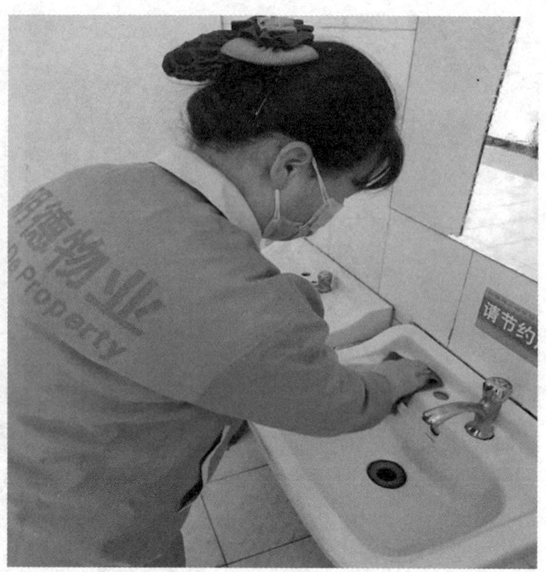

擦洗镜面、水龙头、台面

擦拭卫生间隔板、卫生间门

用半干拖把擦拭地面

（2）清洁标准

①天花板、墙角、灯具目视无灰尘和蜘蛛网；

②目视墙壁干净，便器洁净无黄渍；

③室内无异味、臭味；

④地面无烟头、纸屑、污渍、积水；

⑤开关无浮尘，供排水管道无锈蚀。

5. 梯道清扫

楼道应在学生上课后清理。

（1）扫帚应从楼梯扶手处向墙壁处扫；

（2）上一梯级的垃圾、杂物应从墙壁处扫向下一梯级，以防止垃圾、杂物从上下层楼梯缝隙间下落；

（3）每扫到一个楼梯平台，将垃圾扫入簸箕内；

（4）应从上至下拖洗，从楼梯扶手处向墙壁处拖，拖楼梯时注意楼梯边角及楼梯侧面的清理。

6. 日常抹尘清洁流程

日常抹尘建议在学生上课时进行。

（1）准备干净的干抹布，按照三叠八用的方法叠好；

（2）按照从上至下的顺序将公共区域设施擦干净；

（3）如有装修涂料、油漆污染，需用百洁布彻底清理干净。

【点评】

细节决定成败。潍坊医学院物业管理规范化、标准化工作流程可谓细而又细，在精细化的流程下才能把细节做好。后勤工作诸多方面都有这样的要求，都应当做到细致，这样才能让师生满意。

【案例四】烟台汽车工程职业学院物业——用“心”维修管理

学院的后勤社会化改革自2009年全面推行，通过政府采购，委托山东河滨物业管理公司提供物业服务，服务内容涵盖了公共区域保洁、秩序维护、宿舍值班、公共设施设备日常维修、绿化养护等方面。在此重点介绍一下学院公共设施设备日常维修维护方面的工作。

1. 建立考核机制，完善监管制度

学院新校区于2009年9月投入使用，学院成立了物业管理委员会，由总务处牵头，会同学生处、保卫处、教务处、办公室、实训中心、图书馆等部门，共同负责物业监管工作，每月进行工作考核。学院积极学习兄弟院校先进管理经验，结合学院实际制定了一系列的物业监督考核制度，并根据情况变化和工作要求，及时补充完善。

物业公司积极配合总务处，参与了公共设施设备的承接查验及资料建档等工作，第一时间到现场熟悉各类管线施工布局和各种设施设备配备安装情况，为以后维修维护工作打下了良好基础。鉴于当时绝大部分设施设备都在施工方保修期范围内，所以当时物业工程维修的重点工作就是加大巡查力度，及时发现工程方面存在的问题，配合学院对施工方的返修进行协调监督。遇到施工方维修不及时、影响办公及教学的情况，物业的维修人员做到了不计得失、及时处理，以保障正常教学需要。

随着时间推移，学院的校舍及各类设施设备陆续超出保修期，工程维修的需求量明显增加。同时，学院的招生人数也逐年上升，教学区和宿舍区各类常用设施的正常破损也有所增加，像水龙头、小便池管道、脚踏阀、开关、门窗把手、门锁等，一旦损坏就需要第一时间维修。针对此类情况，物业公司主动将维修人员增加到5名，而且要求必须是全能工，均持证上岗，且能够胜任水、电、暖的日常维修工作。为了考核维修时效，物业将维修工分区域划片作业，责任到人。维修人员也完成了从原来的巡查、协调、配合维修到维修加巡查的角色转变。

除了监督考核制度，学院还就报修程序、维修材料领用、维修情况反馈及投诉等方面进行建章立制，使得物业维修工作更加规范高效。

2. 合理部署人力，监管协作相结合

学院总务处原有4名水电工，也一直在学院工程一线，主要负责配电机房、家属区等设施设备的维修养护工作。为了更好地发挥人员优势，使维修更及时、更到位，在物业维修人员分区域划片作业的基础上，学院总务处的维修工作人员也做了相应区域负责制的划分。这样，同一区域，有物业的维修工负责具体的维修工作，也有学院总务处的维修职工负责该区域的巡查督导物业维修情况。遇到一个人不好解决的维修问题，相互间还能及时协作解决。总务处还根据原有维修职工的技术特长，让其分别负责全院的水、电、暖、土建的监督管理，初步审核物业提交的维修计划和方案，拟定合理的时间安排集中修缮事项。通过这种方式，用内行人管理内行事，更好地促进了物业维修的服务水平和维修时效，也激发了学院老员工的工作热情，现场解决了很多问题，更好地保障了教学生活秩序。

3. 合理安排档期，教学维修两不误

维修工作总有给周边人群造成不便的时候。物业公司能在学院的要求下，想办法降低干扰。比如日常维修方面，尽量错开学生使用期、上课放学人流高峰期进行；有噪音的维修行为尽量避开上课时间；防水、土建等维修工程尽量集中安排在假期。通过合理调节时间，最大程度减少维修行为对正常教学生活秩序的干扰，在保证维修及时率的同时，让服务更贴心。

4. 减员增效，节能降耗

学院总务处因为历史原因，有个别年龄大的职工已承担不了原来的维修工作，改由物业的维修人员承担更多的维修任务，提高了维修工作效率。

引入物业服务后，学院和物业公司配合，通过路灯节能改造、据天气情况调整送电时间等手段，节约用电消耗量；通过按需调节暖气排量、寒假及时关停不供暖楼宇暖气、低温运行等方法，大大降低了供暖费用；通过浴池改造和改变供水方式，有效减少了燃气供应量。

5. 充分调动物业积极性，为其提供必要支持

引入物业服务后，学院的维修时效得以切实提高。特别是在维修问题巡查方面，充分体现了全面委托物业服务的好处，即“人人皆兵，协同作战”。物业的秩序维护队员、保洁员、宿管员、绿化工及其管理人员，无论在学院的哪一个角落，一旦发现需要维修的问题，都会根据情况，能够随手处理的及时处理，需要专业维修的统一报给物业服务处客服，按照区域派单给相应维修人员，及时进行修缮处理。这种模式除了能及时处理日常维修外，还能有效缩短发现突发事件的时间，保证维修及时、减少损失。譬如自来水管、暖气水管爆裂，往往都是保洁员或者是宿管员第一时间发现并关停阀门，维修工再及时进一步处理，这种多工种配合的工作方式非常有效，值得推广。

6. 尊重合作伙伴，提高业务水平

尽管物业公司是学院的服务方，但合作是建立在相互尊重的基础上的。不论是日常工作安排，还是临时工作部署，学院都充分尊重物业公司这个合作伙伴，采纳其合理意见和建议。遇到有关高校设施设备维护方面的培训时，学院也会主动推荐给物业公司派人参加培训，他们业务水平提升了，也能更好地维护校园设施设备。

【点评】

物业服务走进校园已是大势所趋，它打破了原有的高校后勤体制，促进了教育资源的优化配置，有利于提高服务质量和管理水平，降低服务成本，提高办学效益。高校的后勤保障工作让更具有专业服务知识和技能的物业人参与进来，也是“术有所专”的体现，更有利于高校的可持续发展。烟台汽车工程职业学院物业用“心”维修管理，不仅仅是指具体维修工作，更在于“学院充分尊重物业公司这个合作伙伴”，心相通，才能更好地合作。

【案例五】山东理工大学教室物业——变“要我干”为“我要干”

山东理工大学物业管理中心在对学校教学楼实行物业管理的过程中，探索试行了教室管理服务项目资源管理，即在维持现有团队力量的基础上，对目前部门提供服务所需的人力、材料等资源进行重新规划、组织、协调和控制，从而实现资源的优化配置和有效利用，降低项目成本，调动员工的工作积极性。

1. 制定《教室管理服务项目资源管理方案》，调整了各网格员的管理范围，重新核准保洁员的工作量，修订了《保洁人员调整方案》，并试运行。

2. 教室管理服务项目资源管理团队设主管 1 人，根据区域划分，下设网格员 8 人，实行层级管理制，明确各职位的职责、权力和利益，各在其位，各司其职，各负其责；分别制定了部门主管的工作职责、网格员的工作职责、一线保洁员的工作职责。

3. 教室管理服务项目资源团队实行网格化管理，网格员、保洁员在各自网格内，按照物业管理中心制定的《物业管理中心教室管理部工作标准化手册》进行工作。物业管理中心根据楼宇保洁面积和《楼宇网格员考核标准》《楼宇卫生保洁员考核标准》，对教学楼网格员、保洁员的工作进行日常监督、检查和考核。

4. 考核后根据打分数据每月对网格员、保洁员进行基本薪金之外的奖惩，奖惩结果予以公示。通过考核奖惩、活动激励，极大地调动了网格员、保洁员工作的主动性，在无形中促进了教学楼物业管理服务工作水平的提高。

5. 教室管理服务项目资源管理的初步效果。自启动教室管理服务项目资源管理后，通过细化管理、绩效激励调动了员工的主观能动性，变“要我干”为“我要干”，切实提高了工作效能，达到了减员、提质、增效的目的。

【点评】

“一流本科、一流学科、一流大学”都需要一流的后勤物业提供保障。后勤物业管理模式也需要与时俱进，项目资源管理是高校自办物业发展的要求。高校自办物业想要增强自身管理服务工作的竞争力，必然需要打破传统的“大锅饭”，变“要我干”为“我要干”，通过塑造形象、强化培训、建设品牌、完善监督等途径推动各项服务的全面提升，进一步提高师生满意度。

【案例六】青岛大学物业管理——构建适合的治理体系

物业服务外包的出现给高校物业服务提供了新的方向与途径。借助专业物业管理促进校园管理水平的提高，节省物业成本，可以将更多资金投入科研与教学，促进高校综合竞争力的提升。青岛大学物业外包从 2008 年开始部分项目外包，2013 年基本物业项目外包，2016 年全面统一外包，工作监管制度也几次修订，逐步构建起完善的治理体系。

1. 法律责任更明确

《青岛大学物业监管考核办法》列入下一年度物业合同，明确了各自的法律责任，制定了奖惩措施，让制度的执行有了依据。

2. 职责更明晰

坚持“突出专业技术特点、责任可落实、量化且实用、持续易操作”的目标，进一步明确了各监管单位的监管范围、职责以及打分比例，解决了以前职责不明和监管范围不够精准的问题，让监管有迹可循，有法可依，有责可查。

3. 评分更合理

根据以前实践中存在的问题，对监管职责进行了重新划分，进一步明确了监管部门评价机制。要求各监管部门根据自身监管需求和情况，制定切实可行的各类监管打分表，增加了平时打分和总体打分的设计，明确了分管部门的职责，加入了师生监督分值的比例，让评价更加科学化，让监管落到实处。

4. 监管更精细

将物业监管工作前移，重点突出日常（每日）监管考核作用，强化每周监管考核的总结和问题纠正的时效和力度，保证全月物业项目管理服务质量整体水平平稳，不发生突出质量问题。设置每周一次的监管评价会、每月一次的总评会，让评价更合理，沟通更畅快，监管更精细。

5. 制度落实有措施

学校设立物业外包项目统筹工作小组，以学生工作处、安全管理处和后勤管理处等使用单位为主体。各监管单位设立专门监管人员，同时设立师生监管志愿岗，做到监管体系的整体、高效。组织一系列活动，如“卫生整改质量月”等，通过活动促进监管，提升工作的质量和效果。加强与物业公司高管层交流，协助公司及时调整其在学校的工作措施和思路，进一步提升工作效率。利用现代化手段加强监管，逐步提升监管质量。

【点评】

物业外包存在许多问题：职责划分不明，扯皮时现，制度建设跟不上变化；监管机制不适用，监管队伍较弱，激励机制缺乏，不能调动外包企业员工的积极性；外包企业之间的竞争不利于外包服务质量的提升。教工代表、学生代表、使用部门和后勤监管部门并行监管，看起来很全面，但对多数师生来说，监管什么、在什么地方或环节上应该重点监管等问题存在模糊性和不确定性；使用部门更多的是凭借经验和表面现象进行监管，缺乏统一明确的监管内容，未形成合适的治理体系。通过实践探索构建校园治理体系，是校园物业管理的课题。制度之所以能成为制度，是因为它在实践中行得通。《青岛大学物业监管考核办法》就是根据当前物业外包发展面临的形势不断探索、实践而制定的，是构建新的治理体系的蓝本，为青岛大学下一步的物业监管提供了导向。

第四章　高校学生公寓管理改革

学生公寓是学生休息、生活、娱乐、学习的主要场所，是课堂外进行思想政治教育和文明习惯养成的主要阵地，是高校实现“立德树人”和“三全育人”的重要渠道。近年来，在山东省委、省政府的大力支持下，山东省教育厅、山东省学校后勤协会高校公寓管理分会结合高校实际，先后制定出台一系列文件和倾斜政策，加大扶持力度，组织协调全省高校公寓战线，坚持以习近平新时代中国特色社会主义思想为指导，认真学习贯彻落实党的十九大、二十大精神，学习贯彻全国、全省教育大会精神，立德树人，以文化人，为党育人，为国育才，持续强化公寓育人功能，不断优化公寓育人环境，努力推进学生公寓治理体系和治理能力现代化，不断促进学生公寓管理和各项服务的科学化、规范化、系统化，充分发挥公寓平台作用，培养形成优良校风学风，全面提高学生综合素质，有力促进了全省高校青年大学生的健康成长成才。首创了一大批具有山东特色的高等学校学生公寓管理有效途径和成功经验，形成了一整套科学严谨、运转高效的学生公寓管理工作体制和运行机制，做到了百花齐放、百家争鸣，为创建“安全、文明、绿色、和谐”的人才培养环境，办好全省人民满意的高等教育提供了有力保障。

党的十九大以来，根据中共中央、山东省委和省教育厅的要求部署，在新时期新形势下，面向新时代新要求，山东省高校学生公寓也要有新定位、新目标、新任务。

一是始终坚持做到立德树人。全省各高校始终将 “立德树人”贯穿在公寓管理服务全过程，立足山东高校实际，充分发挥学生公寓管理工作育人功能，积极打造思政公寓、安全公寓、文明公寓、和谐公寓，着力推进公寓思想政治教育进公寓、党建进公寓、中华优秀传统文化进公寓，加大力度做好管理育人、服务育人和环境育人工作，积极践行社会主义核心价值观，努力培养大学生爱党爱国爱校、立志成长成才和报效祖国。

二是努力推进公寓标准化建设。组织高校公寓骨干人才参加不同主题的集体学习培训班，使其开阔眼界，相互交流，汲取最新知识，了解前沿动态，深刻理解和准确把握新时代赋予公寓建设的新使命、新要求，将公寓标准化建设作为提升工作水平和服务品质的有效途径和重要手段，有针对性、系统性地做好公寓管理重点工作，并在此基础上最终形成山东高等学校公寓管理服务规范，明确建设标准，深入推进全省高等学校学生公寓标准化建设，创新管理理念，升级服务品质，实现价值引领，不断满足学生在新时代日益增长的需求和对美好校园生活的期盼。

三是精心打造公寓文化建设品牌。截至目前，山东高校公寓系统以“公寓的故事”为主题的系列活动已连续举办四届，成为全省高校师生积极拥护和热情参与的响当当的文化建设品牌。系列丰富活动和一大批公寓文化精品力作，正在以最好的方式，讲好高校公寓的故事，积极传递公寓声音，有力推动了山东高校公寓文化建设向纵深高质量发展。活动包括“公寓的故事”征文大赛、文艺展演大赛、微电影大赛、文明宿舍评比、学风宿舍评比、才艺宿舍评比等，各高校师生踊跃报名，热情参与，效果显著，影响深远，在全省营造了良好的舆论氛围和文化氛围。

四是拓宽创新工作交流平台。首先，以高校公寓管理分会为平台，组织全省高校充分利用微信群、QQ 群等阵地，对安全管理、智慧平台、物业服务、设施建设等重点难点区域，随时讨论交流，碰撞思想火花。其次，在集中学习培训时，每次都安排在某一领域成绩突出的高校分享成功的经验和做法，组织高质量的小组讨论交流，使高校正视问题，寻找差距，发现不足，相互借鉴，统一思想，达成共识。最后，在全省不同层次高校积极发现和大力推广学生公寓管理工作经典案例。这些案例包含了管理模式、社区党建、文化建设、物业服务、安全公寓、智慧公寓等方方面面，操作性强、针对性强，具有鲜明的特色和巨大的借鉴推广实用价值。通过采取上述有力措施，真正树立榜样力量，切实发挥榜样的示范带动作用，使大家向典型学习，向先进看齐，主动对标，不断提升和持续带动全省高校学生公寓的整体管理服务水平，为办好全省人民满意的高等教育奠定坚实的基础。

一、管理模式探索

高校学生公寓是学生的“第一社会、第二家庭、第三课堂”。学生公寓的管理模式是服务于教学系统、围绕人才培养这一主题形成的一种稳定的、具体的、可操作的制度和方法。学生公寓管理主体的不同，必然带来公寓管理的侧重点和优势的多样化。

近年来，山东省高校就学生公寓管理模式进行了积极的探索和尝试，逐渐形成了以下几种有代表性的公寓管理模式。一是学工部门主管的公寓管理模式。学工部门主管是省内高校普遍采用的一种公寓管理模式。高校成立隶属于学生工作部（处）的公寓管理中心，学生在公寓内的教育服务以院系党团组织、辅导员等为主，是高校思想政治教育工作进公寓的有效途径。二是后勤部门主管的公寓管理模式。随着高校后勤改革的不断深入，后勤部门主管的公寓管理模式不断发展。由于其服务职能属性，后勤部门能够更加便利地保障和满足学生在公寓内的生活服务需求。三是书院制学生公寓管理模式。书院制是近年来新兴的一种公寓管理模式，是我国高校实现通识教育与专才教育相结合的一种积极的探索和尝试。书院将学生日常生活、学习所需要的衣食住行等全部集中在学生社区，邀请导师入住，为学生提供个性化的学习指导。打破传统模式下按院系、年级、班级等住宿分配的原则，让不同专业、不同年级的学生混住，学生可以有更宽泛的交流渠道、知识来源，让更多的学生乐在其中、学在其中。

【案例一】山东大学学生公寓管理模式探索

山东大学学生公寓管理采取学校自管模式，即通过学生公寓管理服务中心进行直接管理。该中心为副处级建制单位，挂靠学生处，其主要职责为负责全校学生的公寓管理与服务工作，同时又兼有学生教育及事务指导功能。中心对公寓运行及各类服务人员的经费按块划拨，对所有管理与服务岗位（主任、副主任、楼长、仓库保管员、维修员、值班员、保洁员、监控员等）进行了明确分工，做到管理到岗、责任到人，严格按照岗位责任开展工作，从而保证了公寓的正常运转及这支队伍的凝聚力和战斗力。

学生公寓管理服务中心始终坚持以“为学生发展服务”为工作宗旨，以“加强服务、确保安全、改善条件、营造环境”为工作要求，以“创建和谐家园和育人阵地”为工作目标，充分发挥日常管理、生活服务、文化建设、安全防范、教育指导等各项职能，高质量地完成了各类学生住宿安排、保障服务、事务指导等工作。中心根据学校实际情况，构建了一套符合学校实际的管理服务运行机制：以育人为先，建立校院联动机制，建立了与各学院、各相关职能部门联系沟通、联动协作的信息反馈机制；以服务为本，健全用工管理机制，通过强化“以人为本”工作理念和服务意识，不断提高服务人员的职业素质和业务能力；以“三自”为基础，构建学生主体机制，通过学生社区自我管理委员会这一学生自律组织充分调动发挥学生“自我教育、自我管理、自我服务”的“三自”作用；以激励为重，完善考核约束机制，充分调动了全体员工的工作热情与责任感、进取心。

山东大学注重加强顶层设计，创新工作理念，初步形成了学校领导、部门负责、校院联动、学生自律、齐抓共管、分工协作、合力育人的学生公寓管理服务工作格局。

【点评】

山东大学学生公寓管理模式既有后勤化管理特点，即公寓中心负责学生公寓的小型维修及建设；同时又有物业化管理特点，即从社会聘用大量劳动服务人员进行物业管理服务，有一定的自主性，具有服务“短平快”和精准的特点。尤其重要的是，公寓中心挂靠在学工部门，在管理服务中能充分将国防教育、心理健康服务、就业指导服务密切联系在一起，同时在对住宿学生开展思想政治教育工作方面具有天然的主动性和权威性。

【案例二】齐鲁工业大学“二元式”公寓管理模式探索实践

齐鲁工业大学立足公寓管理，做好育人文章，不断拓展思想政治教育阵地建设，形成了“二元式”公寓管理模式。

1. 细化责任分工，实施校、院二元管理主体运行

学校成立公寓管理委员会，统领和协调全校公寓管理工作，思路引领、整体规划。公寓管理服务中心代表学校落实公寓日常管理的第一主体责任，做好建章立制、后勤保障、硬件提升、物业监管、工作考核工作。

学院（部）主要负责充分落实“末端”管理主体责任，上下联动，协同配合。重点加强行为养成教育和素质教育，做好学生的行为管理；全方位开展宿舍文化活动，打造公寓文化品牌；制定长期发展规划，实现自我发展；监督考核校级公寓管理服务中心的年度管理工作落实执行情况。

2. 推进家园学园建设，释放“宜居”“宜学”二元功能

扎实做好温馨家园建设。学校结合传统“家”文化，优化宿舍育人环境，完善住宿条件，加强安全保障，建设整洁美观、和谐温馨的美好家园。学院根据自身办学特色，开展丰富的文体活动，打造“一院一品”。

细化做实隐性学园建设。校级层面注重氛围的营造，院级层面注重学风的养成。通过抓实社区党建团建，用好公寓第二课堂；利用走廊阁楼等空间，打造公寓文化长廊，建成行走的课堂；组织开展公寓特色活动，不断促进学风建设。

学校通过“二元式”公寓管理体系建设，促进了学生公寓从服务型阵地向育人型阵地的转变。

【点评】

近年来，齐鲁工业大学不断探索高校公寓管理模式变革，创新形成“二元式”公寓管理体系，明确校院二元管理主体在公寓管理中的作用，清晰界定相互职责，使管理更加顺畅。突出温馨家园和隐性学园建设，赋予公寓新的育人功能，使其作为思想政治教育和素质教育重要阵地的作用更加凸显。效果突出、作用明显，具有一定的借鉴意义。

【案例三】日照职业技术学院实施 4S 公寓管理模式

学院公寓管理中心隶属于学生工作处，中心制定实施文明宿舍的 4 个指标：安全（SAFETY）、整理（SEIRI）、清洁（SEIKETSU）、素养（SHITSUKE），努力构建以宿舍长为核心，以宿舍成员为单位的组团，实施 4S 管理模式，营造安全文明、温馨舒适、和谐有序的育人环境。

1. 夯实制度基础

出台了《学生学风及行为习惯养成教育任务目标体系》《组团发展模式下文明宿舍

团队考核实施办法》等制度，为4S文明宿舍创建提供了制度保障。

2.“量身定做”培训

分层次、分专题细化4S文明宿舍创建培训，针对辅导员、班主任、驻公寓辅导员、宿舍长、全体学生等不同群体“量身定做”专项培训，明确工作目标和方法。

3.适时工作调度

各二级院系按照4S文明宿舍标准，对本学院学生宿舍中存在的突出问题进行归类梳理，分门别类地开展专项治理，促进宿舍全面达标；学校适时组织工作现场会、经验推广会等，引导各二级学院相互学习宿舍管理的实际经验，建立工作长效机制。

4.精准量化考核

将4S文明宿舍创建作为对二级学院考核的重要内容，实行二级学院每日晨检、学生工作处每周联检、学校每月集中检查的办法，将检查结果纳入学生综合测评、学生工作量化考核以及学校绩效考核，强化目标跟踪考核，以考评促落实。

5.加强检查督导，建立长效机制

以督导考核抓落实，成立学生公寓检查小组，循环开展集中检查，学生处和各二级学院经常性地进行工作总结，提炼特色，凝练成果，及时进行经验分享交流，查找问题和不足，对涌现出的优秀宿舍，在“五四”大会上进行表彰，发挥好典型示范引领作用。

【点评】

日照职业技术学院把组团发展育人作为培育和践行社会主义核心价值观的重要载体来抓。从2014年起开始探索实施组团发展育人模式，依托宿舍、班级和学生组织分别组成三个团队，以辅导员、班主任为指导，以学生干部为先锋，把社会主义核心价值观融入日常行为习惯养成教育和学风建设。经过多年的探索实践，学生的劳动意识、纪律观念、生活习惯等都有了明显提高，良好生活习惯和健康生活方式基本养成。

【案例四】山东农业大学学生公寓管理模式探索

山东农业大学公寓管理中心隶属后勤管理处，负责全校学生公寓的住宿管理调配、安全防控、公共区域保洁、设备设施维护、公寓文化建设，以及配合学院和相关职能部门进行学生的思想教育、宿舍纪律管理、安全管理和宿舍文化建设等工作。

该校始终坚持以“全员育人、全程育人、全方位育人”为根本任务，以“一切为了学生”为宗旨，以“安全、文明、和谐”为工作目标，努力提升公寓管理服务标准化，提高工作效率和执行力，不断适应新形势发展，亲情管理、真情服务，致力于将学生公寓打造成人才培养的“第三课堂”。随着后勤社会化改革工作不断深入，学生公寓的管理引入社会物业化服务，形成以后勤部门管理为主，学校学生工作部门和各学院配合管理为辅的新管理模式。依靠学院、导师和辅导员，党、团组织等部门对学生进行规矩教育、成才教育和心理辅导教育，依靠后勤保障、宿舍管理人员为学生提供安全、保洁、维修、公寓文化建设等服务。

为实现学生公寓管理多部门紧密配合，学生公寓管理系统平台为学院、导师、辅导员和宿舍管理人员搭建沟通桥梁，通力合作完成学生公寓日常管理工作。学生公寓是高校做好大学生思想教育工作强有力的抓手，后勤和学工部门以学生公寓为阵地，注重激发大学生“自我教育、自我服务、自我管理”意识，大力开展“三星级宿舍评比”“公寓的故事”系列文化活动，进一步发挥公寓在育人体系中的作用。

【案例五】聊城大学“学记书院”管理模式改革

“学记书院”旨在逐步实现基础设施现代化、服务管理标准化、师生交流导师化、宿舍育人书香化、资源共享一体化的工作目标。学校增加资金投入，改造老旧宿舍楼，更新家具设备，建设智能化公寓，在宿舍楼全面改造提升的基础上，进行了住宿式书院管理模式的探索。

书院实行书院院长负责制，成立书院院务委员会、导师委员会和学生自治委员会，聘任书院专兼职导师、研究生导师助理，设立彰显书院特色的文化标识和院训。书院包括学生住宿区域、走廊文化区域、生活服务区域和书院公共区域四大区域，配有特色的桌椅、书橱和高清触摸电脑等，设有导师讲坛、博雅书屋、智慧咖吧、心灵港湾等书院活动室、学习室。

导师每周与学生在学习心得、创新研究和撰写论文、生涯设计等方面进行线上线下交流，提供全天候、个性化的指导和服务。自成立以来共举办了学记讲坛、导师课程导学、学业规划指导、心理沙龙、“真人”图书馆、朗读者等特色活动 100 余期。导师入驻，贯通了博雅教育、通识教育以及人文教育。大众网等多家媒体对聊城大学书院建设给予关注和报道。

【点评】

书院制管理模式，将校院领导力量、管理力量、思政力量、导师力量、服务力量压到学生中间，形成全员、全程、全方位育人格局，是学生教育管理模式改革的有益探索。聊城大学以“学记书院”为试点，建造了高雅的学习与生活空间，形成了特有的文化标识体系，导师入驻，使通识教育和专业教育相结合，显性教育与默会教育相结合，取得了明显的育人效果，但这种模式要注意运行机制的顺畅、人力和物力的投入等问题。

【案例六】青岛职业技术学院“学院 + 书院”公寓改革

青岛职业技术学院学生公寓区自 2014 年起先后依托 7 个二级学院，挂牌成立知行书院、侃如书院、立人书院、瀚海书院、立信书院、儒商书院、艺馨书院等 7 个书院。书院坚持以人为本，立德树人，思政改革，德育创新；以“建有温度的书院，育有家国情怀的人才”为宗旨，以“学生公寓住宿、学生素质教育、学生教育管理、学生支持服务”为书院职能；结合学生个性化、多元化实际需求，全面构建书院特色文化、特色课程、特色管理、特色环境等四大育人平台；突出书院文化、通识教育、师生关系、朋辈关系、学生自治、公民意识、书院设施等，不断创新全员、全程、全方位“三全”育人体系。

一是书院文化育人方面。坚持中国特色社会主义文化，传承中华优秀传统文化，建设独特的品牌书院文化。书院形成符合实际的书院文化标识系统，包括书院院名、院训、院徽等，建设中华优秀传统文化长廊、文明修身主题墙、社会主义核心价值观走廊等。

二是书院课程育人方面。坚持文理互补，加强通识教育，把书院特色课程纳入学院公选课程体系，构建文史经典、哲学智慧、世界文明、科学与技术、环境与生命、艺术与审美等模块，拓宽学生的知识结构，提高学生综合素质。

三是书院管理服务育人方面。聘请德育导师、学业导师、生活导师、社团导师等，构建宿舍导师育人体系。书院打破专业班级、年级乃至院系界限，举办社团活动、文体活动，相互交流，每个书院开展一至三个品牌的经典活动，实现学生间多元文化交融。

四是书院环境育人方面。创建安全、整洁、文明、和谐、美丽的学生生活社区。设立书院办公室、党团活动室、导师工作室、辅导员办公室、学生组织办公室、心理咨询室、图书室、健身房等。学生足不出户就可以享受便捷、温馨的服务。

【点评】

青岛职业技术学院积极探索“学院 + 书院”双院协同育人模式，在高职院校中率先实施“书院制”改革，努力构建特色书院文化、课程、管理服务和环境，不断创新与完善全员、全程、全方位“三全”育人体系，由规模发展到内涵提升，成效明显。这是对新时代高校学生公寓管理模式的积极探索，也是对大学生思想政治工作的努力创新，有利于高职院校实现立德树人的根本任务，有利于促进学生全面发展，有利于提高人才培养质量。

二、公寓社区党建

党的十九大报告指出，“党的基层组织是确保党的路线方针政策和决策部署贯彻落实的基础。要以提升组织力为重点，突出政治功能，把企业、农村、机关、学校、科研院所、街道社区、社会组织等基层党组织建设成为宣传党的主张、贯彻党的决定、领导基层治理、团结动员群众、推动改革发展的坚强战斗堡垒”，要“推进党的基层组织设置和活动方式创新，扩大基层党组织覆盖面，着力解决一些基层党组织弱化、虚化、边缘化问题”。

习近平同志在全国高校思想政治工作会议的讲话中指出：“做好高校思想政治工作，要因事而化、因时而进、因势而新”，“要沿用好办法，改进老办法，探索新办法，不断提高工作能力和水平”。

高校学生公寓是大学生生活、学习、成长的重要场所，是高校推进大学生社区化教育管理的重要载体，也是高校加强基层党组织建设和大学生思想政治教育工作的重要阵地。近年来，随着高校学分制改革的不断深入和后勤社会化的迅速推进，高校学生公寓在推进落实“三全育人”工作中的重要性日益凸显。为深入贯彻落实党的十九大和全国高校思想政治工作会议精神，很多高校也在加强学生公寓社区党组织建设和创新学生公寓管理育人模式方面进行了有益的探索和实践，为全省高校公寓社区党建工作创新提供了有益的经验借鉴和操作指南。

【案例一】鲁东大学探索“333 模式” 促进公寓思政工作质量提升

近年来，鲁东大学认真贯彻落实全国高校思想政治工作会议精神，积极应对和解决学分制改革对学生教育管理工作带来的新变化和新问题。学校在全面推行社区化教育管理的基础上，创新开展了学生公寓党员工作站建设，不断完善、固化形成了“333”工作模式，对进一步加强公寓学生教育管理、促进学校思政工作质量提升发挥了重要作用。

1.“三学、三 +、三讲”搭建党建与思政工作新平台

坚持“三学”——坚持习近平新时代中国特色社会主义思想必学，坚持党的基本理论、路线、方针、社会主义核心价值观等内容必学，坚持中央和上级党委、学校有关重要会议、文件精神必学。

做好“三 +”——做好“互联网 +”，利用易班网、学工网、微信群等新媒体技术加强学习宣传教育；做好“文化 +”，用好电子屏、党建文化墙等宣传阵地，办好宿舍文化艺术节，加强楼宇文化建设；做好“制度 +”，建立健全规章制度，明确工作要求和个人职责。

开展“三讲”——讲身边榜样故事，讲师德模范故事，讲公寓感人故事，用身边人讲身边事，激励青年学生不忘初心、奋力前行。

2.“三访、三知、三做”提升社区管理与服务水平

访学生——三访：走访慰问公寓内发生重大意外、患重病的学生，一对一探访心理异常学生，查访公寓内的各类违章和违纪行为。

知问题——三知：知晓经济困难、学业落后和心理困惑学生的学习生活情况，知晓宿舍内的群体矛盾、不稳定因素和诱发原因，知晓直接影响学生学习生活的身边突出问题。

做实事——三做：做促进安全、稳定、团结的事，做提高服务质量、帮助学生排忧解难的事，做维护学生合法权益、促进和谐管住关系的事。

3.“三亮、三比、三评”锤炼合格党员队伍

亮目标——三亮：亮标准，制订并公开党员、入党积极分子考核量化标准；亮身份，

在党员、预备党员所在宿舍悬挂标识牌，让“党员寝室”亮起来；亮承诺，结合党员“承诺践诺”活动，公开学生党员个人承诺，激励党员不断加强自我修养和党性锻炼。

比成效——三比：比技能，比作风、比业绩。党员之间比为同学办好事、办实事的数量，比为同学服务的质量和水平。

评模范——三评：参照民主生活会模式，定期开展领导（老师、管理员）点评、党员互评、群众评议，通过评议加强对工作站建设成效和普通同学对站内成员的监督考核。

学生公寓党员工作站成立以来，广大学生党员和学生骨干深入公寓广泛宣传习近平新时代中国特色社会主义思想，深入宿舍开展大学生思想政治教育，到学生身边提供学习、生活上的服务和帮助，无论是公寓管理员还是同学们，都普遍反映师生距离近了，监督提醒多了，问题解决快了，工作效率大幅提升，社区内的管住关系更加和谐。2016年以来，《光明日报》《中国教育报》、新华网、大众网、《山东教育工作简报》等媒体多次对鲁东大学“社区制”学生教育管理模式和学生公寓党员工作站的相关做法予以宣传报道。

【点评】

学生公寓党员工作站模式有效解决了高校基层党建和思政工作“最后一公里”的问题，搭建了学生党员、学生骨干锤炼自我、服务他人、引领风尚的新平台，拓展了学生党建和思政工作的新空间，对于发挥基层党组织战斗堡垒作用和党员先锋模范作用，引导大学生成长成才具有十分重要的意义。同时，该模式通过将教育主阵地前移至学生公寓，充分整合和调动了各方面育人因素的积极性和主动性，让基层党建和思政工作更加生活化，更有针对性，让高校学生党建和思政工作变得更有温度。

【案例二】山东建筑大学党员宿舍挂牌管理勾勒公寓“红色地图”

山东建筑大学用好公寓阵地，认真落实立德树人根本任务。近年来，学校围绕“先锋红”文化建设，积极推行学生党员宿舍挂牌管理、党员责任区创建等有力措施，在公寓“擦亮”学生党员身份，发挥学生党员作用，2016 年以来，学校实施的“党员宿舍挂牌管理”成为学校基层党建工作的一张靓丽名片。

1.“亮”身份，从“严”做表率

从严教育，从严监督，亮明身份，敢挑担子，让学生党员成为全校学生基础文明教育活动的“排头兵”，是学校开展党员寝室挂牌管理的初衷。学工部把对学生党员教育管理监督的阵地从教师“眼皮下”的教室里延伸到群众“眼皮下”的宿舍中，通过挂铭牌、亮身份，扩大对学生党员 360 度全方位的培养教育和管理监督。学工部要求挂牌党员努力做到“四个表率”，即“学习的表率、文明的表率、监督的表率和服务的表率”，要求党员从我做起，从小事做起，带头做好寝室内务，维护寝室卫生文明，营造良好的生活、学习环境，在寝室中带头创造积极进取的学风，为同学们树立良好的榜样。实践证明，“党员寝室”这个红色的铭牌不仅仅是身份的“标记牌”，更是学生党员时刻严以律己，严以修身，主动接受广大师生监督，发挥党员表率作用的“公告牌”。

2.“亮”承诺，从“实”做服务

从实做起，履行承诺，是开展“党员寝室挂牌”的保障。在“党员寝室挂牌”活动中，学工部要求全体学生党员立足服务园区，服务同学“亮”出承诺，通过开展党务知识宣传等活动，督促学生党员在服务中践行宗旨，在服务中加强党性。1326 个学生党员宿舍共同勾勒出了一幅“红色地图”，为党员做服务打出“标语”，为普通学生找到党员指出“路牌”。没有轰轰烈烈，贵在点点滴滴。学生党员把党的优良传统体现在每一天的学习生活中。他们设立起理论学习、经验交流、在线答疑等专栏，开通了微博、博客、QQ 群等平台，使广大学生在公寓中就能感受到党组织的教育和关怀；他们深入宿舍，了解同学困难，化解矛盾纠纷；他们组建服务队，设立服务日，定期为同学修理电脑、手机等，在细小处展现党员的风采。如今，“有困难找党员”已经成为学生公寓的流行语。

3.“亮”口碑，从“长”铸品牌

教育有实效，服务有实招，是学校坚持开展“党员寝室挂牌”的动力。开展“党员寝室挂牌”活动以来，学工部坚持对挂牌党员寝室进行动态跟踪，持续调研党员寝室挂牌工作成效。调查结果显示，98% 的非党员同学知道自己楼层的党员同学，并且对党员宿舍挂牌制度持肯定意见，认为党员挂牌制度发挥的作用较好。挂牌前，党员寝室的优秀率只有 40%，挂牌后，70% 的党员宿舍被评为优秀寝室，并且优秀寝室的比例逐年上升。党员同学还希望通过党员服务站、园区党建宣传橱窗进一步发挥自身作用，在对构建文明园区征求意见时，不少党员同学还希望今后在生活园区多开展活动扩大党员影响力。

通过几年来的努力，学生党员寝室挂牌制度不仅让学生党员亮明了身份，也使学生党员明白了身上的责任，将严格管理、党性锻炼贯穿于日常生活中，达到了教育效果。该举措先后被《中国教育报》、搜狐网、大众网等媒体相继报道。其中，《山东建筑大学推行学生党员宿舍挂牌管理，在校园内传播正能量——从“学霸宿舍”到“红色地图”》（《中国教育报》2016 年 5 月 14 日）荣获“2016 年度山东高校优秀新闻奖”。

【点评】

做好学生公寓党建工作是落实学生社区管理“一站式”育人模式的必然要求，也是深化高校学生社区思想政治工作的内在需求。山东建筑大学选取学生宿舍这个与学生联系最为紧密的“单元格”为切入点，为加强学生党员教育管理、促进作用发挥“出实招”，让学生公寓成为学生党员锤炼党性的阵地、发挥作用的热土、成长成才的家园。

【案例三】滨州学院创新党建模式，让党旗在学生公寓别样红

近年来，滨州学院紧紧围绕立德树人根本任务，把学生党建工作拓展、延伸、覆盖到学生公寓，成立了学生公寓党员工作站，形成了以“公告公示、联系同学、检查监督、例会汇报”等4项工作制度为主体的党建进学生公寓新模式。

1. 科学设计工作站，倾力建设六大阵地

目前，滨州学院17个学生公寓，已经全面建成党员工作站，实现了党建工作在学生公寓全覆盖。党员工作站总站设立站务委员会，负责工作站的总体规划和建设，每栋学生公寓建有党员工作站分站，负责党建具体工作。工作站成员由二级学院学生党支部负责推荐，经过推荐、选拔、审核等程序，由学生公寓党员工作站领导小组研究确定，也可视情况由党员工作站全体成员民主推荐产生。经过4年建设，学生公寓党员工作站已成为党的路线、方针和政策的宣传阵地，了解学生思想动态的信息阵地，协助宿管人员管理宿舍的助理阵地，与学生沟通感情的联络阵地，热心帮助同学的服务阵地，维护校园和谐稳定的模范阵地。

2. 人人都是排头兵，个个传递正能量

为了让党建工作更好走进公寓，动员学生党员全员参与，进一步扩大党建与思想政治教育的辐射范围，滨州学院学工部举行了党员示范宿舍挂牌仪式，鼓励党员亮明身份、亮明承诺、亮明标准，充分发挥党员表率和示范带动作用。公寓党员工作站明确学生党员职责，要求党员示范挂牌宿舍学生，亮身份，切实履行“思想政治宣传员、意识形态信息员、安全稳定助理员、学风建设联络员、困难帮扶服务员”工作职责。

学生公寓党员工作站定期组织学生党员进行政治理论学习，积极宣传党的路线方针政策；开展走访调查，及时了解学生思想动态；搭建学生与宿管人员之间的沟通桥梁，深入宿舍，服务学生，化解矛盾，切实解决实际问题，形成了“有党员的地方就有党的声音”“有困难找党员”的良好局面。

3. 用身边人感染身边人，用身边人教育身边人

一名党员就是一面旗帜，党员工作站让学生公寓成为了课堂的延伸阵地，指导老师在这里可以针对学生的学习、思想更有效地“开药方、找思路”，同时有效拓展了思想政治教育阵地。学生公寓党员工作站组织开展了一系列贴近学生、贴近生活、贴近实际的主题教育和文化活动，发挥学生党员的辐射作用，用身边人感染身边人，让身边人讲身边榜样故事，营造出积极、健康、和谐、向上的文化氛围，有力推进了优良学风校风的形成。在鲜红的党旗指引下，学校17个党员工作站的165名站务委员和学生党员正以巨大的正能量影响着全校2845间学生宿舍的2万余名大学生的学习观、价值观。

目前，学生公寓党员工作站已经成为广大学生党员发挥表率作用、引领和服务学生成长成才的重要阵地。《滨州学院让党旗在学生公寓别样红》荣获山东省高校组织工作

创新成果二等奖，党员工作站研究课题成功立项 2018 年中国教育后勤协会研究课题并已顺利结项，10 余家媒体对该校学生公寓党员工作站的做法进行了宣传报道。

【点评】

滨州学院通过在学生公寓设立党员工作站，有效扩大了高校思想政治工作的覆盖面，充分发挥了学生党员“自我管理、自我教育、自我服务、自我监督”的积极性和重要作用，是当前高校加强基层党建工作的有益尝试，对于推进形成全过程育人、全方位育人格局和提升思想政治工作成效方面必将起到重要的促进作用。

【案例四】山东中医药大学打通“三全育人”最后一公里

2019 年以来，山东中医药大学以“不忘初心、牢记使命”主题教育为契机，以教育部“三全育人”综合改革试点院（系）为依托，扎实推进学生党建工作进宿舍工程。“学生公寓党员服务站”已经成为学校基层党建工作的重要抓手，成为广大学生党员发挥模范作用、引领和服务学生成长成才的重要阵地。

1. 创新党建工作阵地，建设三全育人基地

2019 年 11 月，山东中医药大学在千佛山校区 2 号学生公寓正式设立“学生公寓党员服务站”。学生公寓党员服务站是学生党员“自我教育、自我管理、自我服务”的重要阵地，立足于学生公寓党建、教育、管理、服务职能，保障学生党支部活动的常态化、制度化、规范化，为学生党员和入党积极分子搭建了教育管理、理论学习、实践锻炼的新平台，真正将学生公寓建设成为入党积极分子的培养基地、预备党员的考察基地、学生党员的教育基地、“三全育人”的实践基地。结合学校对“不忘初心、牢记使命”主题教育工作部署，学生公寓党员服务站自成立以来，定期组织学生党员开展主题教育相关学习交流和实践活动，学生党支部战斗堡垒作用不断加强。

2. 健全党员责任体系，促进党员争优创先

一是亮出党员“名片”。在学生党员中树立“一个党员就是一面旗帜”的意识，充分发挥学生党员在宿舍党建、文化建设、日常管理中的先锋模范作用。为学生党员制作工作证，学生党员在学生宿舍开展工作时须“持证上岗”；为党员宿舍和党员床位制作党员宿舍牌、床位牌，在进一步强化责任意识和群众监督的同时，也在学生公寓中营造了“学习先进、争做先进、赶超先进”的良好氛围。

二是建立党员进宿舍帮扶制度。每名党员除需要做好本宿舍的管理、学习、卫生等工作之外，还需要结对帮扶其他宿舍，包括学风建设、卫生内务等。每名党员同时担任帮扶宿舍成员的朋辈辅导员，每月与全体宿舍成员进行一次谈心谈话，并进行记录，及时发现帮扶宿舍成员在学业、生活、人际关系等方面存在的问题，并进行力所能及的帮扶。学生党员还担任帮扶宿舍入党积极分子和发展对象的培养联系人，定期进行谈话，记录

思想动态，协助做好培养考察工作。通过这些工作，进一步提升了学生党员的责任意识，提升了发展党员的质量。

3. 打造公寓红色文化，强化实践育人功能

一是加强红色文化建设。学校在公寓楼道和走廊内张贴了包括“不忘初心、牢记使命”主题教育、平语近人、“三全育人”、中医文化等不同主题的展板 90 余块，把习近平总书记系列讲话、主题教育重要要求、优秀传统文化送到同学们身边。努力打造宿舍红色文化，把校园文化建设中的好做法、好内容和好形式向宿舍转移和嫁接，以红色文化提升宿舍文化的层次和品位，定期或不定期举办形式多样的宣传教育活动，展示学生宿舍风采，丰富学生宿舍生活，营造积极、健康、高雅的宿舍氛围。

二是搭建宿舍党建实践创新新平台。以年级、专业为单位，将“不忘初心、牢记使命”主题教育活动开展到学生宿舍，以学生公寓党建服务站为载体，创新开展主题党日活动，组织和倡导师生党员带领广大同学积极参加社会志愿服务等活动，走出宿舍，服务社会，提高学生社会实践能力，进一步鼓励学生党员发挥先锋模范作用，教育学生党员不忘服务同学的初心，牢记同学带头人的使命，努力实现全员、全过程、全方位育人效果。

【点评】

“学生公寓党员服务站”模式，是山东中医药大学践行“不忘初心、牢记使命”主题教育要求的主动探索，也是强化高校“三全育人”工作的重要举措。“学生公寓党员服务站”立足公寓阵地，着眼学生发展，为学生党员提供党建阵地、精神家园和学习园地，对于充分发挥学生公寓的立德树人作用，打通“三全育人”最后一公里，提升思想政治工作成效等方面必将起到重要的促进作用。

【案例五】山东城市建设职业学院构建“321”党建工作模式

山东城市建设职业学院学生工作处党支部以教育部首批“全国党建工作样板支部”培育建设为契机，将公寓社区党建纳入党支部工作的重要组成部分。在公寓社区党建工作中，学院积极探索创新工作机制和方法，建立“321”公寓社区党建工作模式，充分发挥基层党组织的战斗堡垒作用，取得了良好成效。

1.“3”是指构建三级公寓社区党组织工作架构

一是建立学院层面的“学生公寓管理委员会”，在学院党委的领导下，统筹学生公寓党建工作，实行党员干部常态化深入宿舍联系学生，同普通学生交朋友，引导学生坚定信念跟党走、服务社会为人民，推动解决学生思想、心理、生活、就业等实际问题。二是创新党小组建设模式，公寓管理中心党小组积极吸收与学生接触最为广泛的公寓物业工作人员中的党员共建公寓党小组，统一要求、统一管理、统一学习、统一活动，使学生公寓管理服务工作带有“党员温度”。三是高标准建设“党员活动室”，在每栋公

寓楼设立“学生党员工作站”，发挥学生党员在公寓的先锋带头作用，开展“要入党，先做寝室长”“党员示范寝室创建”“星级文明宿舍评比”等活动，为学生党员服务群众、加强党性锻炼搭建平台，在公寓上下形成“哪里有学生党员，哪里就有先进示范榜样”的良好党建氛围。

2.“2”是指将“全国青年文明号”和“平安校园精品项目”建设作为党建工作进公寓的两个重要抓手

学生工作处党支部是“全国青年文明号”。为充分发挥全国青年文明号的榜样示范作用，学院依托学生公寓建设了“大学生事务中心”，为学生提供一站式服务，让学生就近就可以办理相关事项，“一次办好”提高了服务质量。依托学生公寓建设的大学生法治教育中心是省委教育工委认定的“平安校园精品项目”，学生工作处党支部积极与历城区人民检察院合作，广泛开展党纪国法教育，引导党员和广大师生知敬畏、存戒惧、守底线，自觉尊法学法守法用法。

3.“1”是指将公寓的“家和”文化建设，作为培育和践行社会主义核心价值观落细、落小、落实的一条重要途径

“家”是社会的细胞，“家和”文化是中华优秀传统文化的重要载体，是社会主义核心价值观“国家、社会、个人”三个层面的实现。公寓是学生在学校名副其实的“家”，加强公寓的“家和”文化建设是高校落实社会主义核心价值观教育的有效途径。学院以公寓工作为载体，以“和谐、感恩、孝爱”等为主题，积极开展“家和”文化建设，在宽松的氛围中拉近公寓老师与学生之间的距离，“润物细无声”中实现对学生世界观、人生观、价值观的引导，形成“家和”文化建设和学生思想政治教育工作的良性互动，推动社会主义核心价值观在公寓这个“家”中落地生根。

【点评】

山东城市建设职业学院通过落实三级工作体系、用好两个重要抓手、突出一项育人特色，构建了“321”公寓社区党建工作模式。该模式为进一步促进高校抓强抓牢公寓育人阵地和社区党建工作，促进发挥基层党组织的战斗堡垒作用和党员先锋模范作用，提供了有益的路径参考和经验借鉴。

【案例六】烟台大学文经学院“小网格”织密“大党建”

近年来，为积极探索学生公寓作为基层党建和思政工作新平台的潜力和作用，烟台大学文经学院在设立“学生社区党工委”的基础上，于2016年成立了学生社区党建先锋站，积极推进学生党建工作向楼宇延伸，实行网格化管理，为学院学生党建工作打开了新视角。

1.建网划格，着力拓展学生社区党建工作新格局

学院学生社区党工委成立于2008年，采取条块结合、以块为主的方式，将学院7

栋学生公寓划分为5个网格，分属5个社区，并设立分党工委，实现了学生社区党建工作全覆盖。2016年4月，为进一步深入推进学院“思政教育、学风引导、行为指导、文化建设、生活服务、安全防范”六位一体的学生社区工作机制，全方位深入实施“四个一对一”帮带活动，学院在各社区成立了“社区党建先锋站”。

学生社区党建先锋站是在学院学生社区党工委领导下的社区志愿者自育自律、自我服务的先锋队组织。党建先锋站由5个社区分党工委负责，各社区分党工委书记兼任各先锋站站长，同时公开选聘10名品学兼优的学生党员担任副站长。学生党员和入党积极分子骨干以社区志愿者身份加入先锋站；每个先锋站分编成2个志愿者服务队，每个服务队各由1名副站长带领，按片区分工负责。服务队队员包区片和包自己的班级宿舍，由此形成了“先锋站”包公寓、“服务队”包区片、党员个体包宿舍等新的“帮带”格局，构建了宿舍→楼层→片区→公寓→系部这样一个以学生党员为中心的辐射源，形成了党员帮带促进全体学生共同发展的社区党建工作新局面。

2.强化服务，着力提升学生党员的宗旨和服务意识

建立“规范服务”。将党员形象“上墙”、承诺“上墙”。各先锋站将党员宿舍分布情况登记造册，建立党员档案。社区党工委要求党员们，“平时能看出来，需要时能站出来，关键时刻能冲上去，必要或危险时刻能豁出去”。根据学院文明宿舍标准，建立完善的监察评优制度，形成了学生党员宿舍争先创优的良好局面。

开展“志愿服务”。毕业季、迎新季等重要节点，学生党员“当仁不让”——毕业季倡导应届毕业生党员文明离校、最后离校，非应届毕业生党员设立多个志愿服务点，定向为毕业生提供优质服务；迎新季各先锋站在各社区一楼大厅设立党员服务台，为新同学提供便利与帮助；课余时间实行党员社区巡逻、深入宿舍制度，大大降低了学生宿舍安全隐患。

优化“特色服务”。社区党建先锋站为同学们提供衣物缝补、小器维修、急事代办、衣物书籍捐赠等服务，用“服务”搭建和谐公寓、暖心公寓的桥梁。学生社区成立的“爱心小屋”，通过收集学生捐赠物品为在校困难学生提供帮助，并定期向烟台市慈善总会捐赠。上述举措提升了学院声誉，强化了文经学子的服务意识和担当意识，广受社会各界及学生家长的好评。

3.着力长效，推进社区党建和网格治理规范化、常态化

加强先锋站制度建设，强化日常管理、业务指导和内部严格考评。每年5月，社区党工委会根据各公寓楼学生的分布情况，在各先锋站实行副书记换届选举工作。根据学生党员在先锋站内担任的职务和分工，制定相应的目标管理和考核标准；对站内成员考核采取日常考核和年度考核相结合的方式，围绕“政治素质过硬、德育素质良好、学习风气浓厚、内务卫生先进、党员作用突出”五方面开展考核，并将考核结果反馈给各系党总支，作为学生党员评先评优、入党积极分子培养考察的重要依据。

【点评】

烟台大学文经学院的“社区党员先锋站”模式，有效清除了社区党建工作的盲区，为学生社区党建工作提供了新路径，有利于发挥学生党员的先进性作用，有利于加强对学生党员的全程教育和管理，用“小网格”织密“大党建”，达到了思想引领、服务同学、共同成长的效果，在促进校园安全稳定、提升社区管理和基层党建工作水平方面起到了重要作用。

三、公寓文化建设

高校学生公寓是大学生在校学习、生活的重要场所，是高校学生的“第一社会”“第二家庭”“第三课堂”，是学生和学校之间相互作用的重要纽带，是知识传输、信息传递和情感交流的重要平台，同时还是大学生思想政治教育的前沿阵地。学生公寓对学生的成长成才具有不容忽视的作用。

高校学生公寓文化是指发生在高校学生公寓区域范围内，以一定的物质建筑为基础、制度规范为保障、精神内涵为核心、行为表现为范式而呈现的一套与校园文化相契合的特定的群体文化。著名教育家陶行知先生说过：“生活即教育。”积极、健康、文明、向上的大学生公寓文化是学校人才培养的重要载体、课堂教育的有益补充，有利于优化校风学风，繁荣校园文化，培育大学精神，滋养学生心灵，涵育学生品行，引领社会风尚。学生公寓文化建设也是高校思想政治文化建设的重要组成部分，提升高校思想政治教育建设的重要手段，建设文明、和谐、美丽校园的重要措施。

加强学生公寓文化建设需组织丰富多彩的课外活动，营造团结、进取、拼搏、创新的文化氛围，促进宿舍成员间的相互关心、帮助，培养团结同学、热爱集体、关爱社会的良好习惯和高尚情操。加强学生公寓文化建设应营造良好的学习和生活环境，培养学生的创新能力和拼搏进取精神，调动学生的主观能动性和积极性，提高学生的创新和实践能力，增强学生的学习能力、自理能力、审美能力，促进其良好生活习惯的养成。加强学生公寓文化建设要结合新时代、新思想、新背景，有效融入学校的文化特色与学科专业特色，对学生公寓大厅、走廊、楼梯、宿舍等公共空间进行装饰布置，打造社区文化、大厅文化、走廊文化、楼梯文化、宿舍文化、休闲文化等，营造良好的公寓文化氛围，充分发挥文化育人、环境育人功能。

近几年，全省高校充分发挥学生公寓的育人阵地作用，积极开展活动新颖、内容高雅、内涵丰富的宿舍文化建设。主要表现为开展了丰富多彩的宿舍文化活动；注重将文化宣传、文明教育、文化作品展示等有机结合起来，形成了温馨、高雅、积极、浓郁的良好育人氛围；形成了一批以山东科技大学“寓文化”、中国海洋大学“家文化”、山东建筑大学“彩虹文化”、临沂大学“红蓝文化”、枣庄学院“和合精雅”文化、山东城市建设职业学院“家和文化”等为代表的公寓文化建设品牌。全省高校学生公寓文化建设蓬勃发展、特色鲜明、成效显著。

【案例一】山东科技大学建设“斛文化”　强化公寓育人功能

山东科技大学学生公寓管理服务工作继承和发扬“坚韧不拔、发奋图强”的科大精神，弘扬“爱校奉献、敬业实干”的科大传统，奋进新时代，抢抓新机遇，实现新跨越，让“重塑魂、强建模、精树人”的“斛文化”在学生公寓生根发芽、大放异彩。

1.“斛文化”重塑魂，占领思政教育新高地，弘扬时代主旋律

精选公寓文化宣传内容，坚持与学“习”讲话相结合，突出思想引领力。在学生公寓大厅走廊悬挂习近平总书记对青年的青春寄语等宣传板，引导学生把正确的道德认知、自觉的道德养成、积极的道德实践紧密结合起来。坚持与优秀传统文化相结合，吸收时代精神有益精髓，彰显社会主义核心价值观。通过微信、网络、电视等方式，充分发挥优秀传统文化传递文明、规范行为、凝聚力量的作用。在大厅的布置及传统节日的氛围烘托上，采用传统元素与时代精神相结合的方式，厚植爱国荣校的家国情怀。坚持与学院学科特色相结合，营造浓厚的文化创新氛围。各学院根据学科特色和住宿格局，在学生公寓建立科技创新活动室、“读书坊”等，打造“一院一品牌，一院一特色”的特色品牌活动和文化走廊，筑牢科大学子共同的价值家园和精神家园。

2.“斛文化”强建模，注重公寓典型选树，传播公寓正能量

实施党员宿舍亮身份工程，对党员宿舍挂牌，在敦促学生党员自律的同时，发挥党员的模范带头作用；实施文明宿舍亮锦旗工程，学校每年进行“文明宿舍”评选，统一进行锦旗悬挂，以点带面；实施服务明星亮事迹工程，每年评选“十佳服务明星”，挖掘最美公寓人，用真情温暖学生，用爱心教育学生。

3.“斛文化”精树人，秉持“五进”和谐发展，汇聚爱的包围圈

推进“正能量传递”实践活动，开展党团组织、心理健康教育进公寓工作，凝聚社会主义核心价值观，培育积极向上、人格健全的社会主义事业建设者；推进“温情关爱”实践活动，开展辅导员、贫困生资助进公寓工作，了解学生生活、关爱学生心灵，培养不卑不亢、热情感恩的接班人；推进“民主管理”实践活动，开展学生组织进公寓工作，充分发挥学生参与公寓管理的主体性作用，培养学生主动积极、无私奉献的主人翁精神。

【点评】

山东科技大学高度重视以文化人、以文育人，学生公寓文化建设有特色、有品牌、有内涵，范围广、形式丰、内容精，宣传广泛、参与度高、效果显著，充分发挥了学生公寓作为“第一社会、第二家庭、第三课堂”的文化功能，丰富了学生的生活，开阔了学生的眼界，锻炼了学生的能力，对学生的价值取向、思想观念、行为养成、审美情趣等有着“润物细无声”的导向作用，对良好校风和学风的形成起到积极的推动和渗透作用，

对各高校的文化建设极具借鉴参考意义。

【案例二】中国海洋大学公寓小空间　校园大文化

中国海洋大学学生社区服务中心积极推进宿舍“家文化”建设，通过完善楼宇内公共空间功能与基础设施建设，以整洁、舒适的生活、学习环境给住宿学生带来美好的生活感受和思想引领，培养学生自管、自律，强化环境育人功能。

1. 建设具有海大特色的墙体文化长廊

在学生公寓开展学生公寓墙绘大赛等活动，以宿舍及其周围场所为载体，联合学院、社团，发掘有艺术、绘画特长的学生参与其中，打造宿舍文化长廊，为宿舍增添艺术气息。

2. 将学生公寓公共空间打造为休读区域

通过学生需求调研、学生设计征集确定改造方案，将原本功能单一的学生公寓楼大厅及楼内活动室等空闲区域，打造成多元化、多功能的，集学习、研讨、休闲于一体的休读区及党团活动空间。

3. 在学生公寓公共区域内增加服务设施，为学生提供生活便利

推动公寓楼生活服务室、智能洗浴及直饮水建设，改善配套服务设施和基础设施，提高服务保障能力，使学生生活更方便。

营造良好宿舍氛围的同时充分发挥同学们的主人翁意识，不断推进学生公寓“家文化”建设，打造一流社区，将学生公寓打造成思想引领的空间、学业成长的空间、生活服务的空间。通过交流互动，让学生公寓充分为育人服务，真正实现文化育人，这也是学生社区的目标和不懈的追求。

【点评】

中国海洋大学学生社区致力于优化和改善宿舍环境，通过学生宿舍墙体文化建设、休读区域改造、生活便利设施建设等，多举措、多元化地改善学生公寓公共空间，通过宿舍“家文化”建设不断强化宿舍育人功能，提高学生审美和创造美的能力，营造浓郁的文化氛围，给学生提供更加温馨的住宿环境，为学生健康成长创造良好条件，助力校园文化建设。

宿舍墙绘

公寓楼公共区域休读区

公寓楼生活服务室

【案例三】山东建筑大学学生社区“彩虹文化”

山东建筑大学高度重视学生公寓育人阵地作用，确立了“管理筑基，文化引领，特色发展”的学生公寓管理思路。围绕搞活学生公寓文化建设，学校按照校园文化品牌化发展的基本思路，精心打造学生社区育人文化品牌——“彩虹文化”，结合学生公寓管理工作的具体内容和特点，将彩虹的自然特性与社区文化特点加以融合，着力构建以学生公寓党建为代表的先锋红、学风建设为代表的硕果橙、感恩教育为代表的感恩黄、物质文化建设为代表的雅居绿、青年文化为代表的活力青、公寓安全文化为代表的平安蓝以及个性文化为代表的个性紫等 7 个文化活动板块。

在赋予学生社区文化鲜明特色和内涵的基础上，学校注重挖掘育人效果，以“学生社区彩虹文化节”为项目基本依托，采取“项目化运作”的方式，充分调动二级学院在文化建设中的积极性，结合学院专业特色和学生特点，为每个学院在“彩虹文化育人体系”中搭建“着力点”和“成长点”，形成“百花齐放”的良好局面。彩虹文化建设项目启动以来，有力促进了学生社区精神文明建设，学生基层文明养成教育、公寓安全管理等工作也得以有力提升。

【点评】

学生社区是开展大学生思想政治教育的重要阵地。积极开展学生社区文化建设已经成为广大公寓管理工作者的广泛共识和有效工作手段。然而，学生社区文化活动、低水平重复运作等问题的存在削弱了学生社区思想政治教育的效果。学生社区文化品牌化建设为我们解决这一问题提供了新的视角。品牌化是学生社区文化建设发展的优选方向，有助于深化育人效果，有利于校园文化品牌的传承与发展，也能使学生社区文化更容易融入学校整体校园文化之中。山东建筑大学彩虹文化建设在品牌化社区育人文化探索中，取得了显著效果，项目获得 2015 年全国高校首批学生公寓文化创新成果二等奖，并于 2019 年被收录于《全国高校学生公寓工作优秀创新成果汇编》。

【案例四】枣庄学院学生公寓“和合精雅”

枣庄学院公寓管理中心始终秉持“用心去想、用心去做、用心去爱、用心去帮”的工作理念，坚持安全、服务、文化“三驾马车”并行，在此基础上不断适应新形势、新要求，对公寓文化建设进行了深刻的思考和细致的梳理，凝练出了“和合精雅”的公寓建设愿景。

“和”即“安全和谐”，是公寓建设的根本。管理出成效，安全靠检查，公寓实行楼长、安全员、保洁员和维修员“一长三员”制，将“服务、反馈、管理”三项融为一体，建立了安全卫生周周查、检查结果周周晒等制度，进行宿舍全覆盖的安全检查。

“合”即“团结合作”，是公寓建设的基础。通过在管理人员中开展多姿多彩的评优评先活动，在学生中开展舍徽设计、法定节日画展比赛等活动，在物业员工间组织人文精神教育等活动，拉近老师、学生、物业员工之间的距离，培养团结合作的意识。

“精”即“精细尚品”，是公寓建设的原则。始终坚持精细的服务理念，想学生之所想，急学生之所急，配备医用包、微波炉等硬件设施满足学生需求；提出维修“111 服务”口号（即 1 刻钟到现场、小问题 1 小时内解决问题、大问题不超过 1 天），做好维修服务工作。

“雅”即“雅致高格”，是公寓建设的标准。在公寓门厅、走廊、洗漱间等地设置温馨提示、健康标语、注意事项，努力为学生营造一个高雅温馨、整洁卫生的场所。

枣庄学院把紧抓学生公寓文化建设作为培育践行社会主义核心价值观的具体行动，为大学生健康成长营造良好氛围，全面提升育人水平。

【点评】

枣庄学院结合自身情况，提出了“和合精雅”的宿舍文化活动主题，以安全和谐为根本、以团结合作为基础、以精细尚品为原则、以雅致高格为标准，通过组织开展多姿多彩的宿舍文化活动，激励学生参与到宿舍文化建设工作中，增强他们对美好生活的向往和追求，培养他们的责任心和使命感，逐步把学生公寓打造成集生活服务、文化建设，行为养成于一体的人才培养阵地。

【案例五】山东城市建设职业学院公寓“家和”文化育人

山东城市建设职业学院以学生为本，创新工作模式，从公寓的“安全、环境、队伍、制度、文化”多个层面入手，融入“家和”理念，努力为学生创建“平安、温馨、友善、文明、和谐”的家园。

一是依托平安之家建设，学院打造了“人防、技防、育防”三位一体的安全育人体系。学生公寓建设的“大学生法治（安全）教育基地”，被省教育工委评选为“山东高校‘平安校园’精品项目”。

二是依托温馨之家建设，学院在不断完善公寓硬件设施的基础上，在公寓区设立了“大学生事务中心”，实行学生事务一站式办理，极大地方便了学生的生活。

三是依托友善之家建设，成立了一支专职的公寓辅导员队伍。积极推进“项目化”工作方式，促进公寓专职辅导员职业能力提升。现公寓辅导员有 13 项课题分别获得省教育工委、省教育厅等课题立项，所撰写的案例《创新学生公寓工作，开展“家和”文化育人》获评“山东省大学生思想政治教育优秀工作案例”。

四是依托文明之家建设，学院在制定完善的公寓规章制度的基础上，编撰《温馨家园手册》，以学生易于接受的表达方式，告诉学生什么可为、什么不可为，取得学生的理解、支持。

五是依托和谐之家建设，学院以《弟子规》、经典家书、家训等为内容，建设文化走廊；设立党团活动室、学生风采展厅等活动场所，支持学生社团进公寓；以“弘扬节日文化，构建和谐公寓”为主题，以传统节日为节点，开展“文化清明”“文化端午”“文化中秋”“文化除夕”等系列活动，介绍传统节日的来历、习俗及所包含的“家和”文化内涵，于润物细无声中实现对学生价值观的引导，形成“家和”文化建设和学生教育工作的良性互动。

【点评】

山东城市建设职业学院将中华优秀传统文化中的“家和”文化作为公寓文化建设的核心，通过构建安全体系，建设“平安之家”，实现安全育人；完善居住环境，建设“温馨之家”，实现环境育人；提高队伍素质，建设“友善之家”，实现管理育人；深化制度建设，建设“文明之家”，实现制度育人；提升活动内涵，建设“和谐之家”，实现文化育人等五个层面，挖掘“家和”文化内涵，营造“同住一座楼，就是一家人”的良好文化氛围，形成“家和”文化建设和学生教育工作的良性互动，为学生们创造了一个和谐家园，取得了良好成效。

四、公寓物业服务

学生公寓不仅是学生的休息场所，更是一个极为重要的思想文化和意识形态阵地，学生公寓作为学生生活起居的场所和思想教育的第二课堂，在高校后勤服务和管理育人中有着独特的意义。高校后勤改革以来，服务育人多次被写入中央文件，得到广泛认同，成为广大后勤人公认的行业宗旨和响亮口号。可以说，学生公寓后勤服务肩负着落实中央政策、维护校园稳定、服务学生成长这三大“政治任务”，是高校“双一流”高等教育治理模式和现代后勤保障体系的一个落脚点。服务育人功能的充分发挥不仅关系到学校工作的全局，也与学校深入做好思想政治工作、实现人才培养的最终目标息息相关。服务育人既要坚持全局服务的理念，发挥全校各部门的优势，又要强调后勤部门或物业实体在管理过程中的主体地位。无论是自办后勤的公寓物业管理，还是外来企业提供的公寓物业管理，都应把服务育人的属性导入公寓管理之中，提升学生对于后勤服务育人的感知度，全面提升高校后勤的服务育人质量。

随着高校后勤社会改革的不断深入，相当一部分高校已实行了学生公寓的物业管理专业化，有的则是由社会化了的后勤实体负责。与原来的管理模式相比，现代高校学生公寓物业管理更加侧重服务，为学生提供更专业更便捷的服务。

党建引领、学生参与、自我管理，这是高校做好学生公寓后勤管理和服务的重要路径，也是提高大学生对公寓后勤服务满意度的重要手段。做高校学生公寓后勤服务要有高度的政治意识，把护稳定、促成长当作物业管理的首要政治任务来抓，在高校后勤治理中发挥应有作用。

后勤服务不单单是做好分内的事情，不单单是做“管家”“保姆”，还要思考如何在各方力量都参与的情况下发挥自己的建设性作用，甚至在某些方面成为主导力量，融入学校公寓管理中，成为学校的“亲戚”、师生的“亲人”。后勤服务也不是“一锤子买卖”，要构架学生公寓协同治理共同体，打造学生公寓后勤服务“百年老字号”，把广大师生紧密联结起来，提高公寓物业管理的互动性和参与性，群策群力、共建共利，培育良好的公寓物业管理生态圈。

在物业管理、服务的各个方面，许多高校都有非常好的实践经验，有“以生为本”的“暖心”工程，有以信息化促现代化的“安心”工程，有坚持文化引领的“舒心”工程，也有以制度为抓手，强化队伍建设的“信心”工程。

【案例一】齐鲁工业大学坚持“三步工作法”　提升物业服务水平

多年来，齐鲁工业大学坚持问题导向，强化物业管理，提升服务质量，把公寓打造成学生最温馨的家园。

建机制、明职责，做实做细基础工作。学校制定了《公寓管理服务细则》，细化物业各岗位工作。楼管门值“三立岗、七巡查”，即每天在学生出入三个高峰时段，全员上岗立岗，维持秩序，出入盘查；每天七次公寓楼内安全巡检，全覆盖无死角，确保安全零隐患。维修服务“网格管理、一事一卡”，即实行一楼一承包，维修人员定点服务、分片承包，做到“小修不过夜，件件有人管”；设置维修卡，实现“报—修—访”一卡通，确保服务质量可追溯；卫生保洁“定时、定量、定标准”，即每天在规定时间段完成两次全楼打扫，地面、楼梯、卫生间等各处标准上墙，确保环境清洁。

强监管、勤督导，确保抓好工作落实。学校成立公寓负责老师和学生自律组织两个监督小组，推行“网络巡视＋现场检查＋电话回访”多层次监管模式，即每天利用楼内监控设备不定时查看物业人员工作状态，发现问题立行立改；一周三次由学生楼长带队验收工作质量，填写意见反馈单；每周抽取部分学生电话回访维修服务情况，定级评优，纳入物业考核。经常性督导物业公司开展全员“技能大比武”和“优质服务月”等活动，以评促优，提升业务素质。

重规范、抓整改，督促提高服务水平。学校制定了门厅、吧台等四处值班区域整洁标准，建立了值班交接表、访客登记表等必备八台账，让每项工作规范化、规范动作示范化。每周编制《物业监督公报》，列出问题、点评事迹，送交物业公司，对发现问题，督促其及时整改。

通过抓实物业管理，把物业人员逐步纳入育人体系中，服务好学校师生，有效促进了温馨家园建设。

【点评】

齐鲁工业大学通过“建机制、明职责，强监管、勤督导，重规范、抓整改”三项工作，抓住了要害环节，让物业人员明确了“该干什么、怎么去干”，形成了有效抓手，让监管融入日常、融入各环节，规范了工作流程，让事事有标准，同时强化了反馈整改，便于后续总结提升。整个过程形成闭环，切实提高了物业服务水平，具有一定的借鉴性和可操作性。

【案例二】山东科技大学打造“匠品”物业　助推管理服务

山东科技大学自2003年始，分阶段引入物业化管理，探索物业服务实体管理服务新模式，怀匠心、践匠行、做匠人，打造“匠品”物业，加强管理水平，提高服务质量，保证工作的高效开展。

1. 以6S服务标准为理念，夯实安全服务

建立楼内与楼外、人防与技防、教育与管理、自查与纠查、动态与定期等一系列安全保障机制和措施；开展全方位、拉网式安全隐患大检查；签订安全责任书，加强一线工作人员岗位职责培训，提高安全意识与技能。

2. 以精细化管理为抓手，拓展精耕服务

开展“物业监督工作研讨会”“学生公寓议事厅”“手拉手”“电话回访”等活动。配置自动售货机、楼层洗衣机、洗鞋机、烘干机、直饮水机等设备，推广安装热水淋浴设施，建设温馨驿站服务项目，方便学生住宿生活。

3. 以标准化服务为载体，推行智慧服务

践行“服务品质提升月”，开展“微笑立岗迎送服务”“管家接待日”“文明示范岗”；打造学生公寓智慧服务品牌，实现“一站式”服务；加强学生公寓信息化建设，设立“一微一群”工作平台，推广“山科智慧公寓”，安装智能控电系统，建设智慧公寓。

4. 以文化育人为目标，加强创新服务

推进“正能量传递”“温情关爱”实践活动，实施“党员宿舍亮身份、文明宿舍亮锦旗、服务明星亮事迹”三大工程，营造浓厚文化氛围，充分发挥育人功能。

【点评】

高校后勤社会化改革中引入物业管理是一种通行做法，高校把学生公寓的物业项目交由专业的物业公司负责，借助物业公司理念先进、服务到位、执行力强，高标准、严要求，科学管理、专业服务，使学校公寓管理能力、执行效率和服务水平有了明显提升，为学生提供了更安全、温馨、舒适的住宿环境和活动空间。山东科技大学探索“匠品”物业管理模式，怀匠心、践匠行、做匠人，精益求精、追求卓越，其成功经验做法具有典型性，

值得借鉴。

【案例三】临沂大学守底线　抓规范　促合力　共育人

临沂大学始终坚持“以学生为中心”的办学理念，传承抗大基因，弘扬沂蒙精神。学生公寓既是学生学习和生活的重要场所，也是“全员育人育全人”的重要阵地，因此学生公寓物业管理服务的本质必然包含“保障”和“育人”两大功能。

如何“做实基础保障”和“做优服务育人”呢？

一是坚守一条底线（安全）要标准。紧盯消防安全和治安防范，实行“三查一练”制度，即每天定时巡查、每周隐患排查、每月安全检查和定期演练；提高学生出入公寓的刷卡率和楼值人员对学生辨识率，切实“盯准人”“把好口”；启用学生公寓限电智能系统，杜绝大功率电器；定期研判分析学生公寓违纪率，有的放矢，精准施策。

二是围绕两个依据（职责）抓规范。依据签订的物业合同和《临沂大学学生公寓物业服务考核办法》对值班管理、消防管理、卫生保洁、维修维护、资产管理、人员要求、日常管理服务七个方面定期检查，督促整改；依据《临沂大学辅导员工作条例》对辅导员夜间值班、深入学生宿舍情况、内务卫生、学生违规违纪等进行量化考核评比。

三是依靠三支队伍（人员）促合力。稳定物业公司中层骨干队伍，实行日常物业考核评比工作下沉，充分调动积极性和主动性；发挥辅导员主力军作用，通过开展“朝阳行动”，即每天上班前深入学生宿舍，了解学生学习生活状态，协调解决实际困难；完善学生公寓自律组织建设，发挥示范引领、桥梁纽带、服务学生的作用，逐步实现自我教育、自我管理、自我服务。

四是营造浓厚氛围共育人。定期开展宿舍文化节、文明宿舍评选活动，开展德育文化进公寓、社团文化进公寓、专业文化进公寓、心理健康进公寓等；实施“暖心”工程，开展楼管员“早送”“午迎”“晚盼”文明示范岗展示活动，配置绿色植物装点门厅、提供爱心雨伞、免费吹风机等，营造和谐温馨环境。

学生公寓工作必须紧紧围绕学校教育教学中心工作，承担起保障功能和育人使命，让家长放心、学生舒心，才能够办好人民满意的大学。

【点评】

高校学生公寓是重要的育人阵地，必须坚持立德树人根本任务。学生公寓工作不是学校的中心工作，但对中心工作会造成重要影响，学校与所属的物业公司处在同一战壕、围绕同一目标，需协调配合、共同努力才能达到共赢。

【案例四】烟台大学“汤哥热线”　在平凡中创造卓越

“汤哥热线”创建于 2003 年，是烟台大学社区服务中心为保障校园环境建设成立的特色服务品牌，主要负责学生公寓、教学楼、院系馆等场所最广泛、最基础、最重要的设施维修任务。多年来，社区服务中心高度注重该品牌的培育和队伍建设，在社区日常管理服务中发挥了重要的作用。

“汤哥热线”造就了一支韧性十足、吃苦耐劳的基层维修队伍。“汤哥热线”最初是由维修组组长汤建周发起，17 年来，他们默默无闻、坚守岗位，维修量达 100 万余次，建立起了全方位、全天候、全领域的服务维修体系。随着烟台大学学生公寓信息化建设的推进，“汤哥”们积极转变服务方式，克服知识壁垒，迅速融入信息化建设中，利用“网上报修”等信息化手段，大大提升了服务质量。

“汤哥热线”品牌培育了一支冲锋在前、敢于担当的应急保障先锋。在烟台大学学生公寓改造、南校区回迁、应急抢险等关键节点，面对时间紧、任务重的难题，“汤哥”们，不计回报，团结一心，攻坚克难，确保了各项工作顺利完成。面对危险，他们用专业知识和应急处置能力保护校园的平安，在辨别火情、扑救初期火灾、应急处置水管爆裂、处置宿舍虫害、汛情应急处置等应急抢险工作中挺身而出，最大限度地减少了生命和财产损失。

品牌服务团队成员汤建周、王玉帅先后申请加入中国共产党，让该品牌融入了红色力量。在党员的积极带领下，该服务品牌孵化创建了“党员示范岗”“党员应急先锋队”等党建特色品牌。“汤哥热线”维修队伍荣获“烟台大学道德模范”荣誉称号，所在党支部先后被评选为“烟台大学先进基层党支部”“烟台大学先进基层党组织”。

【案例五】山东第一医科大学创建“爱心公寓” 精准帮扶特殊学生群体

如何做好高校“特殊学生”群体的管理和教育工作，是高校学生工作者亟待破解的难题。为了给他们创造良好的学习和生活环境，山东第一医科大学探索了以爱心公寓为平台，精准帮扶“特殊学生”群体的路子。

1. 建立翔实的信息档案，进行动态管理，获得特殊学生群体的第一手资料

通过二级学院建立“特殊学生”群体学生档案，然后进一步核实他们的家庭情况、生理状况、心理状况等，最终筛选出入住“爱心公寓”的“特殊学生”人选。

2. 构建“特殊学生”“爱心公寓”平台，提供个性化服务

为满足超高、超重等“特型学生”的住宿需求，学校在“爱心公寓”内定制了个性化的家具、学具，为“特型学生”提供更加舒适安全的住宿环境。

为方便“残障学生”生活，对生活无法自理和特殊病残学生，学校专门定制特型家具，并免费让家长入住“爱心公寓”，进行照顾和陪读，方便学生学习和生活，为学生顺利完成学业提供保障。

为更好地帮扶经济特别困难的学生，学校在“爱心公寓”内为他们提供经济床位或者免费床位。同时在公寓内提供勤工助学岗位。

对于心理障碍较为严重的学生，在“爱心公寓”提供父母陪读宿舍，方便家长照顾

孩子。

【点评】

学校“爱心公寓”平台不仅为“特殊学生”提供经济方便的住宿，更让他们感到温暖。这些学生中也涌现出了一批优秀学生代表，获中国大学生自强之星、山东省五四青年奖章、山东省“爱心之星”等十余项荣誉称号，其中杨静、赵文文、李厚萱同学的事迹被《中国教育报》《中国青年报》广泛报道，心理问题学生（需要家长陪读）及家长入住“爱心公寓”，便于家长照顾，更有效地规避了学校对心理问题学生的监管风险；超高、超重等“特型学生”在这里也居住得更加舒适。

“爱心公寓”的多年实践证明，该模式能够较好地聚焦“特殊学生”群体，实现对“特殊学生”群体的精准帮扶，促进他们全面发展、健康成长。

五、公寓安全管理

学生公寓是高校学生生活学习最为聚集的场所，学生公寓的安全状况事关学生生命安全，事关千万个家庭幸福，是高校安全工作的重中之重，是学校各项事业健康发展的基础。目前，由于部分高校在学生公寓人防、物防和技防上投入不足，存在着设施设备老化、管理责任不清、安全意识不强等问题，安全事故时有发生，教训发人深省。如何加强学生公寓安全管理，消除安全隐患，杜绝安全事故的发生已成为各高校学生公寓研究和探索的重要课题。

山东省学校后勤协会高校公寓管理分会一直高度重视高校学生公寓安全管理的探索研究工作，定期举办高校学生公寓骨干专题培训班，开展学生公寓安全工作专项课题研究和交流座谈成果分享，让各高校互通有无，取长补短。本篇选取了在学生公寓安全管理工作中做出了有益探索和研究的几所高校，就学生公寓安全管理模式、制度建设、教育培训和演练、队伍建设、安全检查及隐患整改等方面的案例进行介绍和分析，以期为高校公寓同人提供借鉴。

【案例一】山东农业大学加大投入　构建公寓安全防线

1. 加大技防投入，发挥智能控电系统的屏障作用。2008 年起，学校逐步增加对公寓内安全硬件设施的投入，所有公寓全部安装了智能控电系统，通过自动识别发热电器并及时断电，彻底杜绝了学生因使用不合规定的电器而引发安全事故的可能，该系统还有预付费功能，可以根据不同需要对普通公寓晚上的用电情况进行设置，解决晚上用电矛盾的问题。

2. 加装数字监控系统，全天候监控公寓安全状况。值班员可以随时通过监控系统了解学生公寓公共区域的安全状况，发现可疑人员或突发状况，值班人员可以及时采取应急处置措施，大大解决了公寓内失窃、突发事故等问题。

3. 安装消防电控锁，加装楼层疏散报警器，每个房间安装烟感报警器，大力提升公寓安全防范智能化水平。在各公寓疏散门位置悬挂提示牌等等。日常工作中，各公寓楼定期检查维护更换楼内灭火器、消防栓、应急灯、逃生指示标志、电控锁、疏散报警器、监控录像系统、控电系统等设施设备，保证安全设施随时处于备用状态，每学期定期请电工技术人员检查配电盘，并在值班记录上做好记录。

4. 建设公寓服务数字化平台。自启用公寓服务数字化平台以来，已将学生公寓各项管理服务功能数字化，值班室随时维护和更新数据，并进行大数据汇总，为消除学生公寓安全隐患提供了很好的数据支撑。

【点评】

山东农业大学始终坚持把安全工作作为头等大事来抓。安全工作重在一个“防”字，在发现问题上重在一个“早”字，在解决问题上要及时、稳妥、有效、有序，确保安全工作落到实处。为了能够及早发现学生公寓内潜在的安全问题，以便及时消除安全隐患，学校加大了学生公寓的物防技防投入力度，通过智能控电、数字监控、电子消防系统以及公寓数字化平台建设，大大降低了公寓安全风险，确保学生公寓无重大安全责任事故发生。

【案例二】山东理工大学“软硬”兼施　打造平安公寓

1. 加大技防建设和人员管理，构筑完备的公寓安全防线

（1）对现有的门禁系统进行升级。学校加大投入对现有通道设备和系统进行了升级，“技”高一筹，让学生无“缝”可钻。要求宿管员和安全员在规定时段严格立岗，监督学生刷卡进出，使现有设施和体系功能发挥最大化，大大提高了公寓的安全性。

（2）充分发挥智能控电系统的作用。因使用违章电器造成宿舍限电或停电的，必须由当事人作书面检查，学院学工人员出具处理意见，经批评教育后方可恢复用电。情况严重的，进行纪律处分。

（3）实现门禁管理系统和学生管理平台数据共享，实时掌握学生进出公寓信息。

（4）充分利用后勤网上服务大厅、手机 APP 等信息化手段和“职能部门面对面”等渠道，使公寓内的问题能第一时间被解决，矛盾第一时间被化解。

2. 满足学生合理需求，化解公寓人为安全隐患

在充分考虑安全的基础上，在公寓周边安装电瓶车充电桩，每栋公寓一楼大厅安装多个供电吹风用的插座，每栋公寓错层安装了自助洗衣机、直饮水设备，不仅提供桶装水服务，值班室还提供微波炉等便民设施。这些均在一定程度上消除了学生在公寓内违规用电、用火带来的安全隐患。

【点评】

近年来，山东理工大学结合自身实际，多措并举，多管齐下，在打造平安公寓方面做了一些有益尝试。通过加大物防技防投入，不断提高公寓安全防范系数，通过制度建设，公寓完善服务功能，降低了公寓安全防范风险，取得了不错的效果。

【案例三】聊城大学实施 14435 安全工程　建设和谐公寓

1. 一册在手，安全无忧

学校每年都组织专人集中编印《学生公寓安全文明教育手册》，手册内容主要包括公寓消防安全、宿舍用电安全等 9 个方面的内容。充分运用手册加强学生安全宣传教育，开展安全文明手册知识竞赛，促进学生安全意识提高和技能提升。

2. 四支队伍，安全保障

通过加强公寓辅导员、宿舍楼管员、学生自律会、学生党员干部骨干四支队伍建设，强化管理责任，增强服务意识，打牢安全根基。学校逐级与各学院、宿管中心与各楼管员签订公寓安全承诺书，建立安全交流培训制度，定期举办安全交流培训，建立健全“谁主管、谁负责，谁当班、谁负责”的安全责任追究制度，层层压实安全责任。

3. 四查结合，安全无漏

通过学校随机抽查、学院例行检查、楼管例行检查、校自律组织例行检查四种检查措施，四查结合，全覆盖、全时段，逐一楼层、逐一宿舍排查安全隐患，发现问题及时妥善处理，消除隐患，做实、做细各项安全检查工作。

4. 三个时段，重点关注

结合学期初、学期末、节假日三次安全教育重要节点和重要时段，有针对性地对学生进行安全警示、教育和技能培训，对可能出现的安全问题做到时时关注，从而不断提升学生安全素养。

5. 五项活动，齐创平安

通过举办宿舍安全技能培训、宿舍安全逃生演练、宿舍安全知识竞赛、安全文明宿舍创建、119 消防安全月五次安全主题活动，提高学生的安全自护自救能力，创建平安和谐学生生活园区。

【点评】

聊城大学学生公寓 14435 安全工程建设实行以来，公寓管理人员和学生的安全意识逐步增强，安全管理队伍逐渐壮大，学生自律组织作用凸显，公寓安全氛围更加浓厚，学生宿舍文明行为逐步养成，公寓安全环境质量明显提升。学生公寓 14435 安全工程以其所拥有的导向、凝聚、培育、激励、规范、辐射等功能，逐渐成为强化公寓安全理念，凝聚整体心理认同，提高学生安全知识、安全意识、安全能力、安全素质的主要力量，对完善公寓安全管理制度，促进学生安全价值共识的形成起到了重要作用。

【案例四】济南大学查改相促　严守公寓安全底线

1. 以“三抓”为主线，让安全意识和技能入脑入心。在学生公寓大力开展“抓安全、抓学风、抓习惯”的“三抓”教育，通过教育讲座、知识竞赛和“安全活动月”，强化学生公寓安全知识教育。逐个公寓开展消防逃生、灭火实战演练和仿真灭火器实操工作，2019 年共举行了 9 次消防逃生疏散与灭火实战演练，参与学生 10000 余人次，39 栋学生公寓 30000 多学生实操了仿真灭火器，大大提高了学生的安全意识和防范技能。开展学生公寓安全卫生文明宿舍观摩和学生公寓卫生、安全、文明习惯专项整治活动，教育引导学生养成良好的卫生安全和行为习惯。

2. 以“两查一改”为抓手，坚决消除学生公寓安全隐患。推进卫生安全检查、隐患排查和安全隐患整改常态化建设。建立了学生公寓兼职辅导员队伍，制定了《辅导员进公寓实施办法》，每周开展学工人员、安全管理人员、物业人员和学生干部联合卫生安全大检查，每周 1 期《学生公寓工作通报》，每月 1 期《学生公寓工作简报》，及时处理存在的问题，通报表扬奖励安全卫生良好的宿舍和个人。每学期开展安全隐患大排查，形成《学生公寓安全隐患整改台账》，列出时间表和责任人，定期消除安全隐患，做到安全检查无死角，隐患排查无遗漏，大大消除了公寓的安全隐患。

【点评】

隐患险于明火，防范胜于救灾，责任重于泰山。济南大学党委高度重视学生公寓的安全管理工作，提出了“大教育、大检查、大整改、严管理”的学生公寓安全总基调，着力在学生公寓开展“抓安全、抓学风、抓习惯”教育，通过安全教育、安全检查以及隐患排查整改，让广大师生深刻认识到公寓安全工作的重要性，努力提高广大师生重安全、懂安全、除隐患的自觉性。通过安全教育培训、安全检查和隐患排查的常态化建设，大大消除了学生公寓安全隐患，取得了良好的效果。

【案例五】滨州学院抓好“两支队伍”　创建平安温馨公寓

1. 建立“学校—学生工作处—二级学院学生科—辅导员、班主任”的组织联动机制，形成一级抓一级、层层抓落实的公寓安全工作责任体系。认真落实辅导员、班主任深入公寓制度和辅导员公寓夜间值班制度，学工教师队伍年均深入公寓达 10000 次以上，组织应急演练年均 10 次以上，排查各类安全隐患 2000 余起；坚持每天 21:30—22:30 进行公寓夜间值班，学生公寓管理中心主任每天值班、学生工作处老师轮流带班、全体辅导员轮流值班，值班有规范、有记录、有反馈。学工教师队伍真正走进学生宿舍，倾听学生建议、解决学生诉求、加强安全教育、查找安全隐患、解决安全短板，把安全隐患彻底解决在萌芽中。搭建平台，畅通渠道，用活用实学生干部队伍。

2.建立“寝室安全员—楼层督导员—楼宇助理员—社区安管员—党员工作站”的网格化学生干部自管队伍，建立网络沟通平台，明确网格分工任务。注重发挥学生干部的主观能动性和榜样示范性，开展安全隐患自查自纠、宿舍卫生达标创先、身边案例共关注等特色活动，以点带面，整体提升；注重学生干部的能力培训和素质提升，开展宿舍安全员培训会、素质拓展活动、学习交流工作会、能力提升培训班等形式多样的活动，建立安全信息联动共享机制，提高快速处置突发事件能力。

【点评】

滨州学院高度重视学生公寓安全建设，建立组织联动机制，健全规章制度，探索用足用好学工教师队伍和用活用实学生干部队伍，注重发挥“两支队伍”的主观能动性，注重把安全隐患解决在萌芽中。学生公寓以解决学生诉求为切入点，实施网格化管理，加强学生安全教育，增加公寓服务内容，真正走进学生寝室，细致查找安全隐患；补齐安全短板，开展应急演练，实施榜样引领工程，搭建网络沟通平台。多年来，学校学生公寓安全稳定，学生对学生公寓管理服务团队满意度较高。

【案例六】潍坊畜牧兽医职业学院用心倾情打造学生安全的家

1.齐抓共管，形成合力。学校充分发挥学生教育、管理、服务等部门的协同作用，通过学工人员培训、学生干部素质能力提升、评奖评优、绩效考核等多种方式和途径，调动各系、班级和学生干部的积极性，形成学生公寓安全教育管理合力。强化学生公寓自律委员会的作用，以为广大同学创造“安居乐学”的优美环境为目标，从学生实际需要出发，充分调动广大学生参与公寓管理、服务的积极性。

2.以情动人，形成自觉。在公寓管理中，时刻紧绷安全这根弦，既严格要求、规范管理，又耐心细致、热心服务学生，努力做到“以情育人、以情化心”。在寝室隐患排查中，针对存在的问题和隐患，及时对当事人进行批评教育，让学生切实感受到：宿舍是我家，安全需要大家共同关注和努力。同时从学生实际出发及时解决相关问题、难题，提供“管家式”服务，经常与学生进行思想交流，随时消除学生的思想负担，时刻体现家的温暖，进而提升学生关心关注并支持公寓安全管理的自觉性。

3.网格管理，形成屏障。设立“学生公寓安全网络化管理和服务”工作站，实现学生动态信息共享、服务管理“协同化、全天候、零距离”，构建以学生工作处、各系学工人员为主体，广大学生共同参与的“校、系、站、楼、层、室”网格化的学生公寓教育管理工作新构架。工作站负责指导、督促驻楼值班辅导员开展宿舍区域的学生事务管理，组织、协调各楼栋值班楼长、驻校辅导员、楼管员、安全保卫人员，形成区域联动，及时处置跨系部、跨楼栋的重大安全问题。从各系选拔学生骨干作为各公寓楼层负责人，负责安全信息的上传下达。通过网格化布局、条块化定责、全院化参与，实现了公寓安全问题的有效解决，确保了学生公寓安全有序。

【点评】

多年来，山东畜牧兽医职业学院坚持“严抓常规、突出重点、把握节点、确保安全”的公寓安全工作思路，努力构建多方协同、区域联动的安全防范机制，扎实做好公寓各项安全工作，切实保障师生的生命财产安全，取得了良好的效果。

六、 智慧公寓建设

近年来，随着现代社会科技的进步，信息技术迅速发展，学校管理逐步进入大数据信息化时代。在新时代下，“互联网＋智慧校园”背景下的高校智慧公寓建设的重要性日渐显现。在传统公寓管理模式下，学生信息手工录取，人工查询，信息不便于查找、更新、维护；学生入住、调整宿舍、宿舍维修等问题较为突出。传统的公寓管理模式已经远远不能满足管理和服务的需要，严重影响公寓管理的效率和质量。只有通过开展高校学生公寓智慧化建设，充分利用计算机信息技术，实现公寓的信息化管理，才能提高服务水平，实现公寓管理服务育人、管理育人、环境育人的职能，跟上社会发展的步伐。

智慧公寓建设就是要坚持以学生为本的思想，依托校园局域网，以互联网为介质，以计算机技术为基础，建立学生公寓信息化管理平台。通过该平台，对学生公寓日常事务进行管理，及时掌握学生的基本信息住宿情况，公寓的房源管理维修情况，实现数据查询、统计、报表输出、信息交互等功能。在对公寓的电子门禁系统、智能电控系统、智能水控系统、人脸识别系统等管理系统进行整合的基础上，建立一站式服务平台，为学生提供实时、高效、个性化、全方位的公寓管理服务。

山东省高校积极引进现代信息技术，创新管理手段，提升管理质量，逐步提升学生公寓管理服务水平，在智慧公寓建设方面进行了积极的、卓有成效的探索。下面重点介绍山东大学、烟台大学、山东财经大学、东营职业学院和淄博职业学院等智慧公寓建设优秀的高校的成功经验。

【案例一】山东大学分步实施　先有后优

山东大学学生公寓管理服务中心针对校区多、公寓数量多、学生类型复杂等特点，以“加强服务、确保安全、改善条件、营造环境”为工作要求，不断推进以加强学生安全保障、服务便捷精准为主的公寓信息化建设。根据学校实际情况，公寓中心确立了“分步实施、先有后优”的信息化公寓建设方针，充分利用学生公寓现有软硬件资源，高标准做好顶层设计，根据现实条件分步骤实施，确保与现有信息系统平滑衔接。

2012 年，学生公寓管理服务中心开发了公寓管理系统，该系统可让管理者及时有效地掌握学生住宿信息，查询信息，科学分析住宿情况，动态监控公寓住宿管理，摆脱了传统的手工报送各类数据的统计工作，大大提高了公寓管理在宿舍分配、数据统计、信息查询等方面的工作效率，实现了多校区管理紧密联系、信息共享和实时统计。

一是建设了公寓楼信息发布宣传平台。该平台通过在学生公寓楼内、楼外安装的50寸电视及LED大屏幕，实现全校所有公寓在特定时间统一集中宣传某一内容，不同校区、不同公寓楼也可以根据本校区、本楼实际情况独立开展不同宣传。

二是搭建了新的智能控电服务平台。该平台能够自动切断宿舍内违章电器的用电及空调异常用电，帮助公寓管理人员及时发现学生在宿舍内使用违章电器。此外，公寓中心将智能控电系统与学生公寓微信服务平台对接，学生可以随时通过微信查询剩余电量，并在微信平台上购电。

三是打造山东大学学生公寓管理服务中心服务微信公众号。通过该微信公众号，学生可以及时知晓学校和公寓中心的通知信息，快速查看一周卫生成绩，及时了解安全科普知识、微信缴纳宿舍电费等。

四是安装人脸识别有障碍门禁系统。该系统不仅大大提高了宿舍的安全性，而且实现了五个对接，即实现了人脸识别与校园“一卡通”的无缝对接，提高了使用便利性；实现了与学生宿舍管理系统的无缝对接，提高了数据共享性；实现了与宿舍控电系统联动对接，人走即断电，有效提高了宿舍用电安全性；实现了与多校区门禁系统数据无缝对接，提高了管理的便利性及共享性；实现了与学生日常教育管理的无缝对接，提高了学生管理和服务的精准性和系统性。

此外，学生宿舍内的服务设施，如洗衣机、售货机、咖啡机、吹风机等全部实行电子支付和智能操作。

【点评】

山东大学学生公寓管理服务中心现已逐步形成了以公寓管理系统为基础，以人脸识别门禁系统为抓手，辅以智能控电系统、信息发布宣传平台和微信公众号，将割裂的多重系统有机结合起来的具有山大特色的信息化公寓管理雏形，实现安全高效、信息联动、资源优化、服务便捷、流程规范、交流反馈，提高了工作效率和安全保障，实现了对学生的精准管理与服务。

【案例二】烟台大学智慧公寓服务升级

人性服务是导向，智慧社区是保障。烟台大学社区服务器中心聚焦创新服务，将“教育、管理、服务”融为一体，下设社区网站、社区手机客户端“烟大社区”和多媒体信息发布系统三个服务窗口。社区网站主要有社区公告、办事指南、网上报修、失物招领、跳蚤市场、投诉建议等各项综合事务，学生可以通过该网站了解社区动态、进行网上报修和投诉建议、交易闲置物品等。“烟大社区”微信客户端，通过与校园中心数据库对接，实现了实名认证功能，学生只需要关注“烟大社区”微信公众号，便可轻松使用各项功能，扭转了以往“办事到部门、管事找个人、问事在空间”的局面，为社区提供了更加有力的服务保障。多媒体信息发布系统是一款“总部集中管理制作，网点即时信息发布”的系统，以各公寓安装的液晶电视为显示终端，宣传社区文化，便捷发布宿舍卫生成绩、安全小贴士等各类通知公告，使学生公寓日常管理信息能够得到及时有效的发布和宣传。社区中心以“服务师生”为宗旨，在学生宿舍楼内设有IC卡洗衣机、智能饮水系统、自动售货机等设施。

【点评】

高校公寓智慧化建设是管理服务创新、保障水平提升的突破口和重要契机，在信息技术深刻影响着公寓管理和服务方方面面的今天，烟台大学社区服务中心将信息化、智能化与精细化、标准化相结合，促进服务结构优化创新，推动服务模式转型升级，提高公寓服务管理水平和运行效率，通过智慧化公寓建设，给学生带来良好的智能化生活体验和优质的服务。

【案例三】山东财经大学公寓智能化　全面改善育人环境

山东财经大学从硬件载体的角度，着重完善有利于学生身心发展的服务设施，坚持人性化亲情化全方位服务，大力实施“温馨、惠生”工程。

学校投入专项资金完成公寓楼人脸识别门禁系统的安装，实现公寓智能化、数字化管理，为学生提供方便、快捷的电子化服务。进出公寓的人员有了限制，有效防范外来人员的进入，大大减少了校园盗窃案件的发生。同时学校还可以随时掌握学生进出公寓的情况，为学生管理工作的开展提供保障。公寓入口处数字大屏实时播放防火警示及防诈骗宣传，随时对同学们进行安全教育。

学校投入专项资金对公寓线路进行改造，各校区宿舍均已配备空调。可在网上实现电费充值，使同学们足不出户就可以查阅每月电费支出明细，轻松缴纳电费。

公寓楼内安装洗浴设备及洗衣房。预约洗浴可以使学生合理安排时间，达到有效分流效果；在公寓楼内洗浴，为学生提供便利，也提升了学生洗浴的舒适度、满意度。隔层淋浴间和洗衣房的设置，空调的使用，温馨服务室、学生工作室、辅导员工作室等功能间的启用，不但极大满足了学生日常生活需求，同时提供了辅导员与学生交流的场所，把学生思想政治教育等育人手段拓展到学生公寓。

【点评】

山东财经大学不断优化学生住宿环境，同时积极探索有效机制完善学生公寓管理和服务工作，在公寓工作中充分发挥各种形式的育人作用，对进一步加强和改进大学生的思想政治工作有着积极的意义。

【案例四】东营职业学院引领智慧公寓建设新趋势

东营职业学院学生公寓以信息化建设为依托，不断创新，进一步推进“互联网+”，全面提升公寓信息化水平，建设智慧公寓，已经形成了学生住宿信息和卫生评比的智能化管理，学生身份实时化认证和寝室用电的安全化管理，引导学生形成良好文明秩序意识。

1. 住宿信息的智能化管理

每年在新生入学前，学生将个人详细信息填录信息管理系统，根据各学院各班级计划分配的公寓房间号和床铺编号，自愿进行网上申报，按照“先到先得”的申请原则，系统自动记录学生的宿舍号和床位号，同时对学生是否需要采购床上用品等进行登记记录。

2. 卫生评比的智能化管理

学校公寓卫生检查人员将公寓卫生检查的记录、评比结果等实时上传到信息管理系统，使二级学院学生科能通过网络随时了解学生的具体情况，以便更好地促进学生的监督和自我管理。

3. 学生身份实时化认证管理

每栋公寓楼均安装了高清摄像头、越界报警设备、智能电磁门禁系统、安全出口逃生门禁系统和无线网络电视。学生住宿信息数据库的计算机与门禁器相连，学生进出公寓必须刷校园卡通过，计算机能够实时显示学生信息。结合人脸识别系统，能迅速定位到学生个人。非本楼人员进出时便发出警报，头像自动呈现在网络电视上；加强监控系统，在所有学生宿舍楼外围配备了红外越界报警设备，通过双防的安全模式，从根源杜绝盗窃案件的发生。

4. 寝室用电的安全管理

为杜绝学生在宿舍内使用热得快、电蒸锅等大功率电器，在全校学生公寓安装 ISIMS 智能控电设施，实现集中与个别供电、断电、限电。当学生在宿舍内使用超过 500W 的大功率电器或者劣质电器时，宿舍用电将实现秒断。

【点评】

东营职业学院学生公寓管理的信息化、网络化、自动化建设，进一步简化了学生日常管理工作流程，通过技术化手段有效提升工作效率和管理水平，进一步提高了学生管理工作的科学性、针对性和时效性，有力保障了学生的人身、财产安全，给学生营造了安全、舒适、温馨的学习生活环境。

【案例五】淄博职业学院打造智慧公寓平台 O2O 提升服务成效

淄博职业学院不断适应新时期公寓管理与服务的实际需求，坚持问题导向，聚焦三校区学生分宿办事不便等问题实际，依托智慧公寓平台，创新实施了公寓管理服务 O2O（online to offline）模式，推动“一门式一网式”服务，提高了效率，优化了服务质量，受到了学生的普遍欢迎。具体做法：

1. 梳理公布“一次办好”事项清单和流程。对公寓服务中心职责范围进行全面梳理，建立“一次办好”事项和流程清单并公布。说明书式的办事方式，规范了办事标准，提升了办事效率。

2. 推行办事审批标准化，实现无差别审批服务。依托智慧公寓平台，以“工作流”审批为抓手，工作人员从“单项运动员”向“全能运动员”转变，推动“一门式一网式”公寓服务大厅服务标准化、规范化运行，减少服务的主观性、随意性和差异性，基本实现了“认流程不认面孔、认标准不认关系”的无差别服务。

3. 实行一口受理、受审分离，强化部门业务协同。将过去学生办理退宿申请从学生提出申请—辅导员审批—系院领导审批—公寓科审批—财务处审批等五个流程统一归口到一个“工作流”上，学生不需要再逐个口跑，实现了“一次办好”。

4. 强化办事服务监督。通过“工作流”建立办事全过程电子留痕，确保从受理、审核到办结全过程公开透明，实现了信息的可追溯性，强化了过程监督。

“一次办好”公寓服务大厅改革工作入选山东省教育系统“一次办好”改革案例并进行推广，山东教育电视台做了专题报道。

【点评】

淄博职业学院借助于公寓管理服务 O2O 模式，建好“一次办好”公寓服务大厅，通过细化各项事务管理审批流程，强化过程监督，实现审批标准化，大大提升了学生公寓管理工作的实际成效，解决了校区多学生办理各项事务不便的问题，切实增强了师生群众的改革获得感，引领了学生公寓服务新格局。这些事项都通过智慧公寓平台得以实现，不仅提高了学生公寓各项事务管理的专业水平，还提高了服务育人的实效。

第五章　高校能源管理改革

山东各高校认真贯彻国家及山东省节能、节水法律法规，加大能源管理改革力度，加强节约型绿色校园建设和节能节水宣传教育引导，增强学校节能节水工作的责任感和紧迫感，因地制宜强化规划引领，统筹规划建设节能节水相关公用设施，积极采用各种节能节水新技术、新工艺、新材料、新设备，提高能源和水资源的利用效率，在全省高校建筑面积和在校生人数不断增加的情况下，年用能和用水总量基本保持平稳，达到了节能减排的目的，取得了明显的经济效益和社会效益。

在供水节水方面，选用先进的无负压变频供水设备，实行分区分压供水，多途径蓄集雨水用于景观绿化及保洁冲厕，充分利用地表水、生活废水，扩大中水生产规模，实现水资源合理和重复利用，实现节水和效益最大化。

在供电节电方面，开展以 LED 光源为主的智慧绿色照明工程，利用人数识别器、光照度传感器、照明控制器，杜绝长明灯现象，节能率超过 20%。

在供暖节能方面，优选供暖设备，优化管网系统，采用循环变频和自动调温技术，实现分区域分时段自动控温节能；运用气候自动补偿技术进行供暖调温。充分利用目前最先进的绿色节能设备（如空气源热泵机组、污水源热泵、太阳能集热系统、新风热交换机、中水回用系统等）建设新型集中浴室，最大限度节约能源，提高能源的利用效率。

能耗平台基本建成，信息化管理得到推广。省内大部分高校建成了能耗监控平台，并且通过了住建部门的验收，有些高校还对平台进行了二次开发，使得能耗数据得以充分应用。大部分高校建设使用数字化、智慧后勤，助力智慧校园建设，为师生提供便利的学习、工作、生活条件。

合同能源管理逐渐推行。省内高校逐渐使用合同能源管理的方式引进社会服务项目，且大多是 BOT 模式，即由运营者投资，学校监督管理。目前很多项目如直饮水、集中浴室、LED 照明、充电桩、空调等都采用了这种模式。

但是，高校能源管理在发展过程中也遇到了诸多问题，例如全员节约意识失衡，资金短缺，专业技术人才严重不足，社会用工管理矛盾重重，设备、管网老化，能耗平台管控作用发挥不够等问题，高校能源管理任重道远。一是节能宣传与教育应作为永恒的话题持续深入开展，并纳入通识教育课程体系，形成可持续发展的全员育人氛围；二是要加大投入，节能新技术、新工艺、新材料、新设备将会层出不穷，利用这些先进的技术和产品对校园进行节能优化；三是突破人事管理的局限，从实用的角度，配备足量专业技术人才，在引进社会服务时应要求配备能源管理的专业人才；四是合同能源管理和能源托管将是改革方向，由社会企业投资的合同能源管理模式已逐渐盛行，而能源托管是能源管理托管服务的节能新机制，在政策上应予支持和规范；五是数字化、智慧化后勤普遍应用，以数字化校园为基础，将学校师生的日常工作、学习和生活与能源节约统一纳入平台，制定能耗定额，资源共享、信息交互，有力支撑学校事业又好又快地发展，助力实现绿色校园。

一、高校能源管理体制机制改革

建立完善的节约型高校能源管理体制机制，是实现管理节能的根本保障。建立健全切实可行的管理体制机制，必须加强对高校节约型校园建设的组织领导和顶层设计，把节约型校园建设纳入学校重要工作议程，成立专门的组织领导机构和能源管理机构，制订节约型校园建设规划，明确各单位的能源管理职责和工作目标，推行能源定额管理制度，引入激励机制，形成领导有力、目标明确、制度完善、全员参与、奖罚分明、齐抓共管的节约型校园建设管理体制机制，全面提升高校能源管理效能。高等院校在科研、教学、培训等方面有得天独厚的优势，要善于结合高校自身优势，因地制宜，积极进行能源节能教育、传播、研发、实践，在实现学校自身节能的同时，也为社会培养节能人才，以发挥公共机构节能示范作用。目前，山东省部分高校已经进行了能源管理体制机制建设的积极探索，积累了宝贵的经验。

【案例一】山东理工大学以节约文化建设为主线，推进节约型校园体制机制建设

依托学校自身优势积极探索尝试，以管理节约—行为节约—技术节约—节约文化建设为主线，不断推进节约型校园建设。在能源管理体制机制建设方面的主要做法如下。

1. 成立节约型校园建设领导机构

成立了由校长任组长，分管学生工作、资产和基建后勤工作的副校长任副组长，学校相关部门参加的节约型校园建设领导小组，负责指导、组织、协调全校节水节能工作，定期召开节约型校园建设工作会议，及时研究解决在节能减排过程中存在的问题，检查和督导各项工作落实。利用学校专家资源组建了专家咨询组，负责审议、指导学校节能规划、节能节水技术的推广应用方案，制订了《山东理工大学节约型校园建设五年规划》

和《山东理工大学文明绿色校园建设规划》。

设立能源管理中心，具体负责校园能源水电暖（冷）供应、管理、维护、稽查和节能减排等。能源管理中心内部设立了水电暖（冷）运行管理、维修、信息技术、能源稽查等小组。设立学生能源协查勤工助学岗位，聘请学生协查员参与能源“跑、冒、滴、漏”及“长明灯、长流水”巡查。

2. 建立健全能源管理制度标准，推行能源管理标准化

一是制订了《山东理工大学能源管理办法》等一系列能源管理制度，理顺了能源管理体制，明确了能源管理责任及各类能源的开户申请、安装、维修、验收使用及收费程序，界定违规责任，确保学校能源各项管理节能工作的顺利开展。二是推进后勤能源管理和服务标准化建设。获得了ISO9001-2008质量管理体系认证，通过了GB/T23331-2012能源管理体系达标验收，达到了《山东省清洁生产审核验收暂行办法》审核验收优秀等级。三是完善社会化服务项目监督检查标准，加强社会服务检查监督。制订《校园直饮水检查监督细则》《学生公寓综合服务项目检查监督细则》《浴室BOT项目检查监督细则》《充电桩服务检查监督细则》等管理制度。四是编印《山东理工大学能源管理指导手册》《山东理工大学能源管理中心水电暖维护维修作业指导书》，包含安全生产、人员管理、水电暖（冷）运行维护等岗位操作管理规程和检查制度，形成一套系统完备的制度体系，制度针对性、操作性强，可执行、可监督、可检查、可问责，构建起了切实可行的量化检查考核标准和制度化的服务质量检查制度。形成“凡事有章可循、凡事有人负责、凡事有人监督、凡事有据可查”的工作机制。

3. 坚定推行能源定额管理

严格执行《山东理工大学水电定额暂行办法》《学生公寓水电定额管理实施办法》，将节水、节电的目标分解量化到各单位，实行“定额管理、节余留用、超额自负、合理用能”的自我管理、自我约束的用能机制，并将责任目标的执行情况纳入单位年终考核，取得显著效果。

4. 持续开展节能宣传教育和社会实践，构建能源育人机制

（1）积极开展节约资源教育，拓宽通识教育课程体系，新设节能相关课程和学科专业。开设“新能源科学与工程专业方向”和“资源循环科学与工程专业”，将环境保护与可持续发展、人口和资源与环境经济学、全球化时代的可持续发展、能源环境与可持续发展、现代再生能源与发电技术、环境保护等内容纳入通识教育核心课程体系，紧扣国家低碳经济及循环经济发展战略，加强专业人才培养。

（2）持续开展节能宣传活动。连续十几年，在每年5、6月节水、节能宣传周期间，结合国家节能减排形势和宣传主题，借助网站和微信公众号，开辟节能节水宣传专栏进行宣传。联合市区水资源办、校学生工作处、校团委和青年志愿者协会等学生社团，组织节能知识竞赛，发放节能节水宣传画册图片，组织节能节水万人签名和能源短缺体验

等活动，发动校师生广泛参与，形成常态化的节水节能宣传机制，强化师生的节约意识。

（3）广泛开展各类节水节能社会实践活动，校团委、宣传部、后勤处联合组织“海绵校园建设方案设计大赛”“绿色校园建筑方案设计大赛”“节水美术作品设计大赛”“节水在身边微视频大赛”等各类节水方案和设计比赛。参与雨水花园设计方案征集比赛活动的学生可获得第二课堂学分认证。资源与环境工程学院开展的“校园生活垃圾和生活污水的生态足迹估算与分析研究”，生命科学学院开展的“节水进校园”活动，建筑工程学院举行的“山理结盟山师范　爱水节水万人行”社会实践活动等，对学生都是很好的教育。

（4）开展绿色校园建设课题研究。结合师生的科研实践在节约型校园建设中加以应用，联合生命科学学院开展校园景观水系富营养化水生植物修复研究，实施“景观河道水生植物”“稷下湖水生植物”水体净化横向课题研究，引领校园节能文化。

（5）建立完善的激励机制。以标准化、规范化管理为手段，弘扬工匠精神，营造精益求精的氛围，全面提升服务质量和服务品质，建立创新卓越、安全生产、维修服务标兵等单项奖，大力表彰能源节约工作表现突出的优秀团体和职工。

【案例二】山东科技大学“四保障一体系”节能降耗

山东科技大学从节能组织保障、制度保障、技术保障、资金保障和能源管理体系建设等方面进行了全面的探索和实践，取得了明显成效。

1. 组织保障

成立山东科技大学节约型校园建设委员会，学校主要领导为组长、各用能单位主要负责人为成员，定期研究部署学校节能工作。成立水电暖管理办公室作为学校直管的能源管理职能部门，代表学校全面负责校内水电暖运营管理及节能降耗工作。各部门、各单位设立节约监管责任人和节能管理员。从组织上保障节能工作。

2. 制度保障

建章立制，打造长久持续节约机制。在创建节约型公共机构示范单位过程中，先后出台《山东科技大学水电暖管理办法》《学生公寓用电定额管理办法》《教学、实验及办公用电计量收费办法》《山东科技大学教职工住房冬季供暖收费办法》等一系列规章制度，从制度上保障节能工作。

3. 技术保障

学校配备一定数量的能源管理专业人员，并取得能源管理师证书和全国公共机构节能管理培训证书；充分发挥学校专业和人才优势，组建校内技术咨询专家组，指导学校创建节约型公共机构示范单位工作，为能耗监测平台建设和节能规划、节能产品推广应用等提供咨询。

4. 资金保障

根据需要，学校每年列支 60 万元专项资金用于节能监管平台等水电暖系统日常维修维护，对节能改造项目由水电暖管理办公室提出申请，资产处组织有关部门项目论证后单独立项实施，仅 2018 年，立项实施节能改造项目达 876 万元。

5. 完善能源管理体系

校园能源管理不能“单打独斗”，必须形成全校性体系。学校采取了系列措施：学生公寓用电实行定额管理，教学、实验及办公用电实行计量收费，教工住宅供暖实行热表分户计量收费，能耗（第三方）审计，能耗分析公示，等。学校由此建立了一套能源管理体系，并通过了青岛市节能监察中心组织的能源管理体系评价验收。

【案例三】济宁学院“三位一体”节能工作新体系

近年来，济宁学院健全各项节能管理制度，积极进行新能源应用和节能技术改造，建立了管理节能、技术节能、育人节能“三位一体”的节能工作新体系，校园能耗指标与之前比，总体下降约 25%，生均水电暖消耗指标低于全省高校平均水平约 10%。

1. 全面优化节能工作管理体制

学校成立以分管校长为组长，相关部门负责人为成员的节能工作领导小组，统一领导全校节能工作，有效保障了节能管理工作的顺利实施。成立水电暖管理办公室，专门负责日常水电暖计量管理、节能奖惩与宣传、节能技术改造等相关工作。建立能源消耗统计与定期公示制度，每月网上公示各部门（单位）水电消耗数量；推行了水电“定量包干，超支自负，节余奖励”的管理办法。学生宿舍水电按照“定额供应，超额自负”的办法进行管理，“机常开，灯长明，水长流”的现象基本消失，每年可为学校节省电量 100 万度，节约自来水 12 万立方米。

2. 积极推进新能源应用和节能技术改造，不断增强节能创新力

2013 年，学校向国家财政部、住建部申请了 1.5 兆瓦的光伏发电示范项目，每年实现光伏有效发电量约 100 万度；2014 年，学校投入 60 余万元，安装了 100 余套太阳能路灯照明系统，年用电量可减少 30 万度；利用上级节能补助资金 200 万元及自筹资金 130 万元，2012 年在学生公寓 36 个洗浴室安装启用了智能刷卡式太阳能淋浴系统，取代了传统的电能或蒸汽洗浴，大大提高了新能源利用率；自 2015 年起，学校分三期改造建成了 110 多座现代化的“智慧教室”，每间教室可根据光线强度，自动开启和关闭灯光；2015 年暑期，对公共照明系统和电热水器系统全部加装了定时控制器，对所有路灯照明系统进行了节能改造，全部更换为新式节能灯具。以上节能新技术的运用，每年可减少电量 150 万度以上，年节约电费 94 万元。2015 年对换热站进行了技术改造，新装了热量流量表，由传统的按照校园建筑面积计费，改为按流量计费，同时还可根据室外气温的变化适时调整供水温度和热量，每个供暖季可减少采暖费约 50 万元。

3. 育人过程亦节能

后勤处与校团委合作，利用济宁学院能源管理网，结合“世界水日”“世界地球日”“节能宣传周”等宣传黄金点，开展节水、节电、低碳环保等方面的宣传，用张贴海报、公益广告，现场广播、发放倡议书等多种形式，增强全体师生的节水节电与低碳意识。积极推进能源节约常识进课堂，以思想道德修养和法律基础课为依托，增加了能源法规、环境保护和建设节约型社会的有关内容，将可持续发展、环境保护、生态学等课程纳入学生通识教育，鼓励和引导学生应用专业知识，结合课程设计，开展节能、资源利用等方面的科技发明实践活动。在提高大学生节能认识的基础上，后勤处联合校团委成立了大学生节能督察队，在广大同学中征集节能合理化建议，开展了创建节约型宿舍、节约型教室评比等系列活动，影响并带动更多的同学为建设节约型校园和节约型社会贡献力量。同学们的节能活动和行动自觉，成为校园节能的一股力量。

4. 节约成效显著，有力提升了学校知名度

目前，学校节约型校园建设已形成长效机制，成效显著。以统计数据为例，2012 年在校师生人数为 1.5 万人，水电暖消耗总费用为 1218 万元，2016 年师生人数升至 1.9 万人，水电费总费用降至 848.7 万元，总量下降了 30.32%，生均下降了 44.98%。济宁学院的节能工作得到了社会各界认可和良好评价，被市政府评为“节水型单位”，收到节能奖励性补助资金 15 万元。

【案例四】烟台职业学院节约型校园建设长效机制建设

烟台职业学院注重节约型校园体制机制建设，完善组织领导机构，健全管理制度，加强节能教育宣传，形成了节约型校园建设长效机制，具体做法如下。

一是理念先行，初心未改。建校之初，学院明确了节约建校原则，从建设规划、具体施工到学院行政运行，不断强化“节约型校园”建设理念，从未放松节能减排工作，一直将其视为学院工作的重中之重，以院长为组长、分管院长挂帅的节能减排工作领导小组，坚持节能工作年初有计划，年中有检查，年末有考核，千方百计杜绝浪费、降低成本、提高效率，为推进学院又好又快发展奠定了坚实的基础。

二是健全管理制度，注重长效。学院将制度建设作为“节约型校园”建设的重点，根据自身实际情况制定下发了《烟台职业学院节能减排实施方案》，明确了节能减排工作指导思想和任务分工，制定出台了关于节约用水、用电等方面的文件，出台了巡查管理办法，由水电管理科专责巡视检查。

三是宣传教育不放松，助力长效机制形成。学院通过会议、报纸、文件、网络等多种形式宣传节能减排工作，坚持组织师生参加市节水办、市公共机构节能管理办公室、市节能监察支队组织的节能宣传活动。发布《烟台职业学院节能减排倡议书》《烟台职业学院节能减排行为公约》，在全院范围内倡导广大师生节约一滴水、一度电、一粒粮、

一张纸，从学院领导到各处室、系部、班级，一级抓一级，层层抓落实。节约光荣，节约有责，氛围浓了，节约型校园建设长效机制已然形成。

【点评】

做好校园能源管理工作，体制机制建设是关键。山东理工大学、山东科技大学、济宁学院及烟台职业学院等高校，加强能源管理体制机制建设，都取得了很好的节能效果。从路径上看差别不大，但各有着力点，各有破解难题的招数。以节约文化建设为主线，是推进节约型校园体制机制建设的根本；“四保障一体系”，是节能降耗的全方位措施；“三位一体”节能工作新体系，是彰显效果的真招实招；理念先行，初心未改的长效机制建设，是节约型校园建设之“韧劲”体现。这些学校的做法和坚持，对其他学校无疑都有着重大启发意义。

二、高校供水节水

节水是校园节能的重要方面。各高校以培养广大师生员工节能节水意识、培育节水文化为切入点，不断加大节水宣传教育、用水管理和节水改造力度，增强节水工作的责任感和紧迫感，努力消除办学中的浪费现象，落实国家节水行动有关要求，强化规划引领，统筹规划建设节水相关公用设施。如，选用无负压变频供水设备，实行分区分压供水，多途径蓄集雨水用于景观绿化及冲厕，推进污水再生利用和雨水利用，减少污水排放，实现水资源合理和重复利用等，努力提高水资源的利用效率，取得了很好的效果。

【案例一】山东理工大学节扎实推进校园节水成为“领跑者”

一是建立和完善节水领导组织机构，建立健全制度，落实水资源管理职责。学校成立了由校长任组长，分管副校长任常务副组长，学校相关部门参加的领导小组；结合学校实际，制订了《山东理工大学能源管理办法》；理顺了能源管理体制，明确了能源管理责任，以管理节约、行为节约、技术节约和建立节约文化为主线，出台了《关于进一步加强节能节水工作，推进节约型校园建设的实施意见》。

二是扎实进行教育引导，培养学生节水习惯。近 20 年，利用每年节水宣传周，结合国家节能减排形势和宣传主题，开展专题宣传活动，组织节水宣传展板巡展，发放节能节水宣传画册图片，发动节能节水万人签名等，加深师生对学校节水工作的理解，强化学生的节水意识，培养行为节水的习惯。拓宽通识教育课程体系，开设循环经济与环境保护课程，开展资源节约和循环利用节水实践活动，组织学生开展校园生活垃圾和生活污水等排放物的普查，定量地分析校园的生态需求，形成《山东理工大学校园生活垃圾和生活污水的生态足迹估算与分析研究技术报告》。按照《海绵城市建设技术指南》，结合校园园林、景观水系，围绕校园径流雨水源头减排的刚性约束，对雨水的就地或就近渗透、滞留、集蓄、净化和循环使用、排水进行设计，形成一体化的海绵校园规划设计方案。

三是开展节水技术改造和研究，实现水资源合理和重复利用。充分利用雨水补充景观水系，在学校一、二期扩建中，针对校园景观水系建设，结合雨水的回收利用，将景观水系与雨水利用同步规划、同步实施，使雨水根据地形坡度，采用地表自然排放，集中于雨水管道，再汇入校园内景观水系。不仅实现了对水资源的环保利用，同时也充分保证水系的水源供给，年节约水费 15 万元。采用射频卡智能洗浴用水管理系统有效解决学生洗浴、开水浪费问题，统计数据表明浴室和开水房节水率达 72%，年节约水费 86 万元。建成日处理污水 1000 吨的中水回用示范工程，实现年节水 36 万吨，减少污水排放量 36 万吨，减少 COD 排放量 140 吨，直接经济效益约 50 万元（水资源费、排污费），社会效益和经济效益明显。在教学楼、学生公寓安装免冲水小便斗 114 个，每年节约用水约 6000 吨，节约水费约 12900 元。无负压二次供水改造采用全新加压供水机组直接与市政供水管网连接，在市政管网进水压力基础上串联叠压供水，充分利用了市政自来水管网的原有压力进行叠加，在提高学校供水压力、保持压力足够稳定的同时，减少供水电机用电消耗，节约电能 50%。通过改造，该校水泵房自来水供水方式更加合理、先进，供水压力始终保持稳定，加压泵也更加先进节能，噪音小，不但改善了水泵房的工作环境，还更有力地保障了学校供水的安全性、可靠性和经济性。自主研发了一种低成本的使用 WinCC 组态软件和 PLC 的泵房供水远程控制系统，实时监测各泵房的工作状态。按照国务院《关于实行最严格水资源管理制度的意见》要求，根据学校用水规律，按月分解用水计划，严格实行用水总量控制，建设能源监测管理平台，完善计量设施，提高节水用水管理手段，定期对用水消耗进行统计、公示，对水费增长量、增长因素进行分析，有针对性地制定改进措施。

【案例二】青岛科技大学崂山校区水泵房远程监控系统建设

通过对水泵房进行远程监控改造，逐步实现水泵房无人值守模式，远程对水箱水位及水泵的运行进行实时监控，并可在设备故障时进行预警提醒，为突发性故障的抢修工作节省时间并大量节约人力成本。

将液位传感器、压力传感器、室外温度传感器、漏水报警器、多功能仪表、报警模块等通过通讯协议连接，利用 PLC 采集各个传感器的数据进行处理，处理后的数据一方面供现场触摸屏和监控室显示，另一方面通过远传模块对产生的报警进行短信提醒。

【案例三】曲阜师范大学日照校区节水经验

曲阜师范大学立足于绿化美化与节约水资源相结合的思路，利用太阳湖、静轩湖等 6 个天然池塘，科学设计，互通有无，铺设雨水收集管道，在雨季收集雨水，用于绿化灌溉。从 2006 年起铺设雨水收集管道总长度为 1800 多米，投资总额达 18 万元，灌溉面积达 20 万平方米，现在校区绿化基本全部用天然水（池塘水），按每平方米绿地年用水量 1 立方米计算，大量节约了自来水，为学校节约了资金。

【案例四】山东轻工职业学院地表水运用

山东轻工职业学院处于市政公共供水管网末端，供水量不足，学院确定“优先利用客水，合理利用地表水，控制开采地下水，积极利用雨洪水，推广使用再生水，大力开展节约用水”的用水方略，取萌山水库地表水用于学院绿化、保洁用水，新建水处理设施。根据水的不同用途进行分类处理：水库原水经过石英砂过滤、活性炭吸附过滤、精密过滤器保安过滤、紫外线杀菌装置物理杀菌等多介质过滤后，滤除水中的悬浮固体、降低原水中的浊度，去除游离物、微生物、部分重金属离子，并有效降低水的色度，过滤吸附水中大部分 SS，提高出水水质，用于生活杂用水；在多介质初级处理的基础上，增设 RO 反渗透等精密过滤装置，对初级过滤水进行深度处理，达到生活饮用水标准，用于学生洗浴、洗漱等生活用水，反渗透废水收集后，用于冲厕和绿化；学生饮用水、食堂用水均使用市政公共管网供水，至此通过引入地表水，彻底解决了困扰学院多年的供水问题。

【案例五】潍坊学院综合治理，节水显著

潍坊学院积极响应海绵城市建设，因地制宜，挖掘现有资源潜力，先后进行中水厂改造升级，建成雨水收集与利用系统。同时利用能耗平台数据查找跑冒滴漏，还安装免水冲洗小便斗等，加强水资源的节约和循环利用，提高水资源的利用率。

1. 中水厂升级改造

2015 年，学校投资 188 万元，采用生物法与膜法相结合的处理工艺，升级改造原落后的中水处理系统，2016 年初，中水处理系统投入运行。现在中水厂日产中水 1000 吨左右，最大生产能力 1500 多吨。学校冲厕、洗刷等污水部分回收，经中水设备处理后，一部分用于学生公寓冲厕，剩余的可排到人工湖存贮，用于景观和树木浇灌。

2. 建成雨水收集与利用系统

将人工湖和喷泉广场蓄水池改造建成雨水收集利用系统。人工湖和喷泉广场蓄水池储水能力在 2200 万吨左右。在前期疏通人工湖东侧下水管的基础上，2017 年汛期前，又在西侧增修“舌形”暗沟 3 条、下水道 1 条、安装雨水箅子 3 块。在出水口安装水位调节装置，保证合理储水。充分发挥喷泉广场蓄水池储水功能，提高节水效能。目前，学校灌溉用水全部使用收集的中水、雨水，年节约自来水 25.6 万吨。

3. 加强节水检查整改

经常性管理工作是做好节能工作的保障，学校后勤员工对节能管理坚持常抓不懈。2017 年 11 月，从监管平台数据上得出，用水量有明显增多的异常，工作人员开展“零点”夜查水表管路行动，对全校供水表、管路渗漏情况拉网式排查，对发现的问题立查立改，经过排查及整改后，全校总水表每小时流量减少 10 吨左右。

【案例六】烟台大学水资源利用更新改造显效能

烟台大学不断优化水资源配置，增加科技投入，实施技术改造，不断探寻节水新途径。学校配备 HR500 专业型数字听漏仪、C-3 复合相关仪等专用设备，专职人员对供水管线实行全天候巡回检查，减少跑、冒、滴、漏现象。在图书馆、综合楼、大学生活动中心、学术交流中心等人员密集型场所安装电子感应水龙头和卫生间电子感应冲水阀，教学楼、学生公寓楼全部安装延时阀或节水龙头，杜绝长流水。对学校的雨水管进行改造，将雨水收集到校内 70 亩的三元湖，用湖水做消防、建筑施工、绿化喷灌用水，合理利用水资源，仅此一项，每年可以节约用水 5 万吨左右。

【案例七】山东畜牧兽医职业学院巧用废水

山东畜牧兽医职业学院针对学生公寓用水量大且存在浪费的情况，于 2016 年 8 月投资 109 万元对校区内所有学生公寓楼进行了节水改造。在学生公寓收集楼栋上层的洗刷废水，用于下层的冲厕，节约用水 66%，工程投资一年即收回。2018 年 5 月，学院荣获“山东省节水型单位”荣誉称号。

【点评】

几个节水案例各有千秋，无论综合施策，还是采用先进技术设备、巧招妙招，都取得了一定效果，值得肯定推广。这说明了一点，只要行动就会有成效。在校园节水工作中，后勤作为直接责任部门，应当不断探索，千方百计节水节能，节约每一分钱用于学校事业发展。

三、高校供电节电

电能节约是校园节能最显性的方面，甚至是节能的代名词，节约电就是节约能源。校园用电虽不像工业用电那样大量，但也是“大户”，高校节约用电一直是常抓不懈的难点工作。近年来，许多高校从供电安全到节约用电，绷紧弦，强管理，创新技术，用新设备，节电措施层出不穷，节电效果越来越好，充分体现了后勤对能源管理的责任心、匠心和事业心。

【案例一】山东建筑大学绿色校园建设

山东建筑大学充分利用节能监管平台优势，深入开展节能减排工作，利用技术分析，进行远程控制，使节能减排更加有效合理，更加科学，更加人性化。在教室照明、图书馆及路灯智能照明控制、太阳能新能源利用等方面推进节能减排工作，将传统光源更换改造 LED 灯具，公共区域照明控制改造，广泛应用太阳能路灯，建成 1MWp 太阳能光伏发电并网系统，取得了良好的节能减排效益。

1. 建设教室、图书馆及路灯智能照明控制系统

针对学校教室、图书馆等室内场所长明灯浪费问题，安装节电控制器，实现按需照明。根据室内学生人数的多少及光线强弱开启不同的盏数，做到“人在灯亮，人走灯灭”，大大减少了“过度照明”及长明灯现象的发生。

学校夜晚照明路灯根据需求分时段控制，既保证了学生高峰活动期（晚上十一点以前）的照明需求，又保证了深夜（晚上十一点以后）的安全需要。

2. 实施公共建筑节能改造

2017 年，申请到国家公共建筑节能改造项目，改造面积 12.7 万平，申请奖励资金 381 万元。按照“满足要求、突出特色”的工作思路制定了改造方案，完成了对学校图书信息楼、建筑艺术馆、博文楼和行政办公楼四座耗能特征比较明显的建筑组群的节能改造，节能改造内容主要是将楼宇所有传统光源更换为 LED 灯具；公共区域照明控制改造；对改造楼宇配电系统的谐波进行处理，改善用能质量，提高用电的安全可靠性。

3. 积极推广太阳能利用工程

（1）学校与加拿大可持续发展中心合作，建成国内第一座太阳能综合利用学生公寓，整个工程综合运用了太阳能热水、太阳能新风、光伏发电及地源热泵等多项新能源技术。生态学生公寓采用了一套集中式太阳能热水系统，该系统由集热循环、补水、低水位补水、电辅助加热和防冻等多个子系统组成。这套太阳能系统的运行，使生态学生公寓的 72 间宿舍实现了每天定时供应水温在 50 ~ 60°　C 的热水 120L/ 间。

（2）学校共安装太阳能集热器 800 平方米，其中学生浴室安装了 300 平方米，作为洗浴加热的辅助能源，供学生洗浴，每天可产生洗浴用水 16 吨，每年可节约标准煤约 500 吨；在锅炉房楼顶安装 300 平方米，用来提高供暖锅炉补水的基础水温；饮食中心楼顶安装 200 平方米，用于学生食堂洗刷用水加热，每年可节约标准煤约 160 吨。

（3）太阳能路灯在学校得到较广泛应用，学校利用太阳能财政补贴，安装太阳能路灯 98 盏，占路灯总数的 70% 以上，每年可节约电能 5 万 kWh。2010 年，学校获批并启动建设 1MWp 太阳能光伏发电建设项目，争取中央划拨专项经费 1139.6 万元，是国内高校中第一个兆瓦级太阳能光伏建筑应用项目。该项目实现了光伏技术与建筑设计的完美结合，是学校在建筑节能领域的又一创新性实践应用。在项目建设中，学校充分利用图书信息中心、学生公寓楼等校内现有建筑，采取与屋顶表面结合的形式，建成 1MWp 太阳能光伏发电并网系统。该项目使用的太阳电池组件方阵由 5310 块 190Wp 组件组成，占建筑物屋顶面积 20000 平方米，阳光充足时每天发电 3600 kWh 左右，基本解决白天办公教学和学生日常生活等用电所需。2012 年 5 月正式投入使用，按照目前的发电能力，每年可发电 116 余万 kWh，节约电费 60 余万元，相当于每年节省标准煤

467.3 吨，减排二氧化碳约 876.3 吨。

【案例二】烟台大学更新设施节电降耗

烟台大学通过加强管理、采用就近功率补偿及更换节能光源等新技术新产品，提高电能利用率。

1. 在教学楼、图书馆等公共区域安装节电控制开关，实现光源数量随室内光线强度和人数的变化自动调节，节电 30% 左右。

2. 普通日光灯全部更换为 T8 高效直管节能灯，同时室内更换安装 LED 照明灯 13800 多套，实现节电 10% 左右。

3. 路灯普通光源更换为高效金钠灯，同时新安装 LED 路灯 70 多套，实现节电 8% 左右。

【案例三】潍坊学院绿色照明与节能洗浴

1. 全校传统照明灯具更换为绿色照明 LED 灯具

与传统照明灯具相比，LED 灯具具有节电率高、故障率低、电能质量高、舒适高等优点。2016 年，通过合同能源管理方式将传统灯具改造为 LED 灯具，共更换灯具 4 万套。

2. 完成空气能洗浴系统建设

在对空气能洗浴系统全面考察论证的基础上，2016 年通过招标形式选择两家企业同时在 6 号和 10 号学生公寓先行试点安装。经试点测试成功后，2017 年在全校学生公寓内安装。

通过落实各种节电措施，学校 2017 年比 2016 年节约用电 39.86 万度。

【案例四】济宁学院持续开展节能技术应用和节能改造

济宁学院积极推进新能源应用和节能技术改造，不断增强节能创新力，不断开展新能源应用和节能技术改造。每年可减少电量 150 万度以上，年节约电费 94 万元。

1. 2012 年利用上级节能补助资金 200 万元及自筹资金 130 万元，在学生公寓 36 个洗浴室安装启用了智能刷卡式太阳能淋浴系统，取代了传统的电能或蒸汽洗浴。2015 年对电热水器系统全部加装了定时控制器。

2. 2013 年学校申请了国家部委 1.5 兆瓦的光伏发电示范项目，每年实现光伏有效发电量约 100 万度。

3. 2014 年学校投入 60 余万元，安装了 100 余套太阳能路灯照明系统，年节电 30 万度，并对所有路灯电照明系统进行了节能改造，全部更换为新式节能灯具。

4. 自 2015 年起，学校分三期改造建成了 110 多间现代化的“智慧教室”，每间教室可根据光线强度，自动开启和关闭灯光。

【案例五】菏泽医学专科学校充分发挥节能控制与能耗监测平台作用

菏泽医学专科学校能耗监测平台项目于2016年8月开始建设，现已完成安装调试投入运行，是学校节能降耗的亮点之一。

1.通过平台实时掌握学校能耗分布情况，查看本月全校建筑、全校单位、全校建筑性质能耗、全校单位分项用电情况。

2.通过建筑实时监测功能查看各建筑的本日、本月、本年的用能情况。

3.实时监测查看单位的本日、本月、本年人均用电量，本年定额电量、本月定额电量、本年可用电量、本月可用电量，以及查看本月与本年的已使用情况、超出情况。

4.通过路灯节能控制器对学校5个路灯回路控制点进行实时监测与控制，查看开灯状态与故障情况、当前光照度、开灯光照度等信息。通过远程控制功能设置开关灯时间，实现应急开灯、应急关灯。

通过节能控制与能耗监测平台准确地掌握学校用能情况，实现建筑、单位、房间用电用水的纵向对比、期数对比以及横向对比，根据相同天数、不同时间段内的用能信息进行对比，分析能耗数据，实现节能降耗。

【点评】

节能要理念先行，要有节约意识和责任感，从细节做起，不因事小而不为，点点滴滴，积沙成塔。要充分利用先进技术和设备，从手段上节电。要加强管理，监管平台，智慧后勤，定额管理，都是校园节电所必须。随着科技的进步，校园节电会不断有所作为。

四、高校供暖节能

冬季供暖节能也是校园节能的重要方面，甚至是综合节能的标志。由过去以燃煤、燃气为主的供暖，到热源泵、热量回用等辅助节能技术的利用；由高校自我供暖，到托管城市集中供暖，都是在探讨、实践校园节能。智能平台、先进的热交换设备的采用，大大提升了校园供暖节能效率。建筑节能技术的发展利用，更是长远促进了供暖节能。

【案例一】中国石油大学（华东）暖通空调远程节能控制平台

中国石油大学（华东）采用互联网+的信息化技术手段，搭建面向暖通空调运维管理部门及学校能源监管部门的节能监视、管理及控制平台，通过对供暖系统和供冷系统的运行状态进行远程监控、实际供冷/热效果监测以及暖通空调运行参数的自动优化调节，综合采用气候补偿技术、分时分区控温技术、人体舒适性理论、在线故障诊断技术和数据挖掘技术，最大化地提高暖通空调运行管理自动化水平和整体运行能效，有效指导学校后勤管理部门的暖通空调运行管理，同时与能源监管平台进行数据共享，为学校建筑能耗诊断、节能运维提供科学依据和可靠技术手段。

1. 建设内容

本项目改造对象为供暖系统与供冷系统，包括四部分：供暖系统节能控制改造、供冷系统节能控制改造、暖通空调远程节能控制平台建设及系统输配设备升级，涉及建筑11栋、建筑面积25万余平米，主要实施内容如下：

建立了暖通空调远程节能控制平台，实现远程集中节能控制；

建设了5套换热站节能控制系统，实现气候补偿变流量变水温调节；

建设了8套建筑物分时分区分温控制系统，实现分时段、分建筑、分温度控制；

建设了1套中央空调冷源能效优化控制系统，实现高效节能运行；

行政办公楼安装了600个液晶温控器，实现每个房间温度自动调节；

安装了200个室内温度传感器，实现室内温度远程监测与控制；

安装了40个水温传感器和80个压力传感器，实现冷、热管网参数监测和水力平衡；

更换了17台高耗能空调水泵（1053kW），提高供暖、供冷效率；

安装了21台电机变频器，实现冷、热系统变流量、变风量调节；

安装了6套现场监控工作站，实现暖通空调自动化管理和调节。

2. 节能效果

本项目于2016年供暖季前改造完成并投入运行，根据能源缴费账单、物业抄表数据进行计算，年节电量为8.93万kWh，年节热量为1.8万GJ，年节约能源支出费用约153万元，所改造建筑综合节能率达到了21.48%，总体节能量为625吨标准煤，实现了较好的经济、环境和社会效益。

【案例二】山东建筑大学被动式低能耗示范建筑及供暖系统智能温控改造

山东建筑大学积极探索低能耗建筑技术研究和应用示范，建成全国首栋装配被动式低能耗示范建筑，采用装配式体系和低能耗建筑设计理念，应用了基于装配式保温墙体、高效节能窗和高气密性的低能耗围护结构，低能耗节能技术，全部采用装配式体系，是全国首栋钢结构装配式被动房。学校供暖系统采用智能温控方式，实现了对部分公共建筑通过安装节能计量阀实现时控和监控，最大限度地节约了能源，降低了供暖成本。

1. 装配被动式低能耗示范建筑

全国首栋装配被动式低能耗示范建筑外墙、屋顶传热系数均小于0.14W/(m^2·K)，外窗传热系数为0.8 W/（m^2·K），气密性指标P50 ≤ 0.6h-1，建筑热负荷仅为9.4W/m^2。通过自然通风、采光的被动式优化策略以及太阳能、浅层地热能的综合利用提升室内环境品质，降低能耗，将建筑一次能源需求控制在120kWh/（m^2·a）以内。

2. 供暖系统智能温控改造

学校供暖系统采用智能温控方式，通过安装节能计量阀实现了对部分公共建筑的实时监控，正常上班时间供热，下班时间防冻，并能自动定时切换。通过安装室内温度采集器，在供暖时间段实时采集楼宇入口水温与回水温度及室内温度，精确驱动电动阀，控制楼宇供热量的分配，保证供暖室温相对稳定；在下班防冻时段内，根据采集供水温度，实时控制电动阀动作，保证供暖水温正常，降低能源消耗。另外，安装室外温度采集器，解决了司炉工凭经验烧炉、看天供暖的现象，实现供暖数字化管理，所有数字远程传输到供热站，实时监控供暖运行情况。此项目每年可节约（折合）标准煤 10% 以上。

【案例三】烟台大学建筑采暖更新换代增效益

烟台大学通过新建高效自动化换热站、运用供热新技术、推广建筑节能新产品，使学校在建筑采暖节能降耗方面取得了很大的进步，实现了根据室外环境温度和用户需要进行精准调节，做到了按需供暖，保证了供热质量，有效降低了原煤消耗量、二氧化碳排量和能耗指标。加大建筑节能实施力度，在新建和旧建筑物装修改造中，推广应用外墙聚氨酯保温、双层中空玻璃断桥铝门窗、低温地暖供热、分户控制等新技术新产品，有效降低了建筑物能耗指标。

1. 合理调配改造供热管网

根据教学区、办公区、学生宿舍、教师公寓等不同供热用户的特点，将供热管网分为七大独立供热系统，每个供热系统均采用室外气温补偿、变频控制、自动调节等新工艺、新技术，根据用户的需求和天气预报等对饮食精准供热，温度、循环量及供热时间段等进行自动调节，做到了按需供暖，合理控制能源消耗。将管网由原来的矿棉保温管沟敷设改为目前最先进的黄夹克聚氨酯发泡保温直埋敷设，降低管网热损失，提高能源利用率。

2. 新建无人值守高效节能自动化换热站

将整个校园教学区并入市政供热管网，通过集中购买热源和学校自行管理运行换热站的方式加强换热站运行管理，彻底淘汰能耗高、污染严重的燃煤锅炉房，每年还能节约 400 多万元采暖费，为节能减排和环境保护做出了应有的社会贡献。

【案例四】山东科技大学综合施策降低供暖成本

山东科技大学实施既有建筑外墙保温节能改造工程，优选供暖设备，优化管网系统，分区域分时段自动控温节能，运用气候自动补偿技术进行供暖调温，节能效果显著。

1. 自主开发节能监管综合平台

涵盖建筑能耗监管、供暖供水监控、公寓节电管理、路灯监控和站点视频监控等多个子系统；实施节电技术改造，供热管网泵站选用变频方案，年节电 30 万度。

2. 实施既有建筑外墙保温节能改造工程

改造后实现冬季供热节能 1 万吉焦、夏季节电 10 万度以上。

3. 建立能源计量收费分析制度和报表规范

每月进行能耗分析和公示工作，分解指标，细化核算，对重点耗能单位、用能设备进行追踪管理，找出改进办法，形成节能降耗案例库。

4. 优选供暖设备，优化管网系统

换热设备选用复合流程换热器，控制设备采用循环变频和自动调温技术，实现分区域分时段自动控温节能；根据气象和历史数据，绘制供暖温度曲线对照图表，运用气候自动补偿技术进行供暖调温；利用蒸汽凝结水进行暖气系统补水，达到余热再利用和节水节费；安装楼宇供暖智能调温器，全部联网监控、实行分时段温度调节，节能率达30%。

【案例五】青岛科技大学四方校区换热站节能改造

青岛科技大学四方校区通过加强管理，采取合理有效措施，供暖实行分时分区分温控制，同时使用气候补偿控制，整个供热系统使用自动化智能控制，采用循环水泵变频的控制方式调节供热流量，保障调节水力平衡，实现了节能与节支双赢。

1. 改造方案

（1）换热站改造实施方案

①水泵节能控制。采用循环水泵变频的控制方式调节供热流量，针对本校区换热站循环水泵进行变频控制设计改造。

②气候补偿控制。增设室外气象参数传感器、二次管网供回水管温度和流量传感器、智能数据采集装置等，进行室外温度、供热量等测量。当室外气温升高时，自动调整一次水电动阀门开度，优化换热机组二次侧水温，控制供给用户的热量，从而达到节约市政供热量的目的。

为了做到既经济运行又保证供热质量，本方案采用经验调节方式，即气候补偿法控制二次供水温度。控制器内部设有气候补偿曲线，由技术人员根据本地区的气象情况进行设定。

（2）热力管网改造实施方案

①在各楼座的供热回水管路上分别设置电动调节阀。

②根据室温实测值跟设定值的比较调节电动阀门的开度；室温设定值由现场控制箱内嵌程序设定，按照白天、夜间、节假日给定。教学楼夜间、寒假期间设定温度可调低。实验楼、图书馆非使用期间设定温度可调低。

③室温实测值（取该回路上房间的平均值，在本方案中，为保证控温的准确性，每栋示范楼配备两套室内温度传感装置）低于设定值时，开大电动阀门，增加流量。反之关小电动阀门，减少流量。

④各入口供水干管设置蝶阀，回水设置 TA 平衡阀。

（3）能源监控平台

通过监控中心的服务器向换热站控制箱控制模块发送控制命令完成节能控制。同时系统通过并对换热站、供热管网的运行状态数据采集、分析、管理，实现供热系统的实时显示、故障监测、运行报警、电量统计、级别授权、报表等功能，保障系统的安全高效运行，达到换热站、热网运行无人值守的目标。

2. 节能效果

2017 年，通过对四方校区换热站节能改造及进行供暖精细化管理，2017—2018 年供暖季比上年节约供热费用 25%，取得了明显的节能效果。

【案例六】山东轻工职业学院地源热泵空调节能

地源热泵系统是目前国际上最先进的中央空调系统，具有绿色、高效、节能、环保的优点，是利用浅层地能进行供热制冷的新型能源利用技术，被称为 21 世纪的“绿色空调技术”。2010 年学院投资 1176 万元，完成 63000 平方米的地源热泵空调一期工程建设；2015 年投资 769 万元，完成 38350 平方米的地源热泵空调二期工程建设；2018 年，投资 800 万元，建设 34000 平方米地源热泵空调三期工程项目。目前，全院办公楼、教学楼、师生公寓等所有楼座均实现了空调供冷、供暖全覆盖，真正步入“绿色空调时代”。与城市热力管网供暖相比，节约资金 58%，每年节约供暖费用 144.5 万元。

【点评】

许多高校都采取措施降低供暖能耗，以上几个案例是相对节能效果比较好的。因地制宜，技术改造，加强管理，积极探索节能之路，是高校后勤节能永远不可停止的工作。中国石油大学（华东）把能源管理纳入智慧后勤系统，从管理和技术层面解决了校园节能的困难。山东建筑大学低能耗建筑技术应用，为未来建筑节能做出示范，学科优势在该校后勤管理中得以充分发挥，更是各高校应当学习的。经过几年的努力，山东高校在供暖节能方面取得了显著成绩，但还没有达到理想状态，随着学校事业的发展，任务会越来越重，需要后勤人不断努力。

五、合同能源管理探索

高校后勤社会化改革为高等教育事业的快速持续健康发展提供了强有力支撑。后勤能源服务社会化改革是提高高校能源服务质量的有效途径，通过采用合同能源管理新模式，既能够引进专业的社会优质服务企业，为高校师生提供优质的后勤能源保障服务，提升后勤能源服务保障质量和水平，节约能源，又能够解决部分高校后勤服务设施改造升级面临的资金问题，同时还能减少事业用工，避免用工风险，益处显而易见。实践中还有很多需要完善的地方，如何加强对社会服务项目服务的监督管理，建立完善的进入和退出机制，确保社会化服务项目优质高效安全运转，给学校后勤能源管理部门带来新的挑战，对管理人员的素质和专业能力提出了新的要求。部分高校在这方面进行了有益探索，后勤能源保障能力和服务质量均得到显著提高。

【案例】山东理工大学全面推进能源服务社会化改革

1. 实施四栋公共教学楼 LED 合同能源管理项目

（1）项目概况

以合同能源管理形式对西校区的 3、4、5 号教学楼和东校区的 3 号教学楼更换了 LED 灯管 7094 根、LED 吸顶灯 1284 盏，并安装了走廊、卫生间照明灯照度及红外热释控制开关。LED 照明改造工程采用合同能源管理模式，既解决了学校的节能投资，节约了电能，又改善了教室的照明环境，使学校和合作企业共同受益。

（2）节能效果明显

改造后选用 LED 灯管和吸顶灯功率分别为 17W 和 9W，原日光灯管和吸顶灯功率分别为 44W 和 32W，同时安装照度、红外热释控制开关，解决了走廊、卫生间灯公共照明长明灯现象。仅按替代前后功率差计算，每年为学校节约用电约 45 余万千瓦时，每年节约电费约 24 余万元，节能效果、经济效益和社会效益显著。

（3）改善了照度效果

LED 灯是纯直流工作，没有频闪，消除了日光灯因为频闪、高色温造成的视觉疲劳，对同学们的视力起到了良好的保护作用。同时，其不含汞、铅等污染元素，绿色环保，更加符合建设绿色校园的目标。

2. 中水回用改（新）建 BOT 项目

2019 年，学校经过考察调研和公开招标，与服务企业签订了中水回用工程 BOT 服务项目合同，由企业投资 500 余万元对学校 2007 年建设的日处理污水 1000 吨的中水处理站进行改建，同时再新建一处日处理污水 1500 吨的中水处理站。

学校实施中水回用处理项目具备的特有条件是学校有自来水和自备水两套供水管线，中水能够通过自备水管道用于冲厕、保洁，同时能够用于绿化及景观水系用水，较好解决了中水的充分利用。

另外，学校电动车充电桩、学生公寓空调、屋顶一体化光伏发电等项目也都实行了社会化 BOT 模式。

【点评】

合同能源管理的案例还有很多，但都是某一方面的 BOT，高校水电气暖几方面整体合同能源管理还乏有，这样一种新业态在校园落地，有着政策方面的约束，也有其他方面原因的制约。一方面要节约能源，一方面又存在廉政风险，还存在体制问题，牵一发而动全身，需要社会整体推进，需要我们进一步探索。

第六章　高校后勤信息化建设

高校后勤信息化程度是高校办学基础实力和现代化程度的体现，信息化是实现后勤管理科学化、精细化和集约化的需要，只有不断提高后勤部门的信息化应用水平，才能适应高等教育发展的趋势与要求。随着认识的提升和实践的进步，全省高校后勤信息化、智慧化有了长足发展，凡是投入应用的平台都为后勤管理、服务保障带来工作效率的提升，为师生带来极大便利，但还存在诸多问题：重视程度不够，缺乏整体规划；功能参差不齐，缺乏统一标准；局限在管理层面，信息碎片化严重；建设缺乏专业人才，使用者专业素质不高；基础设施薄弱，投入严重不足；等等。高校后勤信息化建设需要行业组织提供标准规范指导和示范引领。

【案例一】中国石油大学（华东）智慧后勤建设

中国石油大学（华东）智慧后勤建设，先后完成了以管理功能为主的能源监管平台建设，以服务为主的数字平台建设和移动平台建设，目前正在推进以体验和互动为主的品智后勤平台建设。品智后勤即通过上品的管理，更便捷、更贴心、更有人情味的服务，打造满足师生日益增长的工作、学习、生活需要的卓越后勤体系，主要由支撑体系、管理体系、服务体系、移动端四部分组成。

支撑体系建设。主要通过与信息化建设处等其他部处的良好合作，获取学校各业务平台的数据，完成后勤数据仓库建设，并将后勤业务系统数据返送回学校数据中心，实现了后勤数据的统一性和唯一性；完成后勤业务服务平台与数字石大的统一认证，广大师生只需凭借学号或工号和数字石大密码登录一次，就可完成在后勤平台与学校平台的直接跳转。

管理体系建设。①覆盖学校水电气暖等能耗数据的节能监管平台建设，实时监测、记录、分析，实现了建筑分类分项能耗计量，并开展部分楼宇电耗三级分户计量，通过数据查询统计、能耗追溯、评估审计、诊断评判等提高了学校能源管理效益，并为学校能源管理提供科学决策的依据。②开展节能控制平台建设，对学校供暖系统和供冷系统自动优化运行控制。该平台充分运用气候补偿技术、分时分区控温技术、人体舒适性理论、在线故障诊断技术和数据挖掘技术等技术手段，并同步完成换热站节能控制改造，建筑物供暖、冷源、空调末端节能控制改造和高能耗水泵更换等配套工程。通过节能监测、控制和配套节能改造，2016 年人均综合能耗仍维持在 2012 年水平并略有降低，单位建筑面积能耗较 2012 年下降 13.25%，生均能耗较 2012 年下降 5.62%。以 2012 年能耗标准测算，2013—2016 年节约能源总费用为 1105.43 万元，节能效益明显。③通过餐饮管理系统和自主研发的学生餐饮安全管理系统两大平台建设打造食品安全溯源体系，确定了采购、验收、加工、保存等环节的关键点，利用数据分析和农药残留快速检测仪等先进的检测技术对影响食品安全的关键控制点进行前置监控和纠偏措施，实现对食品安全事件的预判和前置处理，最大限度地保障食品安全。④整合了多部门的数据信息，建设了从空间和时间 2 个维度对学生住宿情况进行描绘的学生公寓管理系统。及时掌控住宿和床位信息，实现学校、片区、楼宇三级管理数据统一；根据学校学生管理需要，实现按类别智能分配，提高工作效率和数据准确性；与学校迎新系统完成对接，新生入校之前就可了解自己的住宿信息。⑤数字绿色校园信息系统，通过精确测绘，绿地的形状和绿地内路径得以准确地展示，并根据养护计划自动推送养护内容，进行养护提醒，收集、展示已完成养护信息。该系统的使用，基本摸清了学校绿化信息的家底，解决了有什么、有多少、在哪里的问题；逐步构建起精细化的绿地养护管理流程，解决了怎么管、什么时间管、管得怎么样的问题；改变了学校绿化工作模式，由原来的粗放型管理转变为精准化养护。

服务体系建设。依托后勤实体服务大厅，再造后勤服务流程，并开展实体服务与网上服务相融合的线上线下服务新模式，以“数据跑腿代替师生跑路”，实现后勤事务一站式办理；通过数据收集、分析，打造从事后处理到早期干预的智能后勤服务体系。以报修服务平台为例，通过维修内容流程化，维修进度可视化，维修监管层级化，实现了维修限时、监管闭环的良好服务运行体系。同时，借助直观的工作量统计体系，配套制定了相应的奖惩机制，奖勤罚懒，极大提高了员工的工作积极性和维修服务质量。在原有电话、现场报修的基础上，开拓了 PC 端、移动 APP 端、移动微信端等多种报修途径，实现了师生多途径报修、维修工手机接单、楼管员网上验收反馈的新报修模式，2017 年全年维修量近 86000 单。同时，学校还开展了展现后勤动态、推送动态信息的后勤数字服务大厅建设；与师生良好互动，实现服务需求受理、投诉受理与处理、服务质量监督监管的后勤服务监督平台建设；展现餐饮工作、推送特色菜品的餐饮服务平台建设；医疗服务自主挂号、缴费系统，门诊、B 超排队叫号系统，教工体检电子档案为一体的校园医疗服务平台等一系列服务师生信息平台建设。

移动端建设。在这些管理、服务网络版平台的基础上，学校积极开展移动端建设，开发了移动后勤 APP，师生下载安装即可通过统一身份认证进入，随时随地享受报修服务、监督考评等后勤服务。完成了后勤微信企业号建设，推出了展示后勤工作，倡导绿色理念等的微观后勤板块；推出了新生住宿查询、微信报修、网上售电、后勤事务在线申请等的后勤微服务板块；推出了“@后勤我想说”的后勤服务互动板块，并与学校官微关联。

【案例二】中国海洋大学智慧后勤驱动服务转型

中国海洋大学秉承“以师生为本”的理念，运用互联网、物联网、大数据等信息技术，不断优化后勤服务保障的生态环境，促进后勤服务、管理和保障工作的精细化、动态化、透明化。历经近 7 年的发展，学校打造了一套方便、高效、精准，且具有示范效应的“智慧后勤”管理服务新模式。

1. 创新模式、形成特色，以“五位一体”构建和谐后勤服务生态环境

2012 年，中国海洋大学开始积极推进信息化建设。以打造“五位一体”后勤信息化服务格局为抓手，通过“数字后勤服务大厅”网站、后勤服务一号通、后勤集团微信公众号、“移动后勤”APP 和实体后勤服务大厅，有效提高了对师生诉求的响应速度和反馈率，并逐步对后勤服务项目、后勤管理监督、后勤文化建设等进行有效融合，将计算机、移动终端、微资源平台、语音服务、微笑窗口有机融合，实现线上线下工作联动。

2. 务实重行、稳步发展，以“两个统一”推进互联网 + 后勤服务

高校后勤工作的特点是工作体系庞大、行业领域多、工作区域分散，而服务、产品与师生的交互面广，师生对后勤有服务诉求时，往往需要几经兜转才能得到妥善解决。按照“统一规划、先有后优、先易后难、分步实施”的原则，学校开始实施后勤信息化建设，第一步便是对与后勤服务相关的 30 余部业务电话进行整合，随后逐步部署实施信息化系统 20 余个，覆盖学生公寓、物业、餐饮、维修、服务监督、医疗保健、节能管理、校园超市等众多领域。五年来，学校在后勤信息化建设方面共投入 300 余万元，其中多数系统已在后勤管理与服务过程中发挥重要作用。一是统一业务信息平台，面对后勤系统软硬件较弱的现状，学校以师生为本，建设跨层级、跨业务范畴、跨部门的一站式“互联网 + 后勤服务”平台，打通多个信息孤岛，初步实现后勤大数据开放共享，推行公开透明服务，让师生少跑腿、好办事、不添堵。二是统一身份认证平台，通过关联学校构建的统一用户管理和身份认证平台，向全校范围内所有师生和管理部门提供对应用户身份的后勤数据服务，为学校整合现有的各类后勤应用系统提供支撑，满足师生“单点登录、多点浏览”的需求。

3. 多点开花、精益求精，以“两升三推”提升科技应用效果

智慧后勤建设是一个综合性的研究探索工作，要看到新技术的发展、新业务的开展，要研究新技术在后勤信息化发展中的创新应用。中国海洋大学多措并举，通过信息化创

新性地解决了后勤发展中的“瓶颈”。一是升级餐饮采购管理系统，从原材料采购及出入库、餐厅核算等方面，进行流程再造，所有数据网上留痕、公开透明，对学校后勤部门推进内部控制制度建设、规范采购管理起到了重要作用；二是升级学生公寓管理系统，与学校新生网相结合，实现新生住宿习惯调查、床品购买意向申报、新生宿舍床位查询、同宿舍人员信息查询等功能，并改变以往新生床位分配工作流程，将学校各个学院负责管理学生的老师都变成后勤学生公寓管理系统的使用人；三是在“移动后勤”APP 推出在线网上购电和查询功能，实现电费缴纳后及时送电，这也标志着学校后勤管理服务从互联网向物联网转化过程中的一个质的飞跃，更是智慧后勤精细化管理服务的又一进阶；四是推出体育馆管理系统，通过网站和 APP 进行场地预约和线上支付，并在游泳馆入口安装闸机，配合生物识别技术，进行人员出入、收费管理，场馆管理水平得到整体提高，会员消费体验得以提升；五是推出“约自习”功能，学生可通过手机 APP 预约教室座位，运行一段时间后自习室秩序发生了巨大改变，提高了资源使用效率。

4. 有效分析、提供支撑，以“两个倒逼”巩固数据反哺能力

随着学校“智慧后勤”建设水平逐步提升，后勤部门完成了三次大的转型，从职能导向到业务导向，再到师生需求导向的资源优化和机构调整；从被动服务到主动服务，再到智慧服务的服务转变，确保“育人”理念落地。针对目前高校后勤普遍强调管理大于服务、对客户服务的研究较为缺乏、缺少对外界信息敏锐的感知等现状，海大后勤开始大数据应用尝试，致力于运用大数据等来呈现事实，对后勤改革和发展起到了积极推动作用。

（1）倒逼后勤职工学习掌握先进技术和服务理念。管理干部树立工作创新意识和变革意识，快速成为“懂后勤”“ 懂信息化”的复合型人才；后勤员工思想观念转型、工作作风转变，从“要我干”变为“我要干”，有效提高后勤人才队伍的整体素质，提升后勤管理服务工作软实力。

（2）倒逼工作流程优化重塑。通过信息化建设，后勤工作变得公开、透明，单向管理变为双向互动。通过积累、挖掘、清洗与分析各类信息数据，将现有平台形成有机化的关联整体，数据驱动成本控制、资源整合、风险规避、资源利用、需求满足等多个方面进行流程重塑。

伴随“智慧后勤”建设的推进程度越来越深入，学校后勤服务由延时变及时，由被动变主动，极大地方便了师生校园生活，顺应了信息时代发展的需要，提升了师生的后勤服务体验度，后勤服务的生态环境已经发生了重大改变。“智慧后勤”在服务学校“双一流”建设中已经成为不可或缺的支撑，2018 年 4 月，在海大接受教育部本科教学评审工作过程中，多位专家对海大的后勤保障能力给予了充分肯定，其中后勤信息化建设工作功不可没。学校将进一步巩固成果，继续大力推动后勤管理、服务工作再升级，为师生教学、科研、生活提供强有力后勤保障。

【案例三】山东农业大学“智慧后勤”服务新模式

山农大后勤处自 2013 年始逐步开展“智慧后勤”建设。2013 年申报的建筑节能监管平台项目获批准立项，获得山东省 100 万元专项资金支持。节能监管平台建设是建设节约型校园、信息化校园、智慧型校园的重要组成部分，可实现对水、电、暖等能源的分类分项分户监测计量、统计审计、控制分析、数据上传与能源公示，为科学节能和进一步综合节能改造提供依据，最大限度地减少资源浪费。节能监管平台数据传输可靠，系统运行稳定，项目达到了方案设计要求，校园内 49 栋建筑物已经实现分楼宇、分楼层、分级等进行能源监控。

2014 年，学校后勤处建设了网络报修平台，师生可通过网络平台对供水、供电、供暖等设施进行网络报修。2016 年，为提升网上报修的准确性、便捷性，对网上报修系统进行全新改版升级，系统新增加了互动留言板，方便师生与管理人员沟通，完善了报修处理流程，方便师生掌握报修结果。2017 年，搭建“后勤服务大厅”信息化平台，开通手机 APP 等功能及“山东农大后勤”微信平台。2018 年，继续加大后勤信息化建设，加大“互联网 +”建设力度，重点完善节能监管平台的使用及后期维护，在“后勤服务大厅”原有功能基础上增加租赁房屋收费管理、物业收费管理等功能模块，努力让全校师生享受到“智慧后勤”带来的优质服务和方便快捷。

后勤信息化建设要以解决实际问题为导向，以解决实际问题为着力点，不断完善业务管理流程，及时跟进监督管理。“智慧后勤”建设不是一劳永逸，随着信息化手段的不断进步，新的后勤管理方式将不断出现，“智慧后勤”建设也需要不断完善与更新。因此，需要在业务和管理等方面及时对相关人员进行相应的培训，提升一线人员应用的熟练程度和水平。

【案例四】青岛科技大学“22315”后勤服务热线建设

后勤是服务科研、服务教学、服务师生的执行和落实部门，服务一直是其出发点、着力点和落脚点。青岛科技大学后勤处基于“22315 有事您就呼”的品牌理念，从最初的一部热线电话到后来的网络服务平台，再到现行的数字后勤服务大厅、微信公众号、移动 APP，逐步构建起一套完善的数字后勤服务体系，有效推动了学校后勤服务的信息化建设。

2008 年 6 月，青岛科技大学后勤处开通了“22315 后勤服务热线”，后勤信息化建设正式启动。

先后筹集资金 40 万元投入信息化建设。2014 年起，网络化后勤服务申报、学生公寓管理、校园短信通和数字后勤服务大厅功能模块陆续上线。在此基础上，2015 年 4 月开通了后勤服务大厅微信公众号，2017 年 9 月移动后勤 APP 上线，数字后勤不断为广大师生提供信息化便捷服务。“22315”作为后勤服务的窗口和品牌，从热线电话发展到现在正在运行中的数字后勤服务大厅、移动后勤 APP。

数字服务大厅统计数据显示，90% 以上的服务申报事务能够在规定时间内解决并取得满意效果，在激励和监督的双重作用下，后勤服务人员工作的主动性和积极性不断提高，后勤服务保障的效率和质量得以大幅度提升。随着学校后勤信息化建设的不断推进，师生对于后勤服务的诉求已逐渐由单一化向多元化模式转变，热线电话、短信、微信、数字后勤服务大厅、微信公众号、APP 等大大拓宽畅通了后勤服务渠道。数字后勤服务大厅的发展完善对于树立后勤服务品牌、优化后勤服务形象起到了良好的推动作用。服务大厅运行以来，师生平均满意度达到 99.9%，并多次有学生和老师通过网络平台、微信、电话等方式对后勤工作提出表扬。

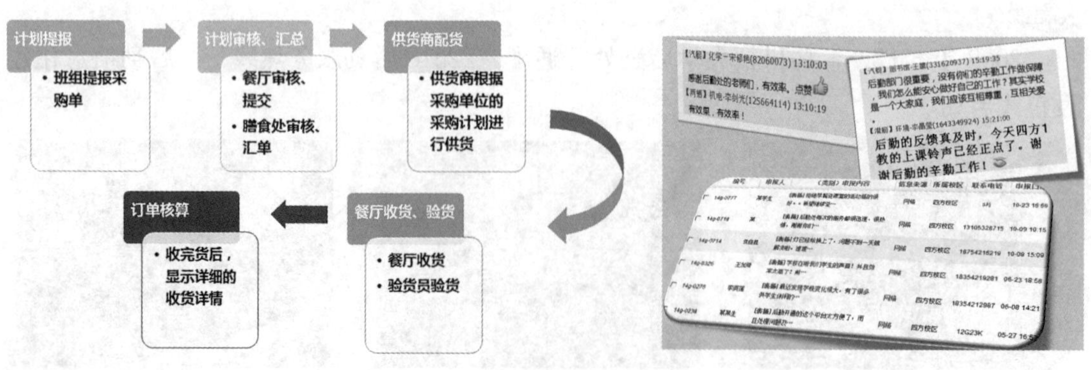

【案例五】济宁学院以智慧后勤全面提升后勤管理水平

济宁学院后勤处借助全校积极建设“智慧校园”的大背景，聚焦解决学校面临的后勤服务热点、难点、焦点，紧跟互联网发展趋势，积极运用“互联网+”和“大数据”思维，着力探索智慧后勤发展方式，以科学的理念引领后勤信息化工作，不断拓展工作辐射面，创新服务模式，提升服务标准，规范服务流程，形成了后勤管理数字化、共享化、科学化、精细化的良好局面，全力提升后勤服务水平，推动后勤工作再上新台阶。

1. 成立“文化后勤创意工作室”，以信息化手段助力“文化后勤”建设

将校园特色景观采用“校园风光之十二景园介绍”“赏花指南”等图文并茂的形式，通过微信平台分期分批地推介给全校师生，反响强烈，点击量已超过 5 万人，有的转发到“今日头条”，在学校和社会上产生了积极影响。校园内树木悬挂“微信扫码树牌”，运用规范的语言、醒目的标识，声文并茂地普及物种知识，使校园成了生物专业的最佳教学实践基地、广大师生的第二课堂和普及生物学知识的乐园。

2. 创办“学知后勤”微信公众号，以信息化手段推动后勤服务水平再上新台阶

“学知后勤”微信平台推出了“物业服务网络报修系统”，师生可随时随地将需要报修的事项通过电脑或手机微信传送图文，维修人员第一时间完成任务，并给予服务评价和反馈。平台推出了“食堂网络订餐”服务，同学们足不出户就可以吃到“食堂饭菜”。平台实现了师生消费多途径支付，在原有校园一卡通支付的基础上，全部开通了支付宝、微信、虚拟校园卡三种快捷支付方式，为广大师生提供了极大便利。平台实现了水电暖精细化管理，所有的楼宇均安装使用了“智能用电管理系统”，实现了网络抄表、远程控制和即时监控。信息化手段的有效利用，推动了水电暖的精细化管理，为建设节约型校园打下了良好基础。

【案例六】烟台大学学生公寓安全信息化建设

烟台大学高度重视学校信息化建设，把构建安全管理信息化平台作为平安校园建设的重要手段，学生公寓安全管理信息化建设取得了显著效果。

1. 学生公寓安全管理信息化平台建设体系

学生公寓安全管理信息化平台以校园网、广域网及互联网为网络传输介质，以计算机网络技术为基础，通过探测器、传感器、控制器、单片机等电子元器件控制硬件设备，利用网络服务器进行远程操作控制，实现对硬件设施的网络智能化管理。目前，宿舍管理系统、智能控电系统、楼宇监控系统、门禁控制系统、消防联动控制系统、多媒体发布系统等已经大量使用于公寓管理中。通过校园一卡通统一身份认证机制，将学工、教务、后勤等信息系统整合，实现数据管理的集成与共享，使学生公寓安全管理信息化平台成为校园信息化建设的核心组成部分。各系统不仅具有独立的操作控制系统，也可实现集成管理控制，通过这样的有机结合，可以避免重复投入，提高建设进度，为系统间的资

源共享、各子系统数据互联互通打下基础，从而使公寓安全管理工作达到了真正意义上的信息化管理。

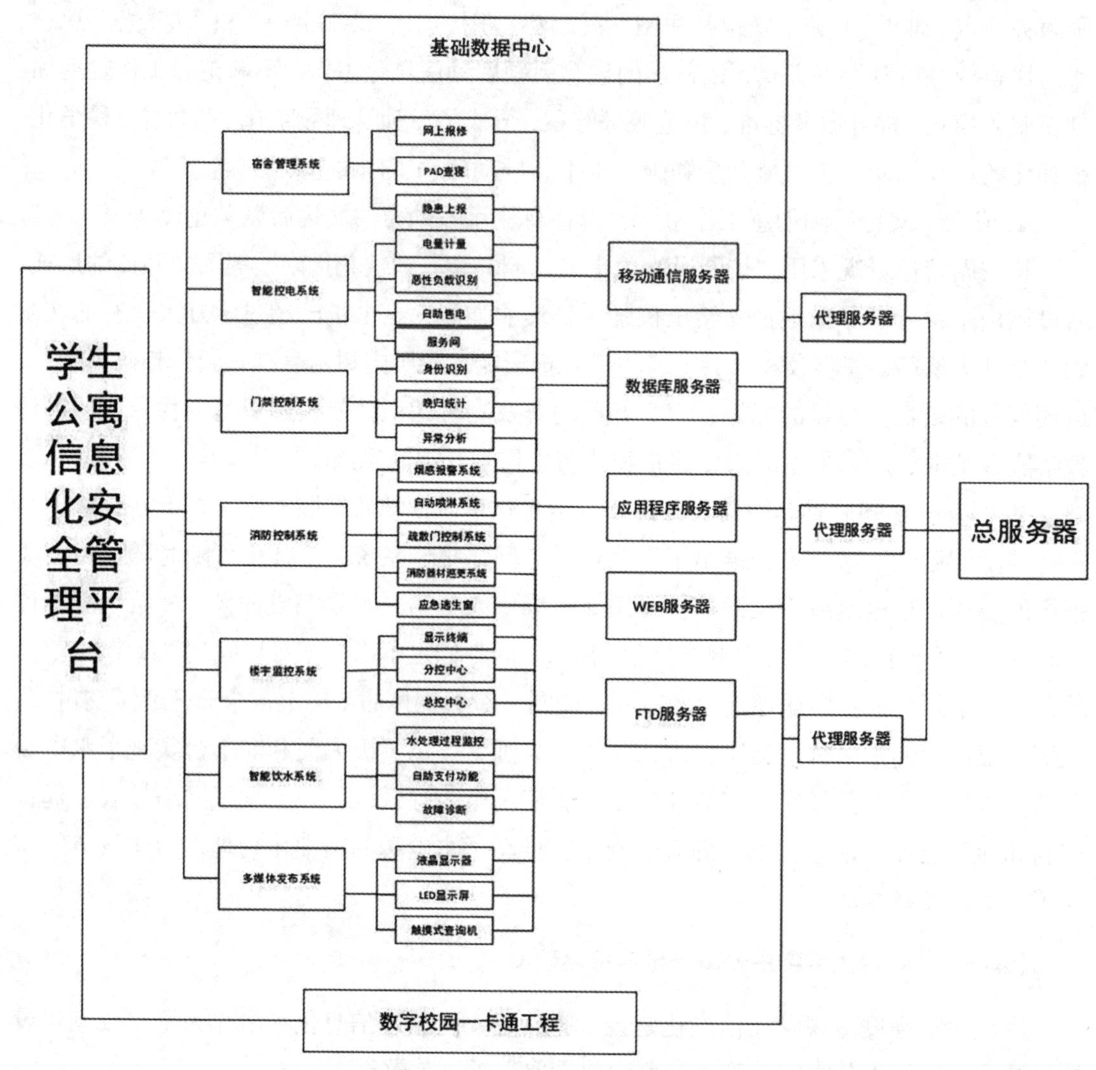

烟台大学学生公寓信息化安全管理平台框架图

经过充分调研和不断探索，烟台大学建设了具有本校特色的学生公寓安全管理信息化平台。该平台共包括7个子系统，分别是宿舍管理系统、智能控电系统、门禁控制系统、消防控制系统、楼宇监控系统、智能饮水系统、多媒体发布系统。7个子系统以数字校园一卡通工程为基础，彼此独立而又相互依存、互为补充，通过设置部门角色权限实现数据共享，使学生公寓安全隐患最小化，在安全管理的实际应用中发挥了举足轻重的作用。

2.学生公寓安全管理信息化平台建设中的应用性探索

（1）多媒体信息发布系统使学生公寓安全教育全面渗透

多媒体信息发布系统是一种依托计算机和网络技术的信息传播新媒介，广泛应用于商场、银行、医院、影院等公共场所。但该系统在高校，特别是学生公寓管理中的应用尚处于探索阶段。多媒体信息发布系统突破了传统信息传播手段的局限，能够综合运用声音、文字、图像、视频等元素生动化地进行文化传播，对受众感官冲击较强，具有更大的传播范围和更好的表现效果。

烟台大学学生公寓多媒体信息发布系统由中心控制系统、网络平台、终端显示系统构成，输出终端包含了专业液晶显示屏、互动式信息查询机、LED 户外显示屏，分别安装在学生公寓大厅内、不同楼层和学生公寓门厅外。该系统采用分播型模式，每个显示终端和对应的播放主机组成相对独立的一个小组，各自独立工作，互不干扰，在需要的时候又可以轻松设置成播出一样的画面，在实际应用中收到了较好的效果。其中学生公寓的液晶显示器和 LED 电子显示屏因其宣传形式直观，冲击力强，在学生安全教育方面发挥了重要作用。烟台大学社区服务中心结合消防演习、假期安全提示、应对突发自然灾害常识、校园防盗知识等内容，制作形式多样的安全专题宣传节目，同时，联合保卫处、学生处，结合日常工作中的典型案例，通过学生喜闻乐见的形式制作防火安全知识、

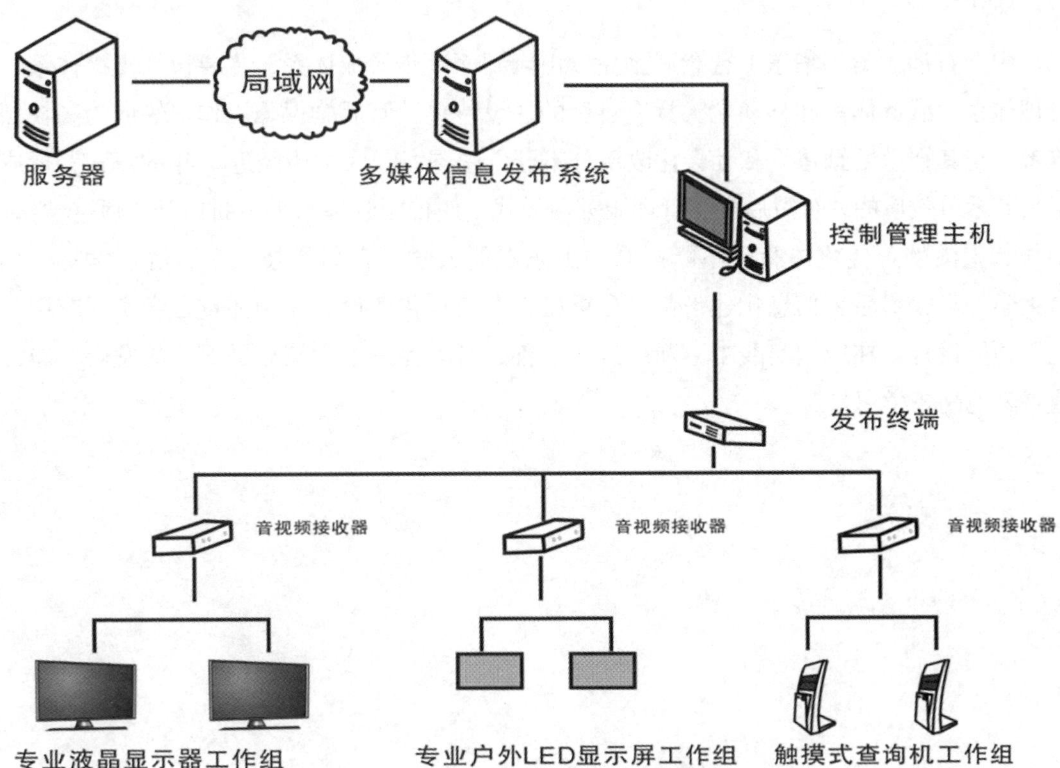

烟台大学多媒体发布系统结构图（分播型模式）

逃生知识技能、自然灾害应对知识、急救常识等专题节目，督促学生时刻保持警惕，提高学生的安全防范意识，收效显著。

（2）门禁系统和监控系统的融合，将学生公寓安全问题拒之门外

学生公寓楼安装门禁系统，能够有效杜绝闲散人员进到公寓内，从而保障住宿学生的人身、财产安全，更好地实现为学生服务的目的。

3. 学生公寓安全管理信息化平台建设中的注意事项

高校宿舍安全管理信息化建设是一个多层面、立体化、全方位的过程，是管理模式的转变与革新，所以高校学生宿舍管理相关部门，既要从思想观念上高度重视并接受适应，又要在实际工作中运用和落实。要加强平台数据应用，实现数据价值，通过信息化平台的建设，让学生置身于安全管理之中，实现参与宿舍管理的各部门即时互动，通过数据的综合分析生成不同部门需要的数据，详细的数据分析有利于指导不同层面的管理人员提高工作效率和工作的针对性，及时发现宿舍安全管理中的问题及问题发展的趋势。要站在学生公寓信息化建设角度来选择或开发适合自己的系统及软硬件设施，重视数据接口的统一性、可扩展性，从而使各信息化子系统或物联网系统实现集成、资源共享。各个信息化系统的融合应用是宿舍安全管理信息化平台建设的关键，通过各子系统的融合应用，实现一个平台统一管理和系统间的联动。

【点评】

中国石油大学（华东）智慧后勤建设由点到面逐步形成体系，主要包括支撑体系、管理体系、服务体系和移动端，具有自己的建设特色，其后勤保障工作很快成为高校领跑者，与其智慧后勤建设和社会化改革分不开。中国海洋大学历经近 7 年的摸索，形成了具有示范效应的“智慧后勤”管理服务新模式，使校园管理水平不断提升，师生学习、工作、生活的现代化体验感不断提高。山东农业大学、青岛科技大学、济宁学院、烟台大学等高校对后勤信息化建设都十分重视，在信息化建设工作中注重自身实际应用，注重顶层设计，在应用实践中不断改进、完善，有力促进了学校后勤保障的发展，非常值得其他高校学习。

第七章 高校校园商贸管理

山东省作为人口大省、教育大省，全省共有高校160余所，在校学生人数众多，高校校园商贸已经成为高校后勤保障体系中重要的、不可或缺的组成部分，更是实现学校“全员育人、全程育人、全方位育人”的重要力量。

为推进高校校园商贸的社会化、标准化、现代化建设，不断提升全省高校后勤服务能力，山东省学校后勤协会高校商贸管理分会积极开展“大学习、大调研、大改进”活动，采取网络问卷、座谈会、现场随机访问、实地察看等多种方式，选择35所高校（包含大学15所、学院12所、高职4所、民办学校4所）进行了高校校园商贸经营管理情况调研，重点分析高校校园超市发展现状及存在的问题，以便为精准施策提供切实依据。

一、高校校园超市经营管理情况

（一）校园超市已经成为在校生消费的第二大消费阵地

从调查结果来看，平均每个院校开设有2—3个校园超市，营业面积达400平方米以上，在校学生所购物品主要是食品类和生活用品类，艺术类院校客单价在10元以上，普通院校客单价在8元左右，学生每周去超市的频次在3次以上，每月在超市消费金额达150元以上，占其校园内主要消费的20%，超市已经成为满足学生日常生活需求的必要场所，是仅次于餐厅的第二大消费阵地。

（二）校园超市经营的社会化服务程度越来越高，如何加强监管已成为各高校后勤管理的重要课题

随着高校后勤社会化的逐步推进，校园超市经营的社会化服务程度也越来越高，本次调研的35所高校校园超市均进行了市场化运营，超市经营的专业化程度也越来越高，但校方的监管则远远滞后于超市经营的专业化，这主要表现在以下几个方面。

1. 超市招标缺乏统一的标准，高价中标屡见不鲜。调查结果显示，各高校在校园超市对外承包时均采取了招标引进的方式，但在招标的具体操作中，特别是在招标评分体系方面，目前我省还没有一个统一的标准，加之招标组织方的成员缺乏系统科学的招标培训，从而在设计评分标准时出现了报价越高得分越高的情形，忽视了校园超市“姓教”的特点，为后期监管带来了很大难度。

2. 有些高校安全隐患还比较严重，校园超市安全监管任重道远。超市经营涉及食品、生活用品、电子产品等多类货物，对应工商、食品卫生、消防等多个监管部门，而目前各高校后勤管理人员因年龄、学历、专业结构等原因无法及时发现超市经营中存在的安全问题，各监管部门面对数量庞大的校园超市也存在无力监管的现象。问卷调查结果显示，35 所院校中有 24.13% 的院校超市存在消防通道狭窄的状况，在座谈会中甚至有的高校提到该校超市一年内上级消防检查不足 2 次，甚至仅靠学校安全保卫处进行消防安全的自查自纠，实地查看某高校超市时发现无 CCC 标志认证（强制性产品认证）的电器仍在出售。

3. 校园超市服务项目不断丰富，但育人功能尚未得到充分实现。当前，校园超市服务项目不断丰富，在为师生生活带来极大便利的同时，还带动了相当一部分学生的勤工助学，使学生在获取一定补助的同时培养了爱劳动、尊重劳动的劳动意识。但从调查中也发现，多数校园超市的工作人员仍然保持传统的社会招聘方式，员工素质参差不齐，超市管理者在员工培训方面没有形成专业培训体系，超市“育人功能”尚未得到充分体现。

二、高校自助洗衣机经营管理情况

随着互联网的快速发展和智能手机的普及，适合大学生消费方式的自助洗衣机开始大量进入校园，调查结果显示，有 86.2% 的高校设置了自助洗衣机。自助洗衣因其使用方便、节约时间、消费价格低等特点深受大学生们的欢迎，已经成为解决学生洗衣需求的主要渠道。但是，我们在调查过程中发现，自助洗衣机在解决学生洗衣需求的同时，也存在如下突出问题：洗衣效果一般，51% 的学生反映自助洗衣机不如手洗干净，卫生状况令人担忧。因自助洗衣机属于公共使用工具，学生投放的衣物既有外套也有内衣、袜子，而目前校园内投放的自助洗衣机的自净功能效果一般，更没有定期的卫生检测。调查中发现，少数高校为取水方便甚至将自助洗衣机安装在离厕所不足 2 米的区域，而且未设置防护措施，多数学生对此表示担忧。

三、高校学生浴室经营管理情况

高校学生浴室主要分为三类，一是公共浴室，二是公寓内公共区域的浴室，三是在寝室内设置的浴室。从调查结果来看，浴室经营有以下两个特点。

（一）公共浴室仍占主流，但公寓内浴室增长迅速

调查结果显示，公共浴室占 58.62%，公寓内浴室占 34.48%，真正实现寝室内洗浴的占比不足 7%。从座谈结果看，尽管公共浴室同公寓内浴室相比存在管理方便、占地面积小等优势，但随着学生对洗浴质量需求的不断提升，离宿舍更近的公寓内浴室越来越受学生的欢迎。有 72.41% 的学生希望能够实现在寝室内洗浴，但因为房间结构、地面防水等问题，在公寓内公共洗漱间设置浴室将成为各高校解决学生洗浴需求的发展方向。

（二）浴室洗浴服务质量不高，收费标准不透明等问题突出

各高校普遍采用浴室经营外包服务，调查结果显示，多数院校的浴室卫生状况一般，消费采取的是计时收费方式而不是计量收费方式，因水压、花洒出水口大小等问题导致学生刷卡消费时无法判定消费标准，同学对此意见很大。

校园商贸的经营范围已从原来的校园超市、理发、打字复印、照相、移动通信等传统经营领域逐步扩展到校园超市、快递、校内交通、直饮水、洗浴、自动售货、自动洗衣、理发、照相、打字复印、移动通信等多元化领域。经营范围不断横向延伸，覆盖范围越来越广，师生对服务质量要求越来越高。但从本次初步调查情况来看，各高校在校园商贸的管理方面还存在重视不够、多头管理等问题，校园商贸的发展现状同广大师生对更高层次的美好生活需求还有一定差距。这就要求各高校首先在校园商贸管理上统一思想、提高认识。要充分认识到校园商贸“姓教”的特点，校园商贸社会化绝对不是完全市场化，在管理中要加强政策支持、健全机制、完善制度，明确学校各主管部门的职责，相关部门应积极配合，建立和谐、高效、顺畅的部门关系，将责任心强、管理经验先进的人员充实到管理队伍中，不断提高监管水平和服务水平。其次，要充分发挥省后勤协会作用，探索搭建区域采购平台，推行联合采购，完善商品准入退出机制，重点做好供应商信用管理工作，信用评价应覆盖采购、履约、质疑投诉等各个环节，信用评价结果应在协会网站公开发布。三是推动建立消防、食品卫生等社会监管部门联动机制，强化安全措施和规范管理，坚持综合治理、齐抓共管，努力形成全面覆盖、各方互通、应对有效的安全防护机制。积极开展由协会组织、各高校积极参与的安全工作专项培训，普及安全知识，强化安全意识，营造人人关注、人人重视、人人参与的安全工作氛围，确保各项制度落到实处，保障师生消费安全。四是积极开展校园商贸标准化管理体系研究，在行业准入、招标、管理、评优等方面发布行业指导标准。标准要体现校园商贸“姓教”的特点，注重社会效益和经济效益的辩证关系，比如在校园商贸招投标标准化建设方面，在确保国有资产增值的基础上，可以适当降低投标评分标准中的价格分值，对在样板店或者标准店评审过程中获得协会颁发的优秀企业称号的公司，可以增加其业绩得分。五是开展“以

人为本”的校园商贸文化建设活动，实现后勤育人功能。管理的发展一般分为经验管理、制度管理、文化管理三个阶段。在校园商贸管理中，大学生是高校后勤服务、教育的主体，校园商贸的经营主体只有紧紧围绕学生、依靠学生、服务学生，不断提升自身文化建设水平，才能长远发展。否则，如果片面追求经济效益，忽视甚至忘记了校园商贸“姓教”的本质属性，必然会被时代淘汰。在今后的工作中要充分发挥协会平台作用，始终将推进校园商贸管理的文化建设作为重点，积极开展“校园商贸服务明星”“有温度的企业”等评比活动，树立典型样板，为真正实现后勤育人功能发挥好校园商贸作用。

【案例一】山东政法学院探索校园快递服务新模式

大学生是网购的主要群体之一，校园快递“蓬勃发展”，如何解决校园快递“最后一公里”等诸多问题成为快递行业和广大师生关注的热点。依据山东省邮政管理局《关于推进快递服务进校园的通知》（鲁邮管〔2016〕134号）文件要求，山东政法学院对校内快递服务进行了整合规范，并取得了良好效果。

整合前，校园里有快递业务公司20余家，每天派件3000件左右，发件200件左右。快递杂乱无序，不稳定因素多，严重影响学校教学生活秩序和校园安全，且地点分散，师生收发快递极为不便。

经多方考察，学校引入第三方快递服务企业对校园快递进行了整合规范。

1. 合作模式

本着“谁运营谁建设、谁建设谁受益、谁受益谁负责”的原则，采取校企合作——引入第三方快递服务企业的模式开展校园快递服务。引入的第三方快递服务企业——菜鸟驿站，在向师生提供服务的同时，通过向快递公司收取合理派送件费用进行市场化运营，逐渐收回投资成本。

2. 投递方式

采取由室内仓储货架和户外智能快递柜相结合的方式，实现不同群体、不同快递、24 小时取件的差异化服务。

3. 资金投入

学校不投入任何资金，只为第三方企业提供场地和必要的水源、电源及网络资源，企业向学校缴纳水、电、网等费用，并独立承担快递服务站点房舍建设、智能设备采购、配套软件开发、站点运营等所有费用。

4. 快递公司整合

校园快递秩序的规范与集中管理最重要的是整合，整合的关键是第三方快递服务企业能否与各快递公司达成合作协议，否则建成的快递服务站点将成为摆设。因此，能否有效整合校内快递并成功入驻新建站点，成为选择第三方快递服务企业的重要依据。经多方努力，整合近 20 家公司，理顺了第三方快递服务企业与快递公司的合作关系，实现了校内快递由杂乱无序向集中管理的平稳过渡。

5. 规范管理

菜鸟驿站快递服务站点建成后，按照合同约定，学校不参与经营管理，只负责监督检查。后勤部门负责监督其是否按照合同约定做好快递服务、有无形成垄断并高于市场价格，并及时处理师生投诉等。保卫部门负责其经营场所是否达到消防安全要求、进出快递车辆是否遵守校内秩序的检查，并清理校内随意摆摊设点派件行为。通过各方的通力配合，校园快递秩序逐步走上了正轨。

6. 整合后的亮点

校内快递秩序得到规范，师生收发快递更为便捷，快递服务更加到位；开展了为师生上门寄送件等个性化服务；人工与智能快递柜相结合的派件方式，解决了投递效率低的问题；电子面单和包装箱实现循环再利用，更加环保。

【点评】

山东政法学院全面剖析了学校快递服务存在的问题，这也是全省高校普遍存在的难点问题。学校通过探索快递服务经营管理模式，进行不断的改进和优化，打造校园快递服务的有序、快捷、智能化，为全省高校校园快递管理和商贸工作提供了宝贵的经验。

【案例二】山东科技大学用心打造“四型”教育超市

1. 构建“安全型”教育超市

食品安全常抓不懈，强化安全培训，建立健全台账记录，做到下架台账、生产日期、保质期三本账规范清晰。

2. 创建“学习型”教育超市

常年组织干部员工参加管理处各类培训班，组织学习和全员培训工作常态化，用好例会、质量专题会，并强化卖场布局、商品陈列和营销管理、服务规范的培训学习，将商品陈列、促销方案转化为卖场创意赛。

3. 培育“创新型”教育超市

创新经营模式，导入多业态差异化服务模式，探索“店中店”实施标准化管理，建成学苑商贸综合体、“特色小吃＋美味副食”综合便利店，开发网购平台、24h便利店，引入线上超市、探索零食线上运营地区代理新业态，推行员工持股并为员工发展提供平台。

4. 打造“文化型”教育超市

构建优美消费环境，将育人和价值观宣导融入服务全程，通过制度创新、队伍建设、辩论赛、工装设计、知识竞赛、服务创新和校园文化传播等有效载体实现以文“化”人和服务育人功能。

【点评】

山东科技大学打造“安全、学习、创新、文化”型教育超市，以安全为本，突出学习创新，注重文化建设，充分彰显了校园商贸的育人功能；将环境育人、管理育人、文化育人有机结合，打造了我省高校教育超市的典范，多所高校到校参观学习。

【案例三】青岛科技大学校园商贸管理与服务模式探讨

面对运行模式老化、招标办法死板等问题，学校本着保证国有资产不流失，减轻学校负担，减少人员使用编制的目的，严格把好校园商贸活动每一环节，所有经营性房屋的使用都需要经过正规的招标程序，不以高价中标为目标，避免扰乱校园商贸秩序，维护学校的声誉，诚信第一，做好招标引商。

一是明确高校校园商贸在后勤保障体系中的定位。高校校园商贸作为后勤保障体系的重要组成部分，要当好“不上讲台的老师”，要努力践行育人职责，积极营造良好的育人环境。随着职能的调整和管理功能的细化，高校校园商贸在后勤保障体系中的定位必须明确，高校校园商贸应该是除饮食、物业（大物业，包括楼宇管理和维修维护）外的所有校园服务功能均包含在内的，是学校后勤工作重要的、不可或缺的组成部分，是师生获得感、幸福感、安全感的重要体现平台，也是学校发展水平高低的一个侧面反映。

二是校园商贸管理与服务模式的重新构建。高校校园商贸服务从裁判员或者运动员的角色中抽离出来，作为服务员出现，从实际经营者或者管理者转变为经营业户的服务者，只要与学校签订正规服务外包合同，诚实守信、合法经营，那么在经营中遇到的困难及合理诉求，都应该帮助协调解决，起到业户与学校、业户与市场监管部门的一个桥梁和纽带的作用。青岛科技大学正在摸索建立校园商贸服务部门和校内服务外包单位的新型服务关系，在校园市场内引入政府监管体系，定期进行联合检查，对违法、违规事件由政府部门出具处罚通知，校园商贸服务部门负责监督落实。这种体系强化了校园商贸服务部门对服务外包单位日常经营的监管工作，通过人力、物力的再分配，加强了对服务外包单位安全工作的监管和考核，强化了安全防范意识，降低了安全风险。同时还在服务外包单位成立了工会小组和党小组，定期组织学习和活动，便于服务外包单位能及时了解和领会学校的各项规章制度，使得服务外包单位的思想和学校高度统一，精神和学校高度融合，不再以一个局外人的身份来服务校园市场，增强了服务外包单位对于学校的认同感和归属感。

三是制定出台《青岛科技大学校园商贸远景规划》，按照规划要求对经营业户的经营范围进行分类指导，每一种类的经营业户要有个数限制，要有技术门槛，让真正有技术懂经营的业户进入校园市场。对于一些想进入校园市场但没有明确经营目标，或者已经进入校园市场但经营项目重复和不专业的业户，要进行市场分析，给出经营建议。这样既能保证各家经营业户的收益，规范校园市场的经营秩序，还能让利于师生，使得学生真正成为校园市场的受益者。

四是协调好学校、商户、学生三者之间的利益关系。学校坚决杜绝高价中标，甚至是恶意天价中标的行为，在招标之前要测算好房屋的折旧率和维修费用，按照面积平摊管理费，达到国有资产保值增值的目的。外包服务单位要以合同的形式约定所销售商品中至少有 50%—70% 的商品的价格要低于市场零售价，这样不仅能切实保证让师生受益，而且低廉的价格也具有了和电子商务平台竞争的实力，可以重新把学生拉回校园市场，实现学校微利，商户薄利，师生得利。

五是改变思路引导校园商贸服务的内涵和外延。分析研究师生现阶段的需求并加以满足，就能做好现阶段的校园商贸服务工作。最大限度地满足师生日益增长的对校园生活服务的需求和有力保障教学科研将是高校校园商贸服务未来一个时期的工作重心。在校园商贸网点布局上提前谋划，腾笼换鸟，减少商超类网点数量，增加服务类网点数量，尤其是新兴的、个性化的服务需求，如关心学生的“双创”需求，引进品牌咖啡店设置创客咖啡厅，定期组织校友进驻，与同学们聊聊创业中的喜悦和艰辛；关注学生的心理需求，设置心理宣泄室，为学生的负面情绪提供一个发泄的渠道，并可以预约学校老师进行心理疏导，化解学生心结；等等。这些为满足学生精神需求所设置的场所，既紧跟时代步伐，又为学校的安全稳定做出了贡献，体现出了后勤保障的与时俱进。

【点评】

高校校园商贸服务的初衷是以学生为本，供学生所需。在社会发展日新月异的当下，高校校园商贸服务被赋予了新的含义。一个既能满足学生物质需求又能满足学生精神需求的高校校园商贸服务才是一个全面、健康的高校校园商贸服务，才能成为学校发展的有益补充和强劲助力。青岛科技大学工作思路清晰超前，为全省高校商贸管理构建新时代校园商贸管理与服务新模式提供了智力支持。

高校后勤商贸社会化改革历经 20 余年的发展，积极探索新时期高校后勤实现服务育人的新途径，加强校园商贸规范化建设，以评促建，固化成果，经过一批又一批后勤人的努力，校园商贸服务质量和服务水平日益提高，结出丰硕成果。由原来的学校自主经营逐步转变为后勤服务的社会化，管理手段日益现代化、智能化，打造了一批又一批的全国教育超市标准店。相信通过全体商贸人的共同砥砺奋进，不断开拓创新，校园商贸定会突破困境，为高校“双一流”建设做出更大贡献。未来校园商贸的发展方向是实现以信息化为基础，网络化为支撑，智能化为手段，以营造消费者畅享、愉悦消费体验为核心目标的线上线下联动，搭建功能多元、产教融合、特色鲜明的“1+X”综合服务平台。

第八章　高校校园绿化与景观建设

生态文明建设是中华民族永续发展的千年大计。习近平总书记在党的十九大报告中指出，坚持人与自然和谐共生，必须树立和践行“绿水青山就是金山银山”的理念，坚持节约资源型和保护环境的基本国策，像对待生命一样对待生态环境，形成绿色发展方式和生活方式。校园生态文明更离不开绿色发展理念的引领。我省高校坚持环境育人理念，依靠先进文化影响和引领师生价值追求和行为，将校园绿化作为“育人工程”来抓，注重抓好校园文化建设，提升校园文化层次，让大学里的一砖一瓦、一草一木都承载人才培养的功能，全员育人理念逐渐融入“绿色校园”建设之中。高校校园绿化与景观建设是“绿色校园”建设的主体，也是校园文化建设和全员育人的重要组成部分，对于增强大学文化底蕴，美化师生的工作、学习与生活环境，塑造师生品格，陶冶学生情操，提升大学形象有着非常重要的意义。

绿色校园建设主要包括生态校园绿化建设、生态节能型校园建设、科学生态校园管理和生态绿色教育推广等。我省高校在生态校园绿化建设方面深入践行绿色发展理念，不断创新管理手段，开辟建设新途径，坚持以节约优先、保护优先、自然恢复为主的方针，逐步形成了以保护利用为主的节约资源和保护环境的建设之路。

（一）简约通透

在校园绿化中，各校都注重简约通透。一指校园绿化植物种类不宜太多，也不宜求异求贵；二指种植密度不宜太大，要留足生长空间；三指合理选择绿植种类，突出绿化层次，使视觉效果一目了然；四指移除绿篱和围挡，改变绿化景观可远观而不可亲近的状况。简约通透的主旨是让师生能走进花草树丛，给他们提供更多更好更安全的活动和运动物理空间的同时，也给他们以宁静、和谐、惬意的精神飞扬空间，把优美环境融入生活。它鲜明地体现了以师生为本和绿化育人的工作理念，内含着直奔任务、勇于担当、埋头苦干、艰苦奋斗的精神，彰显了不求豪奢、朴实无华、又落落大方的品格形象，喻指自强务实作风文化的弘扬、解放思想开拓进取的活力涌现和融通开放办学的特色。

（二）大树绿草

大树喻指学校培育的杰出人才宛若学校的脊梁，没有大树支撑的校园因其历史文化的浅薄难以孕育和培养出大师、大家、大人物。大树有其存在的意义和使命，绿草亦如是。大树虽伟岸高大，但校园绿草却是多数。绿草虽矮小易枯，但其年岁枯荣都是为了新的萌发和成长。正如同我们培养的一届届学子，铁打的营盘流水的兵，年年岁岁花相似，岁岁年年人不同。众多平凡校友宛如绿草，但绿草茵茵成就了大学的美名。由此，大树绿草都是大学精神的缔造者，大学文化的创造者和传承者，大学责任的体现者，大学活力的展示者，大学特色的承载者。大树有大树的空间和价值，绿草有绿草的空间和价值，树草相依相映本身也是简约通透的表达。

（三）花簇点缀

在简约通透和大树绿草的组合下，校园绿化就会呈现出朴实无华之美和海纳百川的开放气概，带给人一种人与自然和谐相处的美感。灿烂阳光之下，大树绿荫婆娑，绿草生机盎然，学生们在绿草坪上或读书或小憩，可谓佳境天成。但俗话说，画龙还需点睛之笔，万绿丛中还需一点红，花簇点缀的作用和功能必不可少。简约通透、大树绿草的方针造就了以绿色为主格调的大背景，花簇点缀打破单调的绿色，使得整个绿化区域更灵动、更有神韵。

（四）一部一景

校园绿化、景观建设要因地制宜，根据校区实际划分单元，做到区域和局部特色明显，小范围相对独立成景。绿化工作要立足校园地势、土地，尤其是土壤条件实际，结合绿植生长特点予以规划和种植，按照“物以类聚”的原则，在一定范围内集中种植，就会形成区域化小景点，加之合适的景观设计建设，则可成就美景。

（五）自然朴实

自然朴实指简约而不简单不简陋，淳朴而不凑合不随意，绿化和周边环境相辅相成、和谐统一、朴素大方。自然的才是最美的最长久的，因为自然的才最贴近生活，最容易让人接受和动情。朴实才能流露真情，才能拉近距离，更容易产生心理共鸣，“近者悦而尽才，远者望风而慕”，在此传道授业，孜孜以求，惬意而难忘。

近年来，在绿色发展理念的指引下，我省高校后勤部门对校园绿化与景观建设、改造进行了一系列探索和实践，摸索积累了一些经验和做法。

【案例一】山东农业大学校园绿化养护新实践

1. 坚持绿色发展理念，开展老校区古树名木保护性移植

老校区有100余株古树名木因政府城建规划面临砍伐危险，这批古树名木树龄较长，树形丰满，品种丰富，它们既是校区发展历史的见证，也是校园文化的重要组成部分。学校领导高度重视树木移植工作，多次组织项目论证会，听取专家意见和建议，后勤处提前制定了保护性移植方案，做到适地适树、苗木品种定点摆放，克服了难度大、工期紧、要求高等多种困难，确保了古树名木移植安全，并制定详细的养护措施，安排专人负责养护，确保树木成活率和长势的恢复。

2. 践行绿色发展理念，加强绿地养护管理

“三分种植，七分养护。”绿化养护工作是一项长期细致的工作，景观绿地建成后，随着树木生长与绿地使用情况的变化，需经常进行科学的养护管理。后勤处既做好了校园苗木的“养护”，即根据不同苗木的生长需要与景观的要求，及时进行施肥、浇水、修剪、中耕除草、病虫害防治、防风防寒等；又进行了及时“管理”，即对苗木进行安全、清卫等方面的管理工作。后勤处还主动进行了多次试验性工作，比如冷季型草坪内的白三叶草侵蚀一直是草坪养护的一大难题，白三叶草植株低矮，须根发达，生存能力很强，属耐寒地被植物，具有很强的侵占性，会逐渐侵蚀掉其他草种。多次实验发现，利用喷洒草阔净配合使用一种渗透剂，能高效清除白三叶草。此外，后勤处还进行了银杏树复壮探索、海棠树干病虫

害防治等多次试验，并取得了很好的试验效果。

3. 强化绿色发展理念，探索校园绿化养护工作新途径

后勤处在校园绿化养护工作中坚持节约优先、保护优先、自然恢复为主的方针。一是创新绿色技术，在病虫害防治中，引入生物天敌，减少化学药品的使用量等，以绿色技术创新驱动绿色发展；二是强化绿色监管，制定校园绿化养护管理实施方案，建立绿色养护要求的目标体系、考核办法、奖惩机制；三是加强绿色治理，坚持节约资源和保护环境的基本国策，在校园绿地改造中多调研、多论证，充分全面考虑经济、社会和生态效益。

【案例二】山东科技大学精雕绿化生态育人家园

1. 科学规划精心营建，环境育人美化先行。根据地质地貌、气候环境特点和功能区划，按照四季有花、各具景色、景物相宜、宜学宜憩、自然和谐的理念，建成樱花、梅花、玉兰、紫薇等特色园，松柏林、槐树道、樱花景、梧桐路、果树群、银杏带自成风光，将励志坊、外语角、研修站、晨读汇、健身场、名人园和湖泊河等有机嵌入其中；建成有 458 个品类观赏植物、人均绿地 26 平方米、绿化覆盖率 63% 的生态校区，给师生打造宜学宜赏、宜居宜养环境的同时，也为师生以及众多摄影爱好者、影视工作者和驻地旅友提供晒图分享朋友圈的好题材。

2. 提升素养用心服务，精细管理全员创新。用错时错峰服务实现“服务无缝隙、保洁细无声、养护悄无痕、作业无打扰”四无效果；汇众智慧，全员创新，再造新奇特微景观，将散落丢弃的深海石和山石加工造景，用废弃竹竿枝条编制篱笆护栏，修剪树枝制作栅栏围挡，将旧轮胎和废果皮箱为稍加填土、栽花种草改造为“萌萌哒”花境等。

3. 专攻术业专心经营，情系师生暖心育人。即将完成的校园绿化数字工程建设项目，将实现全校植物数字定位、建模，实现掌上管理和千里之外乐游山科。“山科风光无限好，景美人好服务美”是众多媒体对山科校园的共同赞叹；笔架山、墨水河、若水园、小西湖成为媒体人竞相争拍的好题材，山科学子、林荫花道、雨中伞阵、雪后奇观，连同那景中景、园外园、林里林成了影视基地的好场景。用月季改良风化土壤的十亩月季园经央视报道成了校园风光名片；500 页图文并茂、数据翔实的《校园植物志》是校园绿植的“户口簿”和生态校园建设的“档案馆”，也是反映绿化实践经验的知识库和物业人周细的养护日志。

【案例三】青岛科技大学以“五有”统领校园绿化提升

2016 年学校第十次党代会提出了建设“有精神、有文化、有责任、有活力、有特色”高水平大学的奋斗目标。学校后勤部门按照“五有”精神，对四方校区和崂山校区部分区域进行了绿化改造提升。

为体现“五有”大学的办学理念，营造昂扬向上、生气蓬勃、人与环境和谐融合的校园环境，按照简约通透、大树绿草、花簇点缀、一部一景、自然朴实的要求，绿化改造时去除了低矮绿篱和围挡，尽量保留了原有大树，并对树冠枝杈进行了美化修剪，地面统一铺植了绿草，铺设中水绿化浇水滴灌系统，加强绿化日常维护和管理。绿荫、花坛、草坪、喷灌、雕塑、亭栏，四季青翠、优雅宜人，一片片正在逐步扩展的绿植景观带为校园增添了许多生机与活力，师生可以在花前树下学习休闲，尽情享受和谐自然的绿色和环境的舒适。

这次绿化提升工程不同于以前的绿化工作，从理念设计到具体养护都要求后勤相关员工重新定位、重新认识。校园绿化绝不仅仅是简单的植树种草，其中蕴含着对学校发展理念的认知和把握，对环境育人作用发挥的艺术性拿捏，还是校园绿化、美化和艺术的集中展示。后勤处积极寻求相关专家和经验丰富的技术工人到现场指导提升学校绿化，严格招标程序，全程监督施工，严把质量关，确保项目物有所值；要因地制宜，请专业的绿化养护公司、专业的监管队伍，并提高绿化养护标准及经费。

【案例四】齐鲁工业大学“1125”管理与建设思路绿化美化校园

学校坐落在风景秀丽的济南西部大学城。校园绿化景观规划与新校区总体规划同步，校园建筑、绿化遵照国际园林标准规划建造。绿化用地面积 62.9 万平方米，绿地率为 38.9%，绿化覆盖率达 53.48%。现有花木种类 45 科、82 属、192 种，22 万株，园林植物以乔木为主，乔、灌、花、草等合理配置，各种景观石、雕塑、亭台廊架等人文小品点缀其间，整个园区绿树成荫，鸟语花香，意境高雅，生机盎然，让人心旷神怡，流连忘返，整体实现了“四季常绿、三季花开”的绿化效果。学校先后获评“市级花园式单位”“山东省高校校园绿化管理工作先进单位”“山东省生态文明示范教育基地”。主要做法概括起来就是“1125”管理与建设思路，即“一个目标、一张蓝图、两条主线、五项举措”。

1. 一个目标

把“建设美丽校园，以不断满足广大师生工作、学习、居住、生活以及情感需要为出发点和落脚点，增强师生的归属感、认同感”，作为始终坚持的工作目标，努力塑造生态、优美、宜居宜学的美好校园环境。

2. 一张蓝图

2016 年初，《齐鲁工业大学校园景观环境“十三五”规划》这张总蓝图出台，规划立足实际、定位高远、保障到位，对人、财、物及各类资源协调统筹，工大绿化翻开了新的一页。

3. 两条主线

学校上下，尤其是绿化管理人员真抓实干，做好绿化各项常规工作，不断提升管养水平和层次，这是绿化工作的明线；同时，在环境育人、管理育人、服务育人、教书育人等方面积极探索，赋予绿化工作更多育人功能和人文关怀，着力培养具有生态文明观的当代青年，这是高校绿化工作的深层次意义，也是学校始终坚持的暗线。

4. 五项举措

不断构建实际工作中的管理体制模式，创新工作方法，进行了很多开创性的尝试和探索。

（1）绿化管理、养护专业化

校园管理中心具有硕士学位的专业管理人员已达 4 人，先后引进了两个专业公司承担校园绿化养护工作，严格按照二星级标准对校园绿化进行管理与维护。

（2）加大经费投入，开源汇流，不断提升绿化保障水平

近几年，学校在经费紧张的情况下，设置绿化专项资金，每年经费投入在 300 万元以上，确保各项绿化项目及养护顺利实施。学校还开源汇流，启动“工大绿基金”，积极争取和整合社会资金，校友、企业、个人专项支持校园绿化，聚沙成塔，既有效弥补了绿化经费缺口，也进一步提升了学校的社会声誉和影响力。

（3）绿化管养制度化、机械化、精细化

①做好校园内各类苗木的精细管理和基础养护工作。安排专人负责，对各类苗木建档立卡，做好养护全记录。出台《齐鲁工业大学校园绿化管理制度》《校园绿化维护养护与环境保洁考核标准》《齐鲁工业大学植物养护大全》《齐鲁工业大学绿化月份工作安排表及养护全纪录》等一系列制度和办法，根据季节做实做细浇水、打药、修剪、施肥、涂白、防寒等各项常规养护工作。与绿化公司的监管协议中明确细化“校园乔木、花灌木、绿篱和草坪苗木养护标准”，确保植株生长健壮，树木、花草无明显病虫危害症状，将绿化养护工作落在实处、细处。

②普查建账，开列清单，摸清家底，重点保障。每两年对校园内树木进行一次全面核查，做好登记造册，有坏死、更换、移植的树木及时登记，每年进行一次清查更新。制作树木标识牌 1600 余块，温馨提示牌 170 余块，在校园内各区域进行悬挂和安置，既提升了校园绿化的知识性、趣味性，又增强了师生的自律性和认同感。制定《齐鲁工业大学古树名木管理办法》，划定重点保护名目，目前学校共移植、培育、引进银杏、水杉、鹅掌楸、雪松、杜仲、皂荚、国槐、楸树、朴树、木瓜、柿、桂花、文冠果、水榆花楸、榉树、接骨木、麦李、七叶树、青檀等珍稀树木 40 余种 1200 余株，有 70 年以上的古树 2 棵，50 年以上的古树 8 棵，30 年以上的古树 30 棵，古树名木看护良好，生长健壮。

③校园绿化中心各种机具设备齐全，运转高效。现配有大（小）喷药机、抽水机、草坪修剪机、割灌机、浇水车、清扫车及小机具共计 120 余台（套），苗木、绿地养护基本实现机械化。

（4）创新管理模式，搭建沟通平台，落脚服务，管理育人

成立“校园环境学生监管委员会”，秉承“服务后勤保障、提升监管水平、丰富后勤文化、历练突破自我”的定位和宗旨，致力于校园环境的监管、整治、优化、提升以及良好后勤文化氛围的培育、凝练、宣传、报道，实现大学生自我管理、自我教育、自我完善。在校园环境监管、绿色文明宣传、沟通管服双方等方面发挥了重要作用。创建了“校园物业学生监管微信群”，学生们发现问题随手拍随时传，物业公司经理、维修服务人员、后勤管理人员都纳入群中，做到第一时间发现问题，第一时间解决问题，第一时间反馈处理结果，整个管理实现高效及时、闭环运行。创建“工大微后勤”微信公众号，充分借势新媒体在年轻人中的影响和渗透，一系列原创绿化精品图片、微文、活动相继推出，节约适度、绿色低碳、爱校护校蔚然成风。

（5）构建协同机制，实施双学分制，落实劳动教育

学校后勤处与教务处、学生处等部门协同，注重实践和融入教学，落脚服务育人树人，创新性实施德智双学分制培养模式，开设了劳动公开课、所有一年级新生必修两个课时的劳动课，每年有330余个班级7000余名学生参加劳动体验。后勤处还与组织部协同，开设党员义务劳动课，所有入党积极分子和学生党员每学期都要参加劳动体验课，参与率达100%。

校园绿化中心专业人员还充分利用专业所长，开设环境保护与可持续发展、园林植物鉴赏、园林艺术等选修课，走到学生中间授业解惑，传递绿色科学知识，弘扬生态文明理念，学生选修率逐年上升。通过这些亲身实践和体验活动，环境育人、服务育人、管理育人、教书育人的效果初步显现。

另外，每年充分把握和利用“3·12植树节”“世界环境日”“世界地球日”等时间节点和契机，紧扣主题开展丰富多彩的活动，全校义务植树尽责率达到100%，以传统文化带、校园核心文化轴的“一带一轴”为文化引领，以大环路、小环湖的“两环”为绿化提升载体，以名师文化区、校友文化区、创新文化区、休闲文化区“四区”的功能性为基础，打造了“银杏林”“海棠路”“水杉大道”“桃李大道”“金银花园”“牡丹园”“樱花园”“梅园”“紫薇园”“红叶谷”“油菜花海”等数十个精品景观。“环境生态优美，品位高雅沁人，工大特色鲜明，人境和谐共融”的校园绿化景观环境已经显现。

【案例五】潍坊学院精心打造花园式校园

主校区绿化面积43万平方米，绿化覆盖率达到75%，校园景观突出文化特色，体现办学精神和文化内涵，校园规划建设风格中西合璧，熔铸古今，并传承北海郡文化的精髓，创建了人与自然和谐相处的大学校园环境，曾被山东省人民政府命名为省级“花园式单位”。

1. 校园绿化布局与景观设计相得益彰

（1）总体布局：校园总体规划外方内圆，两轴四翼，对称布局

校园以行政楼、图书馆、南北门为轴心构成南北轴线，樱花路构成东西轴线。两轴线将校园分为东南、西南、东北、西北四个主要功能区，东南区、西南区为主教学区，西北区为主生活区，东北区为主活动区，形成“两轴四翼”。

（2）绿化布局：两带一湖

①中心景观带。在南北轴线上依次布置三大广场形成中心景观带，三大广场分别为：

世纪广场，以南大门的校训墙作为景观序列的前奏，广场采用低矮的地被灌木和观赏草坪造型。广场中部是高高耸立的红色世纪风主题雕塑，形成广场的主景，体现了浓郁的校园人文情怀。

喷泉广场，中部为音乐喷泉，两侧用修剪的灌木造型作为和道路的隔离带，灌木造型用蜀桧修剪成树叶型，和小龙柏、金叶女贞、红叶小檗组成造型层次，体现广场的青春和朝气。每当音乐响起，喷泉随着音乐起伏跌宕，声、光、色的律动给整个校园带来了无限的生机和活力。

启智广场，地处图书馆南面，中间是造型独特、寓意隽永的钥匙形雕塑，蕴含书籍是开启智慧的钥匙，传承文脉的寓意。两侧的名人雕塑，烘托了广场的文化主题。中部是树阵排列，两侧是修剪整齐的低矮灌木，围合了广场空间，疏朗简约的广场风格、宏大而朴素的空间，赋予了图书馆理性、严谨、高效、快捷的时代精神。

②丛林带。校园内环路和外环路之间，有东西两大片的丛林带，面积约 4 万平方米。丛林带地处校园的中心位置，学生在此读书、交流、晨练，享受自然的静谧，林下纵横贯通的石板路延伸曲折，犹如乡村步道，朴实而精致。林下的座椅和小亭安闲摆放在树下，东侧的树林有七彩知识廊，简练抽象、寓意深刻的造型体现了学校的文化内涵。情景交融的意境、生态和谐的植物配植构成了大学校园特有的自然文化景观氛围。

③弘德湖。水面 11000 平方米，水深 1—1.5 米，蓄水量 2 万多立方米。水系南北纵向，湖岸弯曲变幻、聚分有致，湖水碧波荡漾，鱼翔浅底；南端耸立明志山，双亭桥横跨水面，与北端的石拱桥成为对景，水系布局具有中国古典园林山水体系山环水绕的特征，湖东岸采用石驳岸，连接亲水广场，雪白的拉膜亭与金色的沙滩沐浴在灿烂阳光下，凹凸有致的石驳岸与迎春、连翘的拱枝相依成景，亲水广场用鹅卵石铺就，亲切自然，错落有致，春季繁花似锦，秋季红叶似火，石拱桥西邻矗立一棵直径 1 米粗的国槐树，其谐音“国怀”，寓意励志莘莘学子“胸怀祖国”，其与明志山遥相呼应，增加了景观的层次，使景深更加悠长。

2. 绿化植物配置彰显“花园式”校园特色

校园绿化以自然式布局和绿色造景为主，树种选择坚持“适地适树”的原则，以乡土树种为主，突出生态效益和环境效益。种植时穿插乔木和灌木、常绿和落叶植物，既

有茂盛的树林，又有疏朗的草坪，密密层层的植物景观既隔绝了周围的喧闹，又净化了空气，为师生创造了清新优雅的读书环境。

（1）注重绿化立体化培植

按园林布局要求，合理配置园林中各种植物（乔木、灌木、花卉、地被植物等），植物分层配置、色彩搭配明显。不同的叶色、花色，不同高度的植物搭配，使色彩和层次更加丰富。如灌木类的紫叶小檗、金叶女贞和小龙柏形成紫、黄、绿三色搭配栽植，对比鲜明。低矮的小叶黄杨，中层次的红叶李、柿树、樱花，高层次的梧桐、银杏，由低到高，构成绿、红、黄等多层树丛。不同花期的种类分层配置，延长了观赏期，也发挥它们的园林功能和观赏特性。

（2）注重生态效应的群落式种植

按植物生态习性，校园设有海棠画廊、樱花大道、梨花园、牡丹园等，每到花期，竞相争艳。校园主干道的悬铃木无愧“行道树之王”之称，夏天绿叶娇翠欲滴，枝干交错，留下斑驳陆离的光影，在树荫下漫步，尽享无限惬意。校园三季有花、四季常青，其美丽景色常常刷爆师生的朋友圈，被誉为潍坊市十大美景之一。

（3）校园植物品种丰富，古树名木点缀景观

校园绿化树种多达 158 种以上，其中百年古树有人工湖的槐树、皂荚，行政楼周围的银杏，图书馆周围的柿子树等；稀有树种有荚蒾、琼花、海州常山等；名木有来自日本大学赠送的日本樱花、韩国友人赠送的韩国雪松等。丰富的植物品种为生物工程学院的学生提供了植物学实习场所，也为植物科研提供了便利，既利于学生的培养，又提升了校园景观的品质。

【案例六】济宁学院“十二景园”妆点美丽校园

济宁学院是“山东省绿化模范单位”，校园绿化面积达到 49.63 万平方米，绿化覆盖率达 54.2%，有各种乔灌木 152 种，花草 25 种，立体绿化，三季有花，四季常绿。精心打造的梅园、玉兰园、梨园、杏园、海棠园、樱花园、月季园、紫薇园、桂园、柿园、榴园、山楂园等“十二景园”，妆点美丽校园。

梅园有红梅、绿梅、雪梅、垂梅、乌梅、珍珠梅、美人梅、蜡梅、榆叶梅 9 种，共 300 多棵；梨园有树龄 30 年以上的大梨树 15 棵；杏园有杏树 80 余棵；玉兰园分紫玉兰、白玉兰两个品种，共 200 余棵；樱花园有樱花树 50 余棵；月季园 20 余个品种，共有月季 4000 多棵；海棠园有海棠树 300 余棵，主要为日本海棠、西府海棠和垂丝海棠；紫薇园现有紫薇花树 400 余棵；桂园有桂树 28 棵，主要为丹桂、金桂、银桂、四季桂、朱砂桂、九子桂；柿子园有柿子树 60 余棵，其中树龄 50 年以上的古树有 4 棵；石榴园有石榴树 100 余棵；山楂园有山楂树 30 余棵，其中树龄 30 年以上的有 10 棵。

十二个景园，分布在校园的各个角落，不同的季节，竞相展现出不同的风采，成为

广大师生读书休闲的神往之地，唱响了“文化后勤”的口号，成为生物类专业课程教学的实践基地和广大同学普及生物学知识的乐园，让同学们既领略了冬去春来时节“俏也不争春，只把春来报”梅园带来的丰富内涵，又感悟到了炎炎夏日下“不与繁花争斗艳，独占芬芳当夏景”紫薇园给予的心灵启迪。“感人心者，莫先乎情。”“十二景”园营造出的优美环境，反映出学校师生良好的精神风貌，使美丽校园成为广大校友永远的美好回忆。

【案例七】东营职业学院“四步法”改良土质，景观校园建设取得新成效

学院地处东营市中心区域，原土含盐量高，土壤盐渍化严重，土壤的有机质含量少，土壤肥力低，理化性状差，对作物有害的阴、阳离子多，作物不易促苗。学院采取“四步法”进行土地改良种植，经多年努力，景观校园建设取得新成效。

1. 对土地进行治理。一是对土地进行平整，对垃圾、石块进行清理。平整土地可使水分均匀下渗，提高降雨淋盐和灌溉洗盐的效果，防止土壤斑状盐渍化。二是对土地深耕深翻。盐分在土壤中的分布情况为地表层多，下层少，经过耕翻，可把表层土壤中盐分翻扣到耕层下边，把下层含盐较少的土壤翻到表面。翻耕能疏松耕作层，切断土壤毛细管，减弱土壤水分蒸发，有效地控制土壤返盐。

2. 增加有机肥。绿化带内清除的杂草、修剪的树枝及校园粪池制成的有机肥用于原土改良，平铺菌渣，然后进行深翻平整，增加有机肥，达到透气改碱的作用。不仅能提供全面营养，而且肥效长，可增加和更新土壤有机质，促进微生物繁殖，改善土壤的理化性质和生物活性，对土壤中的有害阴、阳离子起缓冲作用，有利于发根、促苗。

3. 加大日常养护。一是通过深耕暴晒，盐分逐步上升到地表，大水灌溉使土壤盐分溶解，通过下渗把表土层中的可溶性盐碱排到深层土中。二是适时耙地可疏松表土，浅春耕，抢伏耕，早秋耕，耕干不耕湿，截断土壤毛细管水向地表输送盐分，起到防止返盐的作用。三是增加化肥，化肥对改良盐碱的也有很大作用，化肥给土壤中增加氮磷钾，促进草坪、苗木生长，提高了草坪、苗木的耐盐力。施用化肥可以改变土壤盐分组成，抑制盐类对草坪、苗木的不良影响。

4. 选择合理种植方式。一是选择耐碱苗木，如刺槐、榆树等本地特色树种，高羊茅、狗牙根等耐碱草类，提高成活率。二是采取先植草后种树的模式，土质改良 10 厘米左右就能够植草。草皮形成后，可有效防止水分蒸发，通过喷灌进行压碱，土壤改良向纵深发展，一般经过 2 年后就可以种植树木。三是采取先植树后植草的模式，采取局部挖坑，坑底撒有机物，四周用塑料布隔碱，坑内更换种植土进行植树。树林形成后，可以为地遮阴，有效防止水分蒸发，通过喷灌进行压碱，土壤改良后进行植草。

通过四步法，学院改造盐碱荒地 45800 平方米，节约了资金，提高了花草树木的成活率。

【案例八】山东青年政治学院节约型园林建设

校园景观绿地建设本着节约型的设计理念，在景观设计的各个方面贯彻节约的思想。

1. 众创基地东地块的景观区。此地块南北高差为 5 米，结合校园需要，在此设置了一个阶梯式广场，减少土方量，节约施工成本，减少施工周期。基地覆土只有 80 厘米或更薄，结合现状，减少对原地形的改造，高度变化通过加入台阶进行消化，因地制宜，节约成本。植物景观将原来长势较好的乔木加以保留和利用，采用复层种植的模式，提高植物种植的生态效益。将植物合理密植，满足近期景观要求，并且以后也不会太过拥挤。植物浇灌用水为中水，节约植物的养护成本，发挥植物净化水体的作用。在排水方面，利用地形，局部采用下沉式，滞留和渗透部分雨水。采用透水铺装，促进雨水的下渗，或将雨水汇入绿地，让绿地对雨水进行初步净化和渗透后进入市政管网。道路在选线和选材上也体现了环保和节约。

2. 旱溪景观区。这个景观区也是节约型园林的典范。此处以山体为主，山脚下是校园规划路。从地形看，规划路的汇水压力大。如果不对山上的雨水进行有效的下渗，将对水资源造成浪费，设置旱溪是不错的选择。旱溪设置于道路一侧，使用其他工程施工中的废石料构筑而成，既节约了材料，又很好地与周围环境融为一体。旱溪底部没有经过处理，具有较好的渗透能力，能够渗透部分雨水。旱溪景观区主要植物为鸢尾、细叶芒等野生草花，养护成本低，但景观效果好。

3. 假山跌水区域。旅游实训中心南侧的假山跌水区域高差大约 7 米。巧妙利用自然山石的堆叠，形成具有江南韵味的假山，假山上种植四季植物，假山下结合地形形成水景，假山与植物倒映在水中，形成一派生机盎然的景象。此区域大多数植物是选用学校内过密的乔灌木移植至此的，节约了成本。

【案例九】山东商业职业技术学院打造绿色生态文化校园

学校在校园绿化、节能减排工作等方面投入了极大的精力，也投入了大量的人力、物力和财力，取得了可喜的成绩，连续多年获得“山东省文明单位”“绿化先进单位”“环境卫生先进单位”“节能减排先进单位”“山东省高校绿化管理工作示范单位”等荣誉称号。

1. 绿色校园建设工作的主要思路

把学校工作作为一个完整的生态系统，绿色校园建设在实现其基本教育功能的基础上，以可持续发展理论为导向，在全面的日常工作中将可持续发展思想纳入管理中，通过制订环境管理制度，开展有效的环境教育活动，创设环境保护的文化氛围。整体布局，合理配置，突出分区特色，学校在进行新校区整体规划的同时，还拟定了先绿化后美化的工作原则，各功能区特色明显。

2. 绿色校园建设工作的实践探索

校园绿化是绿色校园建设的重要组成部分。学校领导高度重视校园绿化工作，成立了由校长牵头的“绿化工作领导小组”和“绿化委员会”，每年都有专项预算。学校注重对广大师生进行有关绿化美化校园知识的讲解宣传，大家把学校看成自己工作、学习、生活的家园，校园绿化就是建设自己的美好家园。学校每年在植树节组织开展师生捐款植树大型活动，师生踊跃参加，校领导带头认种名贵苗木，学校师生植树捐款达到 60 余万元。学校专门制定了校园绿化管理制度、养护制度。这些规章制度是学校贯标 ISO9000 质量认证的需要，也是规范和指导校园绿化的具体要求，保障了校园绿化工作的制度化、规范化。聘请有资质、有实力的园林绿化公司——山东世博园林工程有限公司施工管理，签订责任协议，保种保活，常年对学院花木进行修剪、施肥、治虫、浇灌，做到了修剪合理、治虫及时。目前，累计种植各类苗木 17000 余株、模纹 13300 平方米、草坪 158000 平方米，绿化覆盖率达到可绿化面积的 100%，为全校师生工作、学习、生活创造了优美的环境条件。

将绿色校园理念融入学校文化。校园总体设计简约大气，路网设计多呈 U 形，形成了双U状主路网，其设计理念为“联合”（UNITE），包含“和合”或“和谐”之意，体现学院广泛交流，校企合作，产学结合，共同发展的文化要义；也体现着“学会关爱，学会合作，学会生存”的育人方向。同时，“U”是英文“大学”（UNIVERSITY）的首写字母，暗示着学校对大学文化内在品质的不懈追求。校园入口景观主流线与旅游路平行，从大门经过中心广场，通过平台直达该轴线的对景——图书馆。以图书馆和体育馆为端点，在教学实验综合楼和讲堂群之间设计学术主流线，组织起教学核心区的内部庭院空间，结合缓坡地形，丰富校园内部空间；结合双“U”状的主路网，形成环状生态森林带，把教学区、运动区和生活区有机联系起来。两条主流线的交点处形成约27亩的中心广场，与大门遥相呼应。在植物配置上以乔木树种为主，配植花灌木及地被植物，达到“三季见花，四季常绿”。在人文景观建设方面，学校充分挖掘环境育人资源，营造高雅的校园文化氛围。先后投资2000余万元，对校园环境进行综合整治，建成了以“商鼎广场”为中心的广场文化区，以“托起未来”院标和名人雕塑为中心的中轴线文化区，以“早晨八九点钟的太阳”群雕为中心的学生生活文化区，以人工湖为中心的教工休闲健身文化区以及“钟楼”“致远林”等10余处人文景点，建成了“羲之广场”、文化长廊、石海公园、白杨林等人文景观和“桂园”“竹园”“同道积贤”“在水一方”等19处学生休读点，涌动着追求知识、切磋技艺、催人奋进的文化氛围。卫生整洁、秩序井然的校园环境，在潜移默化中教育、熏陶着学生。

【案例十】烟台职业学院多措并举建设绿色校园

多年来，烟台职业学院在做好教学、科研、管理工作的同时，十分重视校园环境建设，牢固树立以人为本、环境育人的理念，通过做好校园规划、校企联合、校内人人参与、引进社会力量、加大投资力度、加快绿化步伐等措施，使校园环境建设取得了可喜的成绩。

在新校区的规划设计方向上集思广益，博采众长，科学论证、精心设计，力求做到实用性与艺术性、经济效益与社会效益的完美结合，和谐统一。学院借助原有的地理及自然条件，建造了“七星湖”“五柳广场”“休闲长廊”“风帆雕塑”及寓意深刻的“魔方雕塑”等，对栽植的树木做到五结合：

1. 落叶与常青相结合，以常青树为主；

2. 乔木与灌木相结合，以乔木为主；

3. 观赏树与经济树相结合，以观赏树为主；

4. 木本与草本相结合，以木本为主；

5. 点线面相结合，以点线为主。

以绿色环保、地域文化学校特色为主题，把经济适用、美观大方作为绿化的基本原则。做到配置合理、四季常青、三季开花，使校园内曲塘潋滟、佳木葱茏、碧草绿荫、花香流溢。校园绿化面积为277442平方米，绿化率为57.8%，绿化覆盖率达63%，人均绿化面积 17.34 平方米。乔木总数 19120 株，灌木总数 840 余万株，垂直绿化 1370 平方米，树木总品种达 163 种。校园绿化已基本形成了“片成绿、线成荫、点成景”的优美景观。实现了草坪为主、花木点缀、绿树成荫的格局，做到了平面绿化与立体绿化相结合、品种多样的木本植物与草本植物相结合、绿化美化与艺术小品相结合，达到了校园文化与校园绿化的自然融合，创造出了一个绿荫满地、环境优美、文化浓郁的办学环境。

学院倡导每个教师在校园认养一株树，每个班级都定点管理一片绿化责任区，使全体师生养成了爱花、护树、惜草的美化环境、共建家园的良好习惯。

逐步建立和完善了各项绿化管理制度，较好地做到了工作有目标、有计划、有标准、有检查、有考核，注意把好五个关口，即适地适树关、苗木入口关、挖坑换土关、树木栽植关、新植树木浇水关。购置外地苗木时，严格检疫手续，防止病虫害带入校园，根据病虫害预报，采取普遍检查与专人监控相结合的办法及时提出防治措施。

领导重视、措施得力是基础。科学规划，分期实施是关键。各方参与，共同建设是保证。

【案例十一】临沂大学引领生态校园建设

学校以绿色理念为核心，绿色文化为灵魂，绿色环境为基础，坚持绿色生态和以人为本，围绕“做亮主轴线、做优核心面、做精休读点”，打造以“金红绿蓝”为主体的可持续发展的生态绿色校园。其中，“金色”代表临沂大学人文与历史的文化景观，“红色”代表革命与传统的文化景观，“绿色”代表生态与活力的文化景观，“蓝色”代表开放与包容的文化景观。

围绕打造金色景观，充分体现典型沂蒙乡土树种特色，校园选用银杏作为骨干树种，混播四季青草坪作为底色。重视绿化人文景观设计，突出临沂地方历史文化，合理布置景观亭、景观桥、雕塑、奇石、假山和垂直绿化等多处小景观、休读点和休闲地，如沂滨抒怀、孔子群雕，校牌石、校风石、校训石、希望石等。校园纵向主干道以临沂籍的四位圣人命名，如书圣路、算圣路、智圣路、兵圣路等，同时以学校校训“明义、锐思、弘毅、致远”命名了四条横向主干道，临沂大学的校训也都出自临沂籍的古代圣贤典籍。图书馆设计为形似山体的集中式建筑，灵感来自于沂蒙山特有的岱崮地貌，既富有时代气息，又是体现沂蒙历史文化特征的标志性建筑。图书馆项目荣获国家建设工程最高奖——鲁班奖，2016 年，临沂大学校图书馆与北京大学未名湖、清华大学水木清华等同获十大最美校园地标称号。

围绕打造红色景观，将校史馆改造成为红色馆，该项目荣获全国高校校园文化建设优秀成果奖。在校园内设计了“支前”红色雕塑群、将军园（迟浩田将军在我校植树），建设了红色大剧院、滨海湖、星海广场等具有红色印记的校园设施和景观，这些都标记了学校的红色源头。学校坚持服务沂蒙的办学宗旨，“一馆三中心”（图书馆、实验中心、艺术中心、体育中心）等教育教学资源与社会共享，面向市民开放，为市民提供了良好的教育教学基地和休闲游憩环境，学校真正成为“沂蒙革命老区人民自己的大学”。

围绕打造绿色景观，依托现有自然环境条件巧妙构思，绿地布局均衡，功能合理，校园特色景观突出，生态效益优良。中央区域打造绿化核心景观，根据不同的地势和区域特点，分布建植了15个主题园区和休读点，如桂园、松园、樟园、水杉园、银杏林、生态湿地等，合理布置花圃、花坛、雕塑、奇石、假山等景观，栽种了5000余株古树名木，多种多样的植物群落，错落有致，使校园不同区域景色各异，一步一景，具有极高的观赏性，呈现出浓浓绿意和无限生机。

围绕打造蓝色景观，校区景观规划采用大面积中央绿地布局方式，在校区中央形成70公顷的核心绿地。在保留原有山丘自然风貌的同时，适当增加一些人造山体，围绕艺术中心、高尔夫球练习场、管理服务中心、公共教学区和教育学院建筑群区域形成30万平方米的环形水系，并使中心环形水系与祊河以及周边水系连通，形成一个完整的山水生态格局，建设了剑桥、水原亭等园林建筑景观，以及环校园的生态护校河，护校河与祊河水系相通，纳入校园整体绿化方案，打造了自然和谐的校园生态绿化系统。

临沂大学坚持“百年校园”理念，实施道路贯通、林荫道、片林提升和休读点“四项工程”，真正把校园环境与育人功能有机结合，为师生创造优美舒适的学习休闲环境。

注重加强绿化宣传工作，利用校刊、广播、橱窗、标语、新媒体等手段宣传园林绿化、义务植树的重要意义，使绿色环境保护理念深入人心。每年植树节组织市民和校友来校共同植树，挂牌认领树木。自 2009 年以来，临沂市林业局等部门、校友为学校捐赠树木 2 万余株，价值 200 余万元。

目前，临沂大学绿化用地面积 117 万平方米，绿地率为 66.3%，绿化覆盖率达 67.93%，校园内水系面积达 30 万平方米，有花木 230 余种。校园内青山碧水相连，蓝天白楼辉映，鸟语花香邀约，一派生机盎然的景色。2016 年，学校荣获全国绿化模范单位称号。

【点评】

高校作为教书育人场所，着力打造特色宜人的绿化景观，营造特定精神文化氛围，对于传达校园承载的历史和文化底蕴，增强师生的审美感和归属感，潜移默化塑造学生健康品格，起着重要的作用。校园生态文明建设也是全社会生态文明建设的重要组成部分，随着经济社会与高等教育的快速发展，社会各界和广大师生对美好校园景观环境、生态文明建设的需求不断提高，宜人高雅的美丽校园能传递出学校良好的精神风貌、文化内涵、审美情趣，熏陶和感染师生员工不懈奋斗，并影响和引领所在地区的生态文明建设。全省高校不断创新管理服务模式，注重实践融入体验，构筑育人树人平台，共创共享生态文明，校园整体绿化面貌和育人环境不断提升。高校校园要保持优美环境的可持续性，校园规划、设计和建设的生态性是基础，也是关键。绿色校园建设是高等教育发展和建设绿色大学的必然要求，也是高校提高人才培养质量、提高办学效益的紧迫任务。要坚持可持续发展的理念，以提高质量为核心，注重利用现代科学技术、设备，实现节约绿色。

第九章　高校校医院管理

国家医疗卫生改革以来，全国高校校医院面临着内外环境变化的压力。外部环境方面，国家的医疗体系和结构发生了重大变革，但高校医疗卫生工作模式变化不大，依据的仍然是1990年出台的《学校卫生工作条例》；内部环境方面，高校纷纷进行综合改革，校医院经费紧张、人员结构不合理等现象凸显，有的校医院逐步萎缩。生存下来的校医院，运转与发展受到内部机制环境和社会医疗体制的双重制约。各地市的医保政策对高校校医院的支持力度差距较大，部分高校已支持校医院实行了药品零差价机制，差价部分给予经费补助或以用工经费支持补平；国家对地方的公办基层医疗机构已有完整的运行政策支持和运营模式定位，高校校医院作为公办基层医疗机构在属地管理方面缺乏应有政策，各高校所在地区间也存在不平衡现象。

校医院由于环境形势的变化和体制上的相对固化，多年积累形成了一系列问题：骨干队伍断层，用工风险较大；设施、设备陈旧，影响服务质量；体制环境不平衡，政策性支持相对滞后；主营业务收入下降，自我运营能力减弱；激励机制缺失，运营活力不足；等等。在体制机制、人力资源、财务运营等方面，校医院的运行管理与现代医院管理模式差距越来越大，缺乏有效的管理手段和激励措施。主治科室基本上萎缩为一个综合门诊或全科门诊，已达不到一级医院最基本的条件。而从办学保障以及健康教育任务看，又必须有校医院，必须办好校医院，校医院改革势在必行。

【案例一】山东农业大学校医院改革——医联体建设

2017年，学校提出“建设双一流大学必须有一流的卫生服务保障”，对校医院率先进行改革。经多方调研、反复磋商，山东农业大学校医院与泰安市中心医院合作开展医联体建设，提升校医院的医疗卫生服务保障水平。2018年初，学校与泰安市中心医院签订《医联体合作协议》，按照协议约定和医联体发展规划布局，遵循技术支持和“先输血后造血”的模式，稳步推进医联体建设。

1. 强化急救技能和医院感染管理，提高医疗风险防范能力

泰安市中心医院为校医院购置赠送心脏除颤仪 D6、生命监护仪、简易呼吸器、电动吸痰器等价值约 8 万元的急救硬件设备，提高诊断能力。为规范、提升医院急救技能和医院感染管理知识水平，泰安市中心医院选派急救专家、感染管理专家对校医院进行全员培训，提升全体人员消毒隔离等院感管理意识和急救反应能力。

2. 开展医院之间人员交流，提高业务技能

校医院利用寒暑假安排职工到泰安市中心医院进修培训，提升职工的专业素养，尤其是安排年轻大夫到中心医院急诊科实训进修，帮助年轻医务人员提高诊疗水平。泰安市中心医院选派急救专业护理、病房护理人员各一名到校医院护理部工作，带动提升校医院的整体护理服务质量。

3. 设置专家特色门诊，实施优质高效医疗服务

设立医联体医疗服务办公室，为教职工及家属开通就医绿色通道和预约专家服务；开展高层次专家医疗签约服务，创新基层医疗机构家庭医生式服务。泰安市中心医院专家每周二至周六在校医院坐诊，校医院安排本校医生同时坐诊配合，与专家面对面学习

交流。

4. 逐步实施现代医院管理模式，提高管理水平

按照校医院综合改革方案，配合医联体建设，加强了制度建设，落实《校医院岗位职责》，加大了绩效考核分配力度，切实整顿工作作风；选派具有丰富管理经验的同志参与校医院的运行管理，按照中心医院的工作规范，严格细节管理。

医联体建设促使校医院克服了当前的人员、资金、设备、政策、体制等问题，服务师生的广度、深度进一步增加，服务的整体质量有很大提升，初步实现了改革的愿景。截至目前，泰安市中心医院援助医疗设备近 150 万元，社会机构援助办公设备近 38 万元；学校提供修缮改造经费 130 万元；校医院落实了药品零差价销售等国家医疗政策，扩展了业务服务范围，师生员工得到了实实在在的实惠。

【点评】

医联体建设是一条改革新路子，一是学校要从体制机制上进行支持，而且是自上而下的支持，医联体建设不是校医院内部的简单改良，其运行涉及两个单位间的人事、财务管理等方面沟通配合，需要合作双方共同努力、综合协调；二是国家和地方要从医疗政策方面进行支持，高校校医院期盼新的《学校卫生工作条例》尽快出台，统一平衡地区间的医疗、人事政策及医联体地方物价政策和医联体合作单位间的利益分配政策等；三是从长远上讲必须逐步建立起现代医院管理模式，有完整系统的业绩评价体系和激励机制。

【案例二】山东青年政治学院创新健康教育新举措

校医院主动拓展优质医疗资源，创新健康教育模式，开展丰富多彩的健康教育活动，在师生中宣传“健康第一”理念，积极营造良好的健康教育宣传氛围。

1. 瞄准新生入学关键期，加强新生健康教育

精心制作以就医流程、大学生居民基本医疗保险、结核病与艾滋病防控为主的健康教育处方，人手 1 份，从源头入手，通过专家进校园专题讲座，普及常见病知识和急救互救技能，提高新生的自我防护意识和保健能力，强化新生健康教育管理。

2. 抓住重要“卫生日”时间节点，创新健康教育举措

紧紧围绕“世界防治结核病日”“全国爱眼日”“全国爱牙日”“世界艾滋病日”等重要主题日节点，充分利用校网、广播、广告屏循环播放、宣传栏、微信、QQ 群等阵地和载体，采取师生喜闻乐见、易于接受的形式，开展卫生主题日健康教育活动。

3. 激励学生社团志愿者广泛参与，培育健康教育新生力量

联合校团委，在晨之曦社团成立结核病和艾滋病防控志愿者组织，充分发挥学生社团优势，定期吸收新成员，引导学生主动参与健康知识的学习与传播，不断深化构建无结核病和谐校园活动。学生社团参加高校卫生协会组织的防艾方案征集，取得了一等奖

的好成绩，还选送了 2 个作品参与近视防控微视频的活动。让学生在参与中得到教育，在教育中扩大宣传，营造了较好的宣传防控氛围。

4. 突出传染病防控，积极构建完善的传染病防控网络

将结核病、传染病作为学校传染病防控工作的重点和难点，坚持定期开展传染病防控讲座，强化校医院、学院辅导员、学生生活委员的三级防控网建设，形成联防联控的传染病防控体系，遏制传染病发生的各个环节，严禁传染病在校园内发生流行。

5. 引进优质医疗资源，开展个性化特色健康教育

以人为本，针对不同人群健康需求，拓展健康教育内涵，树立防病优于治病的理念，积极开展口腔、健康查体面对面、女性生殖等系列专题活动，并两次邀请宏济堂中医院来校开展中医咨询和义诊活动，免费提供防温降暑和清咽润喉茶，受到了师生的欢迎和好评。在教师中开展一对一的个体化医药服务，并针对老同志慢性病管理特点，与省千佛山医院文东社区卫生服务中心开展了家庭医生签约服务，设立了家庭医生工作室，每周定期为退休老同志提供医疗咨询和健康管理等服务。

【点评】

健康教育是非常重要的基础工作。把师生的健康挂在心上，责任落实在校医院的肩上，“树立防病优于治病的理念”是山东青年政治学院校医院健康教育不懈努力的工作内容，道理易懂，但要坚持做还是很难的。山东青年政治学院校医院千方百计创新方式方法，抓机会，抓重点，突难点，取得显著效果。

第十章　高校幼教管理实践研究

山东高校幼儿教育的发展，可以说是与全省高校的整体发展同命运、共呼吸的。计划经济体制下，为方便和服务本校教职工的工作和生活，几乎每所规模大学总务（后勤）部门都设有附属幼儿园。在长期办园过程中，高校附属幼儿园不断积累经验，扩大规模，大部分成为所在地的知名园，成为高校建设发展的坚实后勤保障。

1985 年，“山东省高校幼儿教育研究会”应运而生，山东大学幼儿园王波蓝园长任第一届理事长，山东省各地的高校幼儿园力量初见联合；1993 年，山东科技大学幼儿园范淑贞园长出任第二届理事长，山东省高校幼儿教育研究会以日益成熟的团体力量活跃在山东省学前教育界。但在 2010 年后，全省高校幼儿园被撤销至 30 余所，员工 1500 人左右。高校幼儿园在既不“公办”，f 又不“民办”，既无“公办性质”的政府财力拨款支持，又不能受到政策支持的自我运转的“两不管”环境下艰难生存。在进退两难的境地中，研究会担当在肩，后任理事长张卫东（山东大学幼教服务中心主任）首发《幼教春风何时吹到高校幼儿园——关注山东省高校幼儿园生存现状》一文，强力打开寻求学界舆论帮助的第一步。研究会牵头调研、积极论证，呼吁高校幼教的春风政策，争取相关部门的财力支持和政策扶持。终于在 2015 年，在各级部门和领导的关怀下，部分高校幼儿园获得了政府财力补贴，让更多高校幼儿园的孩子、老师们沐浴到新时代学前教育政策的温暖阳光。

近年来，高校幼儿教育研究会在山东省学校后勤协会的支持与领导迅速成长，不仅取得了第四届山东省幼儿园优秀自制玩教具展评活动“优秀组织奖”，荣获中国教育后勤协会优秀课题，还以突出的工作成绩获得了山东省教育厅颁发的“百佳园长”“百佳游戏”的荣誉。基于实践的理论研究，不断收获喜人成绩；基于先进理论的实践改革，不断取得工作实效，高校幼儿教育不忘初心，砥砺前行，在持续构建“管理标准化 · 队伍职业化 · 安全专业化”高校幼儿园工作体系的道路上，奋力走在全省幼教前列！

【案例一】山东大学幼教服务中心幼儿园安全防范网络体系的构建

怎样既能保障幼儿的身心安全，又能保证幼儿得到充分的自由自主的活动呢？为了解决幼儿园安全工作中出现的各种问题与矛盾，山大幼教团队本着“幼儿为本、贴近一线、指导园所、可行有效”的原则，从2011年申报中国学前教育研究会课题“幼儿园安全管理与教育”开始，历时7年，从繁琐的幼儿园工作中不断总结经验，在众多的经验中探索规律，升华理论并有效指导实践，完成了“构建‘三维’‘四化’安全风险防范体系推进幼儿园健康和谐发展”的研究成果。该成果荣获2018年山东省基础教育成果一等奖，被山东省教育厅选为山东省幼儿园教师远程研修核心资源和山东省“第一书记村”培训项目，多次在山东省各地市幼儿园以及“省培”“国培”进行交流分享，产生了良好的业界影响。

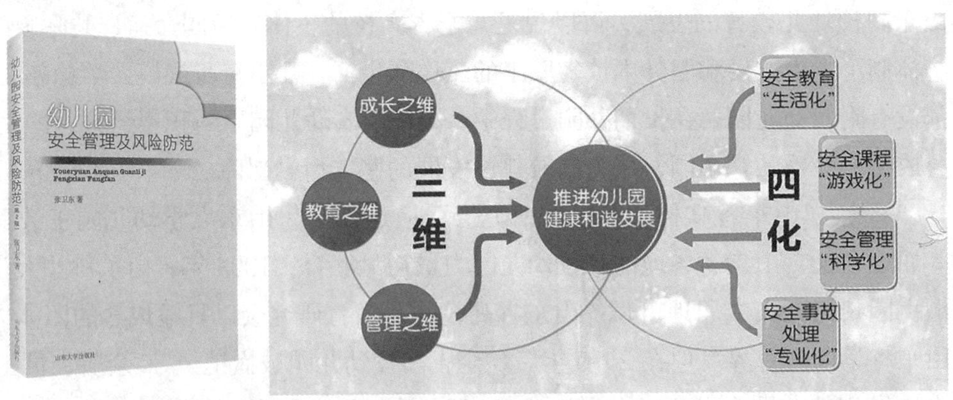

“构建‘三维’‘四化’安全风险防范体系推进幼儿园健康和谐发展”研究成果概览

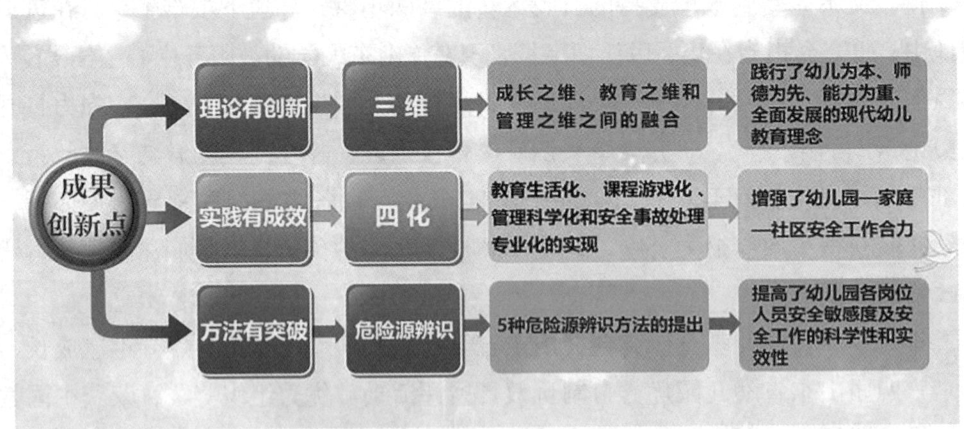

“构建‘三维’‘四化’安全风险防范体系推进幼儿园健康和谐发展”研究成果创新点

1. 危险源辨识与幼儿园安全

幼儿园里天天讲安全、日日抓安全，但是幼儿园的安全事故还是在一些“没想到”的地方时有发生。这是由于长期在一个环境中，“教职工干惯了、领导看惯了、大家习惯了”，麻痹思想与侥幸心理导致教职工对某些安全隐患“视而不见”“听而不闻”，这就是典型的安全敏感度不强的表现。因此，我们需要学会辨识危险源，增强危险预判能力，来有效提高安全敏感度。

什么是危险源？危险源就是我们常说的“危险之源”“安全隐患”。

什么是危险源辨识？其最早来源于工业生产领域。借鉴到幼儿园安全工作领域，就是通过直接经验法识别出能够对幼儿造成各种安全危害的潜在隐患，并对其进行分析预判，对其可能造成的后果进行风险等级评估，也就是识别危险之源并确定其特性的过程。

危险源辨识出来之后，我们要及时进行风险评析。按照幼儿园工作、活动中的风险程度进行分类，可分成可容性、不可容性两大类。

可容性：有些风险结果是可以接受的，如活动中的擦伤、磕磕碰碰，是可容的，可以理解的；有些是可以理解但难以接受的，如骨折、缝针等。

不可容性：有一些活动的风险结果是不能理解也不能接受的，例如烫伤、烧伤、死亡等重大安全责任事故。

通过危险源辨识，将这些危险源竭尽所能地排查出来，纳入到我们充分的预料与管理之中，对于那些不可容性的活动结果，要高度重视加以控制。

怎样进行危险源辨识？

一是分部门进行危险源辨识。即归纳总结幼儿园各部门工作中潜在的安全隐患，形成相应的危险源辨识项目，分析并制订危险源辨识清单，如班级、炊事班、保健室、传达室、后勤的危险源辨识清单。在清单表格中，设定出危险源、风险描述及导致后果、直接责任人、直接管理人员、管理标准、管理措施等，生成具有监督和管理效力的危险源辨识与控制清单。

二是按照一日工作流程进行危险源辨识。比如把幼儿园一日生活梳理归纳为六个主要环节：入园、户外活动、集体教学活动、区域活动、生活活动、离园，老师和幼儿一起在每个环节进行危险源的辨识，形成相应的危险源辨识与控制清单。

三是按照物的故障、人的失误、环境因素进行危险源辨识。表格中包括“户外”和“室内”场所，类别包括“物的不安全状态”和“人的不安全状态”。

四是按照幼儿园事故案例归因统计进行危险源辨识。搜集国内外幼儿园安全事故典型案例，进行“案例回放—原因分析—预防建议”，深刻反思事故的经验教训，做到警钟长鸣。

五是通过询问、交谈、现场观察、查阅有关记录、获取外部信息等方法进行危险源辨识。

具体运用哪种或哪些方法进行危险源辨识，可根据幼儿园、班级的具体情况而定，最终目的是把所有的危险源尽可能地辨识出来。

2. 一日活动的组织实施与幼儿园安全

幼儿从入园到离园，一日活动的组织与实施能否安全有效、科学规范，是衡量幼儿园教育质量的基本标准。山大幼教于 2014 年为山东省幼儿园远程研修开发了一套完整、清晰的“幼儿园一日活动主要环节的组织要点”学习资源，归纳为六个主要安全工作环节。

（1）入园环节“把四关”

“巡视关”重在“看”——快速排查危险源，“清洁关”重在“干”——安全操作要规范，“晨检关”重在“细”——身心安全都顾及，“活动关”重在“乐”——自主快乐做游戏。

（2）户外活动“三及时”

户外活动的组织形式主要包括早操（晨练）、户外自主游戏、体育教学活动。安全组织要点概括为活动前及时“准备”、活动中及时“关注”、活动后及时“整理”。

（3）区域活动“三有效”

有效地规划区域、有效地投放材料、有效地区域引导。区域活动中只要没有“不可容性”的安全隐患，教师就可以管住嘴、管住手，睁大眼睛、竖起耳朵去观察幼儿、记录幼儿的活动，解读幼儿的行为。

（4）集体教学“三做好”

做好活动准备，做好活动组织，做好活动反思。杜绝“小学化”的教育方式，避免因方式不当而对幼儿造成心理上的伤害。做好集体教学活动准备，除了“备孩子”“备教案”“备教法”，还应“备安全”。例如，有些集体教学需要用到剪刀、铅笔，那么活动前应对孩子进行安全使用剪刀、铅笔等物品的安全教育。在集体教学活动组织中，确保所有幼儿在教师视线范围内，及时纠正幼儿坐姿、用眼卫生等。幼儿和教师一起做好集体教学活动反思，制定常规，形成良好的集体教学秩序。

（5）生活活动“六部曲”

幼儿园的生活活动是具体的、琐碎的，主要涵盖喝水、如厕、盥洗、进餐、午睡、起床等六项内容，保教人员要不断地进行危险源排查、安全提醒、引导，付出更多的细心、耐心、爱心，逐步培养幼儿的安全自护能力。

（6）离园环节“三关注”

离园是幼儿园一日活动组织实施的最后一个环节。做好离园“三关注”：关注准备、关注交接、关注检查，为第二天的安全工作做好准备。

3. 安全教育与幼儿园的安全

秉承安全教育“游戏化”，安全教育“生活化”，“一日生活皆教育”的教育理念，不断进行幼儿园安全教育的探索，山大幼教主要有以下三个方面的实践：

（1）梳理安全关键经验——系统化、生活化的幼儿园安全教育

将安全纳入幼儿园课程，根据小中大班幼儿的年龄差异，梳理出幼儿安全教育目标

和关键经验要点。安全教育的内容涵盖幼儿生活的三大方面：

一是在园期间的主要活动环节，入园、离园活动、生活活动及室内、户外活动等；

二是家庭中的日常活动，如用火、用水、用电方面的安全常识等；

三是在公共场所应了解的公共规则和秩序，身边可能存在的危险，如何与陌生人交往，预防走失等。

有针对性地开展不同层次的教育活动。

（2）危险源辨识——体验式、反思式的幼儿园安全教育

哪里有安全隐患，就要在哪里开展安全教育。这里所说的安全隐患并不是要让幼儿去火灾现场，而是指对于幼儿来说，在生活中所有可能发生危险的地方，都应该是对幼儿开展安全教育的课堂。危险源辨识的主体不仅是幼儿园的教职工，幼儿也完全可以参与进来。在幼儿园设置相应的标识。此外，教师和家长在日常生活中也应该观察记录幼儿不安全的行为，并且抓住教育契机及时进行随机教育。通过真实生活中的案例，引导幼儿一起来反思，感知风险，提高自我保护能力。通过幼儿园与家庭协同教育的互动，逐步构建了“体验式”“反思式”的安全教育模式，使安全教育最终落实到幼儿的全面发展上。

（3）创编安全教育绘本——自主化、游戏化的幼儿园安全教育

安全教育的瓶颈在于有些教育内容可以直接带着幼儿去感知体验，有的内容是不能让幼儿去体验的，存在一定危险性，这部分内容就可以通过绘本进行教育，让幼儿理解并内化为安全行为。由此，师幼共同创编制作了一系列安全教育绘本。

幼儿的学习方式和特点决定了幼儿的阅读是身体的阅读，行动的阅读，他们只有在行动中才能实现对绘本的理解。讲一讲、说一说、做一做、玩一玩、唱一唱、演一演，逐步形成了以绘本为载体的自主化、游戏化的安全教育模式。

4. 良好的工作习惯与幼儿园安全

规范、系统、科学的幼儿园安全管理是幼儿园顺利进行保教工作的基本保障。当幼儿园的管理是规范的、系统的、科学的，培训也到位的时候，就要看工作流程、标准是否内化为教师的行为，变成了教师的工作习惯，如果不是，那么工作中就会有疏忽和漏洞。怎样养成良好的工作习惯呢？良好的工作习惯应建立在良好的工作“规则”之下。

首先，每位教职工都应认真解读并切实贯彻执行幼儿园各项“规则”，每日力行工作职责、标准、流程、要求，做到有计划、有实施、有记录、有检查、有改进。

其次，良好的工作习惯有赖于园领导班子科学的工作教育、督促与检查，帮助教职工有效内化“规则”，转化为稳定的工作状态。

5. 相关法律解读与幼儿园安全

2002 年，教育部颁布了《学生伤害事故处理办法》，其中第三十八条规定“幼儿园发生的幼儿伤害事故，应当根据幼儿为完全无行为能力人的特点，参照本办法处理”，

这就为幼儿园幼儿伤害事故的预防与处理提供了依据，也是我国目前唯一专门处理幼儿伤害事故的全国性行政立法。《学生伤害事故处理办法》的颁布与实施，结束了我国幼儿伤害事故处理无法可依的状况，对一些长期以来困扰司法实践并引起教育、法学界关注的焦点问题作出了法律上的明确回答。

（1）明确了幼儿园和幼儿之间的法律关系认定

《办法》施行之前，关于幼儿伤害事故责任的性质，众说纷纭，莫衷一是。主要聚焦在监护问题上：一是幼儿园承担完全监护责任，二是幼儿园承担部分监护责任，三是幼儿园承担准监护责任或一种特殊的临时监护责任，四是幼儿园承担委托监护责任。

《办法》第七条规定，学校对未成年学生不承担监护职责。这一规定结束了关于幼儿园与幼儿之间权利义务关系的纷争，也为处理幼儿园伤害事故提供了依据。既避免了受害人或监护人的过高或无理的要求，又保证了幼儿园依法应承担的责任。

幼儿园对幼儿不承担监护职责，那么幼儿园对在园的幼儿应尽什么职责呢？

幼儿园依法对幼儿负有教育、管理和保护的职责。其中教育是幼儿园的主要职能；管理是服务于教育的职能，是幼儿园为达到教育目的采用的方法和途径；保护是幼儿园履行教育和管理职能的基础要求。

从责任的性质上看，管理失衡和保护不周是承担法律责任的原因。

幼儿园唯有保护幼儿安全，才能完成其教育目的；幼儿园的保护终将通过幼儿园的内部管理行为达成。

此外要注意“保护”和“监护”有着本质的区别：

监护——对未成年人的人身、财产以及其他合法权益的监督和保护。

监护和教育保护的责任不同。监护为无限责任，实行无过错原则，只要被监护人致人损害，监护人不论是否有过错都要承担责任。

家长是幼儿的监护人，监护职责未经法律程序不能解除，无论孩子在家还是在幼儿园，家长都必须履行监护责任。

保护——幼儿园对幼儿尽力照顾，使之不受伤害，幼儿园尽可能保证幼儿的人身安全，尽可能防止安全事故的发生。家长有权要求幼儿园对幼儿实施保护。但幼儿园实施的这种保护一定是与教育教学活动有关的保护，而不是其职责范围之外的保护。保护为有限责任，只有当幼儿园有过错的情形下才承担相应责任。

（2）明确了幼儿伤害事故责任的归责原则——过错责任原则和过错推定原则

过错责任原则是指行为人在有过错的情况下才承担民事责任，没有过错，就不承担民事责任，过错是归责最根本性的条件。其次，过错责任是依照过错程度确定责任范围的。

需赔偿的应根据幼儿园的过错责任大小来确定；

如果幼儿园没有过错的可不承担赔偿责任；

幼儿的父母或监护人对幼儿的过错引起的后果，应该无条件地承担代为赔偿责任；

因第三者的过错引起的，第三者应承担相应的民事赔偿责任。

过错推定原则是过错责任的一种特殊形态，二者主要在举证责任上有所不同，对于幼儿及其家长来说，证明幼儿园在幼儿伤害事故中是否存在过错的难度较大，因此，为了保护无民事行为能力人的利益，《侵权责任法》加大了对幼儿的保护力度，将归责原则由过错责任原则（家长举证幼儿园有过错）变为过错推定原则（园方举证自己无过错），更好地维护了幼儿和家长的权益。

【点评】

山大幼教在追求卓越品牌建设的道路上，推进以“科学管理体系”“安全防范网络体系”“专业化幼教队伍成长体系”“文化建设体系”“园本课程体系”为代表的“五大支柱体系”的构建，创新探索高品质办园的内涵发展道路。每一支柱体系持续优化、螺旋提升，将山大幼教“养根教育、携爱同行”的办园理念切实落实到每一个孩子的成长上、每一位教师的发展上。其中，幼儿园安全防范网络体系的构建与应用，是幼儿园高质量发展的有力保障。幼儿园的安全是“1”，工作成绩是“1”后面的“0”，当安全“1”做好了，后面的“0”越多，价值就越高，但是，安全“1”没有了，一切都是“0”。所以，安全工作一定要“精益求精”，因为安全事故发生以后，它的破坏性很大，不可修复，不可逆转。

保障幼儿安全是幼儿园工作的重要组成部分，是社会关注的热点与焦点问题。构建实施“三维”“四化”安全风险防范体系，不仅提高了幼儿园安全管理定位，扩大了安全教育与安全管理的内涵，还进一步密切了成长、教育和管理之间的关系，提升了幼儿园的管理和教育理论水平，纾解了幼儿教师的安全工作压力，提升了各岗位人员的安全工作能力，提高了家长对幼儿园工作的满意度和信任感，使幼儿享受到高质量的学前教育。该安全体系可操作性强，对于幼教乃至高校后勤工作系统的安全教育、安全管理的实际工作都具有相当的可借鉴性，具有较高的推广应用价值。

【案例二】山东农业大学幼儿园基于高校资源的幼儿园种植课程实践研究

种植园是现代幼儿园必备的硬件条件，是幼儿亲近自然、感受自然、探索自然的教育场所。依托种植园和幼儿园自然环境所形成的种植课程是幼儿园课程的重要组成部分，对幼儿积累有益的直接经验、获得丰富生动的感性认识、形成终身受益的良好习惯和学习品质，具有不可替代的作用。《幼儿园教育指导纲要（试行）》指出：“幼儿园应与家庭、社区密切合作。综合利用各种教育资源，共同为幼儿的发展创造条件。”高校幼儿园作为幼儿园中的一个特殊群体，与其他幼儿园相比，有着资源方面的特殊优势。作为农业类高校幼儿园，山东农业大学幼儿园将高校资源与幼儿园课程紧密结合，充分挖掘、用好与幼儿园种植课程相关的优质资源，建构、梳理基于高校资源的幼儿园种植课程体系，为在园幼儿的后继学习和终身发展奠定良好基础。

1. 立足本土，结合实际，重思种植课程实践研究

农大幼儿园坐落在巍峨雄伟、风景秀丽的泰山脚下，隶属于山东农业大学，地理位置优越，拥有农业高校特有的广阔试验田、实验基地、花木种植基地及众多专家教授资源。多年来，幼儿园依托农大资源，把专家教授请进幼儿园，带领幼儿走进自然，初步形成了富有农业大学特色的园本课程。幼儿在观察探索、操作体验中学习，在感受自然之美、成长之美的过程中快乐成长。

但是，通过对现有种植课程的重新思考与审视，幼儿园发现仍存在一些需要探讨和解决的问题，如：

课程建构。种植目标应如何定位？种植内容的选择依据是什么？种植课程实施中如何体现幼儿的主体性参与与发展？如何评价种植课程？

资源利用。高校资源有哪些？如何挖掘利于幼儿发展的高校资源？如何将高校资源与幼儿园的种植课程相融合？

带着这些问题，幼儿园重新思考并实施基于高校资源的幼儿园种植课程实践研究，使之系统化、体系化、科学化。

2. 理论支撑，科学界定，为种植课程实践研究奠基

（1）寻找种植课程实践研究的理论基础

只有在相应理论的支撑下，幼儿园的课程研究才能保持正确的方向，才能在前人研究的基础上走得更远，克服幼儿园教育研究经验性、总结性、想当然的缺点。在种植课程研究初始，结合高校资源和种植课程特点，确定了三种理论基础。

①陈鹤琴的“活教育”思想。“大自然、大社会都是活教材。”要让儿童在与自然和社会的直接接触中，在亲身观察中获取经验和知识；儿童的世界需要儿童自己去探索、去发现，儿童自己所求来的知识，才是真知识，儿童自己所发现的世界，才是他的真世界。幼儿园种植课程为幼儿提供了一个微型的自然环境，幼儿可以在种植的过程中对自然进行自由自主的探索，获得更多观察、发现和管理的机会以及有关种植及植物或动物的经验，开阔幼儿的视野，增长知识。

②卢梭的“自然教育”思想。其核心是“回归自然”，即以自然的教育为基准，才是良好有效的教育；教育要以儿童的经验为基础，顺应儿童的天性，符合儿童的身心发展规律，儿童在自身的教育和成长中取得主动地位；儿童“周围的事物就是一本书”，应让大自然进入儿童的生活，使儿童通过活动，积累对周围事物的感觉经验。幼儿园种植课程尊重幼儿的兴趣、需要和已有经验，尊重幼儿的主体性发展，有效利用农大特有的农业类资源，带领幼儿到大自然中观察、体验、操作、探究，在活动中成长，在玩中学习。

③布朗芬布伦纳的“人类发展生态学”理论。人类发展生态学为研究儿童的成长和

发展提供了理论基础，关注儿童生活和成长的环境，对儿童的健康发展有着非常重要的作用；学校环境、社会环境和家庭环境对个体的发展起着重要的作用。幼儿园种植课程有效整合幼儿园、家庭、高校、社会的各种资源，为幼儿的种植活动创造一个具有关联性、整体性、互动性、动态发展的教育环境，营造安全、温馨、关爱的氛围。

（2）对高校资源和种植课程的界定

①高校资源。高校资源的界定有广义与狭义之分，狭义的高校资源是指高校的环境、人力、物力、财力等资源，广义的高校资源是指与高校密切相关的各类资源。本研究中，我们将高校资源界定为广义的高校资源，既包含高校本身的资源，如高校优美的自然环境资源、文化资源、高层次高水平的专家教授学者院士资源、众多的大学生资源、设施设备资源、教学基地资源；也包括高校所在的社区资源，如社区环境、社区工作人员和居民、社区范围内的房屋建筑商店等；还包括高校共建单位的资源以及在高校幼儿园就读的校外幼儿家长资源。

②幼儿园种植课程。幼儿园种植课程是以种植为载体或中介的课程，幼儿园教师根据各年龄阶段幼儿的身心发展特点、兴趣需要，选择与幼儿实际生活密切相关的种植内容，充分挖掘与种植相关的高校资源，通过多种方式使幼儿获得有益的发展。幼儿园种植课程，不仅着眼于选择种植与幼儿生活密切相关的各种花卉、蔬果、农作物，引导幼儿参与种植，了解种植方法，还关注幼儿对植物的生长过程的变化及特征的认知、观察记录能力的培养、饮食习惯的养成，更关注幼儿在课程中所形成的热爱自然、爱护植物、敬畏生命、乐享生活、保护生态的情感态度。

3. 课程建构，资源整合，探索实施种植课程实践研究

（1）幼儿园种植课程建构

①目标定位。为避免幼儿园种植课程中出现为了种植而种植、各年龄段种植目标混淆无层次、具体目标制定表述混乱不适宜等现象，幼儿园充分考虑幼儿的后继学习和可持续发展，结合农业大学的资源特点，分别制定幼儿园种植课程的总目标、阶段目标和具体目标。

总目标。亲自然、爱生命；知科技、爱科学；重参与、乐探索；观特征、获经验。

阶段目标。小班：认识生活中常见的蔬菜、农作物，发现植物的多样性，愿意尝试种植，在成人指导下简单照顾种植植物，关注其生长变化，体验种植的乐趣，喜欢种植活动。中班：认识常见蔬菜、花卉、农作物，了解其生长过程，能用工具和简单技能种植，关注种植园植物的生长变化及异同，尝试用自己喜欢的方式记录，发现植物、农业科技与人们生活的密切关系，爱护植物、热爱自然、敬畏生命。大班：认识幼儿园及周围生活中的多种植物，关注其生长环境、条件、变化并记录，能够合作种植、自主管理，了解科技种植与人们生活、动植物与人们生活及自然环境的密切关系，懂得尊重生命、爱护环境。

具体目标。主要是指单个种植活动的目标，应注意做到：目标表述角度要一致；结合幼儿年龄特征和已有经验制定目标，目标要适宜；目标制定切忌大而空，要具体，具有可操作性。

②内容选择。幼儿园种植课程中，种植内容的选择要遵循以下原则：

多样性原则。每个班级种植不少于3种植物，全园各班种植植物尽量避免重复；蔬菜、花卉、农作物、树木、藤蔓、叶类、果类、根茎类，尽量都要涉及，避免单一种植。

季节性原则。结合季节、节气选择种植内容，如谷雨前后种植豆类植物；可种植的过冬蔬菜有香菜、大蒜、菠菜等；春季种植内容避免跨季，如不要选择9月后收获的花生、玉米、秋葵、向日葵等。

资源性原则。根据梳理出的可利用的农业大学优质资源选择种植内容，如选择可到教学基地、实验田参与收获的玉米、花生、红薯、马铃薯、小麦，以及与专家教授研究相一致的各类蔬菜等。

③幼儿的主体参与及完整经验的获得 。基于高校资源的幼儿园种植课程注重幼儿在种植活动中的主体参与，从种植内容的选择、土地的整理、育苗播种移栽、捉虫浇水、间苗打杈、观察记录、收获、美食制作、采卖分享、种子采集等各个环节，到借助高校资源组织幼儿外出参观、实践，再到种植课程延伸到各个区域活动的所有过程，幼儿亲身参与，动手实践，可获得全收获的完整经验。

④预设与生成相结合。教师既要根据幼儿的兴趣、需要、季节特点、已有种植经验，有计划地预设种植课程方案和即将开展的各类种植活动，实现既定的教育目标；又要及时捕捉种植过程中、资源利用中发生的各种教育契机，准确地做出价值判断，不断生成新的有意义的课程。

⑤课程评价。在原有幼儿评价、教师评价、家长评价的基础上，邀请提供高校资源的相关人员对幼儿园种植课程进行评价，听取其意见和建议，以期完善、提升种植课程质量，更好地促进幼儿发展。

（2）高校资源整合与运用

①多途径挖掘高校资源。发挥幼儿家长的职业优势。幼儿园半数以上的家长是农大各院系各部门的专家、教授，另外还有果树研究所等校外单位的家长。在种植活动中，班级教师充分挖掘这些家长资源，争取家长的积极配合，班级种植课程开展得有声有色。例如，果树研究所的家长给班上幼儿提供育好的西红柿苗，并亲自到幼儿园来指导幼儿种植；在西红柿成长过程中，指导教师和幼儿如何给西红柿打杈，如何调配无公害的药水消灭西红柿叶子上的小蜜虫。又如，中一班的家长，农大园艺学院教授，在幼儿探索与植物共生的蜜蜂、蝴蝶的活动中，带来了各种昆虫的标本和显微镜，引导幼儿观察、探究，激发幼儿对昆虫的兴趣。

发挥家长委员会的作用。在幼儿园的家长委员会上，向家长展示利用部分高校资源组织幼儿开展种植、参观、实践活动的照片和视频，并说明种植课程开展的重要意义。家委会成员积极献计献策，帮助提供，梳理利于幼儿园种植课程开展的高校资源。例如，食品学院的家委会成员帮忙联系参观食品学院葡萄酒制作，来园指导幼儿制作柿子酱；林学院的家委会成员邀请大班幼儿参观林学院工厂，尝试制作小家具；园艺学院的家委会成员帮助联系参观农大苹果树实验园，了解科技施肥与灌溉。

争取学校各部门的大力支持。高校各部门中也蕴藏着丰富的资源，结合种植课程的开展，幼儿园先后争取了图书馆、校史馆、实验室等部门的大力支持，组织幼儿参观图书馆和电子阅览室，体验现代智慧图书馆图书借阅的流程；组织幼儿参观机电学院实验室，了解现代农业机械化种植与收割，感受科技的魅力，了解农业科学与人们生活的关系。

通过网站与新闻报道挖掘高校资源。及时关注高校网站、高校共建单位网站及相关新闻报道，也是挖掘优质教育资源的一种有效方法。

发挥大学生社团的作用。关注并了解大学生社团活动，挖掘支持幼儿园种植课程的资源，邀请他们进园与幼儿一起开展种植活动。例如，邀请“大学生创行团队因材施酵项目组”的同学来园指导幼儿种植各种花卉，既拓展了幼儿的种植经验，又增进了幼儿与大学生的互动交流，收到了良好的效果。

发挥幼儿园食材供应方的作用。幼儿园对使用食材的要求非常严格，青菜是当天早上在基地采摘后送到园里的，牛奶、酸奶、肉类、海鲜提供者也是当地著名品牌且有养殖基地的。这些食材供应方也为幼儿园种植课程的开展提供了优质的教育资源。

充分挖掘高校隐性资源。高校中还存在一些非常有价值的隐性资源，比如，一所大学的校训、校史，浓厚的学术氛围等等。在走进校史馆的活动中，幼儿通过大量的照片、图片及生动的讲解，了解学校的发展历程，特别是为学校做出贡献的众多专家教授以及“登高必自”的校训，萌发“爱农大，爱科学”的情感，有的幼儿参观之后笃定地告诉老师：“长大我也要当科学家！”“这是我爷爷，我也像要爷爷一样。”这种隐性资源会对幼儿产生潜移默化的重要影响。

②高校资源的分析与评估

通过多种途径对高校资源进行挖掘之后，要遵循一定的原则进行分析、评估、梳理，以便需要的时候能够及时使用。主要原则有：

兴趣需要原则。高校资源要贴近幼儿的生活，符合幼儿的年龄特点，引发幼儿的兴趣，被幼儿所需要。

价值原则。高校资源要对幼儿的发展具有一定的价值，推动幼儿在最近发展区适宜发展。

安全性原则。挖掘的高校资源对于幼儿来说必须是安全的，幼儿在参观、实践的过程中不产生任何危险。

融合性原则。挖掘、利用的高校资源尽量与幼儿现在正在开展的种植课程相一致，能够融合在一起。

③高校资源在种植课程中的运用

基于高校资源的种植主题活动的预设与生成基本流程，如下图。

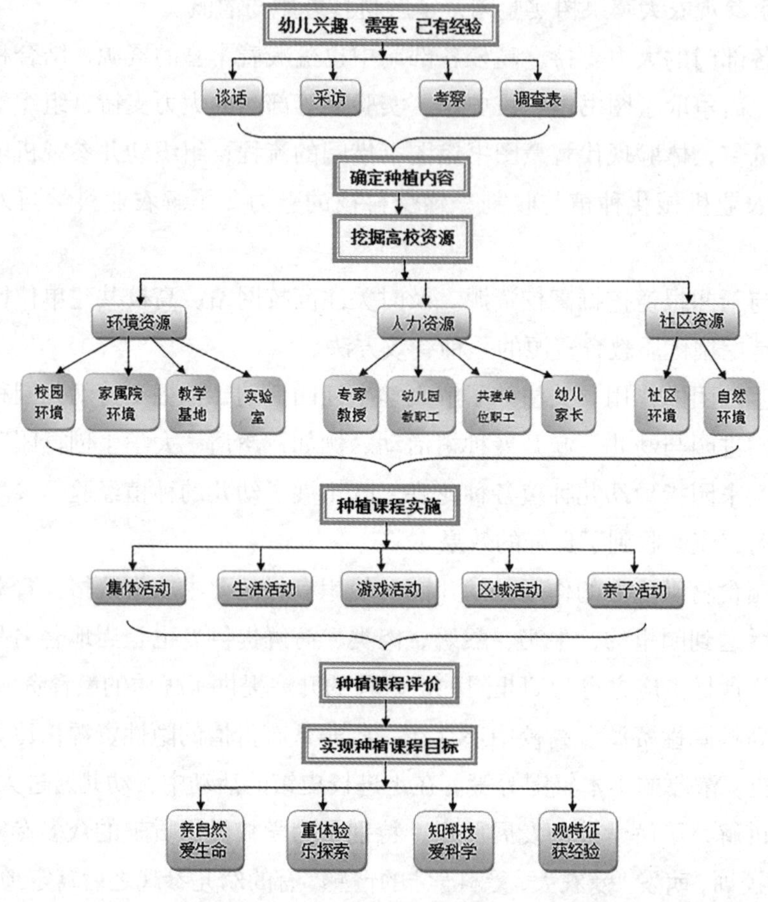

种植主题活动的预设与生成基本流程

注重高校资源运用过程中资料的收集，以便后期更好地开展与种植课程相关的区域活动、游戏活动。

利用高校资源中的人力资源，邀请他们参与幼儿园环境的美化与设施设备的添置、改造。

将高校资源挖掘、运用的经验形成常态化的制度，促进幼儿园的健康可持续发展。

在利用高校资源开展种植课程的过程中，关注并推动教职工科学教育观、儿童观、课程观的建立，提高教职工利用资源、整合资源的意识与能力。

【点评】

山东农业大学幼儿园通过挖掘高校资源开展种植课程的实践研究，对高校资源进行界定、评估、挖掘、梳理、整合、利用，充分发挥高校资源的优势与特点，使高校资源与幼儿园种植课程相融合，服务于幼儿园的课程建设，服务于幼儿的健康可持续发展；同时，研究的开展建立在理论指导的基础上，具有一定的科学性和可行性。本研究为其他高校幼儿园有效利用高校资源进行课程建设，形成自己的办园特色，提供了新的理论观点，具有一定的参考和借鉴价值。

【案例三】山东科技大学幼儿园深耕细作铸就品牌幼教，六种意识擦亮办园成色

山东科技大学幼儿园全面贯彻党的教育方针，以"发现师幼的价值，发挥师幼的潜能，发展师幼的品质"为办园理念，明确办园方向，在园所发展中，深耕细作铸就品牌幼教，六种意识擦亮办园成色。

1. 树立品牌意识

山科大幼教品牌早在 20 世纪 80 年代就已被全省同行熟知和认可，坚持保教一体和育儿德智体美全面培育，依托学校办学优势、定期策划科普宣讲、科教知识小专家、宝贝科技周等活动激发孩子们的科技兴趣，组建专家辅导团知识进园、赋予幼教工作新内涵。大学办园，人文环境、自然环境、生态环境优越，师资、校园、医疗、人才、文化、科技、媒介等诸多资源丰富，为园所的建设、管理和发展，提供了雄厚的支持。

（1）开放式生态教学特色。山东科技大学被称为"全国森林式最美大学校园"，幼儿园充分利用园外生态环境优势，开展丰富多彩、寓教于乐的"周二森林校园游"活动，有计划、有目标地组织践行活动，鼓励幼儿利用各种感官到大自然中观察探索求知，为幼儿的户外绿色教育提供广阔的生态教学空间。

（2）科技创新特色。在幼儿教育中融入大学科技文化元素，利用"走出去、请进来"的方式，设计丰富多彩的科普活动，如，请交通学院的大学生为幼儿解析交通及法规，培养幼儿的文明出行意识；组织幼儿走进大学图书馆、地球科学馆、校史馆，引导幼儿读书、探索、体验；到电气与自动化工程学院参观机器人实验室，观看大学生操作不同性能和用途的机器人，了解机器人的基本工作原理；园内配备"发现探索室"，对幼儿进行科普知识的启蒙教育，使幼儿了解科学的魅力，为幼儿打开科学兴趣的大门。

（3）大学资源情境场特色。围绕幼儿园 2019 年课题"利用主题情境场课程，促进幼儿深度学习的策略与指导"，经与山东科技大学教务处联系对接，制定出符合幼儿年龄特点的情境场活动计划。充分利用大学教学资源点亮儿童世界，促进儿童启蒙，如，到艺术学院、逸夫楼观看美术专业毕业生作品展，文法学院观看模拟法庭等，为幼儿教育营造浓厚的大学文化氛围。

（4）艺术教育特色。引进专业艺术教师，加大对教师的艺术素养的培育，在幼儿艺术教育教学中发挥巨大艺术教育作用，如，教师舞蹈课、古筝课、乐器欣赏课、声乐欣赏课、儿童话剧，综合提升教师和幼儿艺术素养。成立云水教工艺术团、小海鸥儿童艺术团，利用六一、毕业季和大学各类文艺演出，展示师幼魅力。

（5）体能教育特色。充分利用大学体育教学资源，尤其是体育教授和场地资源，对幼儿进行体能测验和体能培养，对幼儿身体健康进行科学检测，建立个人健康档案。每周开设教师体育课程，综合提升教师体育教学水平。进行球类训练，从幼儿期激发幼儿对球类运动的兴趣，增强幼儿体育技能及素养。

2.坚持目标意识

每学期开学前全员拟定学期目标、月度工作重点，实现教师的自主管理和园里目标建设保持协同一致。每学期初、末两次全面家访和期中“特殊”幼儿关照家访搭建起家园共育平台，就是目标意识管理的成果之一。

（1）园内制定长远的五年规划和近期的学期发展规划和目标。通过各岗的周、月、季度、学期、年度总结计划传达，明确每个规划切实可行，体现方向性、科学性。在这一过程中，不断理清思路，调整充实发展目标，减少盲目性和主观随意性。

（2）每名教师会制定翔实的个人职业发展规划，明确个人努力方向，幼儿园层面会根据每位教师的自身特点及发展方向分梯队进行培养。

（3）通过学期初、学期末的家访活动，切实加强幼儿园和家庭、教师和家长的联系，争取家长的密切配合，充分让家园达成教育共识。

3.团队建设意识

以幼儿教育为本，以保证教育质量为核心，从园长到级部长到班级落实双岗双责和实施“四化”（系统化、规范化、条理化、程序化）“三全”（全面、全员、全程）团队管理，进行幼教工作全链条质量设计与监测，把全岗全员纳入“幼教服务网”“教育质量链”中。

（1）实施四化管理，形成民主决策程序、评优激励考核、测评督导体系、规范活动方案以及会议纪要管理、规章制度学习等一系列的管理制度体系，做到责任明确上墙、财务规范公开。

（2）通过对以往幼儿园教师绩效评价方案的重新梳理与修订，将各岗评价、出勤率、工龄工资进行重新制定，新出台的绩效评价方案通过提升总奖励金额，严格评价机制，不仅增强了教职工的工作积极性，同时还减少了幼儿园的成本支出。另外通过加大岗位工资差距，加固园内层层管理的组织网络，保障常规工作的有效开展，提升工作质量。

（3）幼儿园明确后勤管理处领导下的园长负责制、教师聘任制、岗位负责制、结构工资制，各类人员定岗、定员、定责，每人均实现双岗双责，责任到人。保教人员全部实行月工作考核，考核结果直接与结构工资挂钩。各管理人员对日常工作随时进行检查、指导、评估。

4. 全面服务意识

管理层为老师服务好、老师为孩子服务好、家长支持办好园，每年的“服务办实事”“服务幼教行”活动成为常态工作，也成为家长关心、孩子喜爱、老师热爱的爱园建园兴园的重要载体。

（1）每周对全体教职工发放“教职工意见填写表”，针对园内、班级管理、个人建议提出合理化提议，经班子会研讨后于周一全园会给予教职工答复。充分体现幼儿园管理层的服务精神，解决教职工工作及生活中的问题。每月一次的教师生日会上，来自幼儿园的真挚的生日祝福、餐饮部倾情制作的美味蛋糕，让老师们感受到家的温馨和舒心。

（2）特殊幼儿的管理。制定幼儿健康普查表，每学期对幼儿的身体健康状况进行一次调查登记，对于特殊幼儿、过敏体质幼儿单独建档，便于进行更精细的照顾和管理。为对海鲜、鸡蛋等食物过敏的幼儿单独制作食谱，保证每名幼儿营养均衡，健康发展。为了更好地播撒关怀，山科大幼儿园开放怀抱，实行全纳教育，为特殊儿童敞开了大门。各班级教师在全面了解班级幼儿情况的基础上，针对班级特殊幼儿制定个性化发展跟踪观察记录，力求能帮助每个孩子不断进步和成长。如面对先天性听力智障幼儿，幼儿园老师没有区别对待，而是引导全班小朋友平等地善待身边的每一位小朋友，感知爱与被爱的力量，学会如何去爱，并把这种爱更好地延续传递下去。

（3）教师公开承诺，优质服务。做好情绪管理微笑服务，热情接待每位家长和幼儿；做好专业服务，组织好每一项活动，让幼儿活动后都有所获益；做好细节服务，以身作则、身正示范，为幼儿树立良好的教师形象，让幼儿有模仿的榜样；做好幼儿健康成长服务，平等对待每一位幼儿，及时发现幼儿闪光点，认真撰写幼儿成长记录与学习故事。

（4）重视家长工作，制订家委会工作方案。设有三级家委会，制定工作计划、听取家委会意见与建议、参加保教质量的评价与总结。开办家长学校，教授家长先进的育儿理念和方法，建设家长园地，分享家教经验。

5. 普法教育意识

依托学校文法专业师资和社会法律援助，办好家长法制宣讲学校，绘制法制画报，编发法治简报，开发幼教普法教案，开展普法教育进课堂，开展大手拉小手当好守法小公民活动，打造安全园、文明园、和谐园。

无法不立、无预不立，依法办园、规范办园。幼儿园联合山东诚功律师事务所，共建“法治宣传教育示范基地”，在师幼及家长中开展法治宣传教育，培养师幼法治意识，提高法律素养。深入持久地进行法治宣传，带动家长增强法治意识，学法、守法、用法。

6. 永葆创新意识

以价值实现为导向，以推动幼教创新发展为主线，将教师业绩、教育质量和成长发展纳入考核系统；“最佳幼师”“最美保育员”评比、讲课比赛、课件开发竞赛、“四季主题课程”交流等年年办好，用搭建创新平台把好队伍建设质量关；组织年度教师量化考核分级和技能竞赛，把好绩效管理质量关；坚持教学研究五部曲模式，把好教学教育质量关；聘请家长担任“幼教督导”，夯实幼教服务质量关。

（1）针对教师队伍建设，从实际出发，将提高教师综合素质作为课程改革的关键，组织教师采用集体学习与自学相结合的方式，树立新的教育理念，让教师明确幼儿园教育是基础教育的重要组成部分，为幼儿一生的发展打好基础。

（2）教育活动进行教学研究五部曲模式，即“级部研讨→分管副园长研讨→专家指导→备课→汇课”，教师在教育活动结束后及时反思、调整，将每节教育活动的价值发挥到最大，业务园长坚持推门听课，定期举行示范课、研究课、菜单式教研，并组织教师进行情景式研讨，通过这些活动充分调动广大教师的积极性，促进教师的专业成长。

（3）园内各项活动在传承基础上加以创新，渗透爱国教育、节日教育、经典诵读，引导幼儿喜欢传统文化，培养幼儿的传统文化素养。在此基础上，幼儿园将青岛的海洋文化、齐鲁的传统文化、中国的民俗文化，作为特色教学内容，使幼儿了解中国传统节日、品味中国味道、体验中国民俗、感受长辈厚爱和老师恩情。

（4）2018 年 4 月和 12 月，山科大幼儿园先后举办两次“爱与被爱”青岛西海岸幼儿教育研讨会，提供开放教育的系统教学体系经验，分享大批国内外先进幼儿教育理念，促进幼教同人的深入交流。

【点评】

山东科技大学幼儿园通过“六种意识”，从基础层、保障层、文化层、战略层方面，深入浅出地对园所管理进行了详细阐述，强调细化管理，做到凡事有准则、有担当、有程序、有监管、有改革。“品牌意识”彰显特色，依托大学办学优势、深挖大学资源；“目标意识”全员协同一致，具有前瞻可操作性；“团队建设意识”构建双赢体系，促园所、

教师共成长；“全面服务意识”由内及外，服务创新增强凝聚力；“普法教育意识”，培养师幼及家长法治意识，提升法律素养；“永葆创新意识”让园所工作充满生命力。

【案例四】山东理工小博士幼儿园文化与制度建设研究

山东理工小博士幼儿园隶属于山东理工大学，2006 年创办，现有两个园区，分别坐落于山东理工大学北校生活区、东校区内，设置托、小、中、大 17 个教学班，先后荣获山东省示范幼儿园、淄博市十佳幼儿园、全国高校后勤服务优秀单位、山东省“食品卫生管理 A 级单位”、淄博市“绿色餐厅”、淄博市“工人先锋号”等荣誉称号。

幼儿园始终把安全放在幼儿园最高位置，作为开展一切工作的出发点和落脚点，将幼儿教育融入山东理工大学全员育人、全程育人、全方位育人中，在为学校“五有”人才培养贡献力量的同时，实现人民群众对“幼有所育”的美好期盼。

1. 总结办园经验，创新内部管理

认真总结办园经验，对内部管理体制改革创新，成立办公室、人力资源财务部、教学部、教学质检部、安全管理部和餐饮部，分工协作，归口管理，提高工作的执行力，确保工作落到实处。

2. 凝练办园理念，构建幼儿园文化

文化能为人民提供坚强的思想保证、强大的精神力量、丰润的道德滋养，必须不断加强文化建设。对幼儿园而言，文化是办园的宗旨，是工作的思路，思路决定出路，创新赢得未来。凝练办园理念，构建幼儿园文化。办园宗旨为“安全、健康、快乐、幸福”。安全是关键，健康是重点，快乐是方向，幸福是目标。培养目标是“会倾听、勤思考、善表达”。其中，“勤思考”是幼儿培养的重点。教风为“学而不厌，诲人不倦”。学风为“玩中学，学中玩”。办园宗旨、培养目标、教风、学风构成幼儿园文化体系。

（1）办园宗旨

安全，对幼儿园而言是关键所在。牢固树立“安全第一”的思想，始终将安全工作放在幼儿园的最高位置，作为开展一切工作的出发点和落脚点。

健康，是幼儿园工作的重中之重。人生成长的过程中，不同的年龄阶段，需要做不同的事情，其侧重点是有差异的。这个年龄阶段的幼儿，就像刚出生的禾苗，迫切需要浇水施肥，摄入科学的营养物质，才能健康成长。

快乐，是幼儿园努力的方向。尊重幼儿的天性，为幼儿创造快乐的环境，引导幼儿感受快乐，让幼儿在快乐中养成终生受益的思想品德和行为习惯。

幸福，是幼儿园工作追求的目标。幼儿是祖国的未来，民族的希望。幼儿幸福，家庭就幸福；幼儿不幸福，家庭也无幸福可言。

（2）培养目标

会倾听。老师在执教过程中，启发幼儿学会倾听，并且能听出重点（问题）是什么。

勤思考。启发幼儿听完之后，针对听到的重点（问题），通过大脑“处理器”的深入咀嚼思考，找出解决问题的思路和对策。重点是培养幼儿思考问题的方法，开阔幼儿的视野。

善表达。引导幼儿在找到解决重点（问题）的思路后，通过肢体言语、口头语言和书面语言形式表达出来。这是幼儿培养的落脚点。

（3）教风

学而不厌。人没有生而知之的，干什么就要学习什么、研究什么，教师要通过学习不断提高自己的执教能力和履职水平，扎实做好幼儿保教服务工作。

诲人不倦。老师有了知识和能力，要腹有诗书传弟子，将知识和能力传授给幼儿，让其学得做人的道理，养成良好的思想品德和行为习惯。

（4）学风

玩中学。幼儿的学习以游戏活动为主，让幼儿在游戏活动过程中，学到基本知识和基本能力，养成良好的行为习惯。

学中玩。创设迥异的场景，营造不同的氛围，让幼儿玩得快乐。

3. 采取措施，保障幼儿园文化的实现

遵循幼儿身心发展规律和特点，以“功成不必在我”的境界和“功成必定有我”的使命担当，坚如磐石的毅力，只争朝夕的紧迫感，“咬定青山不放松”的执着，采取切实措施，把幼儿园文化落实到位。

（1）用制度的刚性约束来保障安全

按照上级业务主管部门的要求，聘任安全“六校长”，从专业技术的角度出发，强化幼儿园的安全。规范各岗位的安全工作质量标准和工作流程，细化幼儿园一日工作各环节内容，制订《一日活动教师作业指导书》《食堂工作手册》《安全处理应急预案》等规章制度，避免安全事故的发生。

（2）打造“食材精、有机品、营养丰、制作良”的饮食文化，确保幼儿“健康”成长

食材精。通过公开招标的方式，引进优质的食材供应商，提供最佳的食材。比如，肉类，选用牛肉（牛腩、牛里脊、牛腱子、牛肉）、猪肉（小肋排、精肉）、鸡肉（鸡翅中、鸡大腿）；乳制品，以酸奶为主，辅之纯奶，因为酸奶营养高易消化；油脂类，选用莱阳“鲁花”牌花生油等。考虑到幼儿饭量小，采购的食材要精。

有机品。食材有机环保，农药残留少或无残留。海鲜类，主要吃深海鱼，比如刀鱼、鲅鱼、鲳鱼、沙丁鱼等；五谷杂粮类，有东北有机稻香米、淄博“云海”牌面点王等；饮用水类，用淄博“潭溪山”牌矿泉水；调味品以莱阳“鲁花”牌调味品为主；水果类，以时令精品水果为主。

营养丰。采购品种齐全、营养丰富的食材，聘请山东理工大学食品营养学博士监制，

制定科学合理的幼儿食谱，通过幼儿园微信公众号公开发布，接受社会各界监督。

制作良。加强对炊事人员的业务培训，提高食材的制作水平。聘请中国烹饪大师、山东理工大学餐饮总监指导食材制作，为幼儿烹饪制作花样多、品种全，既好看又好吃的食物，增强孩子的食欲。

（3）利用“动静结合”的教育理念，实现幼儿的“快乐”成长

认真分析幼儿学前教育的要求，结合实际，以绘本教学为基础，整合“健康、语言、社会、科学、艺术”5大领域内容，突出重点，兼顾其他，创新“动静结合”教学理念，打造理工幼教品牌。

动的方面。结合不同年龄阶段幼儿的生长特点，以教研为引领，以跑酷、篮球、跳绳为运动重点，兼顾其他区域活动，让孩子在运动中增强体质。提供丰富多样的运动器械，通过早锻炼、户外体育游戏、户外自主游戏等环节，鼓励幼儿积极探索、大胆尝试。教师分阶段对幼儿的身体素质和动作发展进行科学评价，找出问题，进行研究再实践。带给幼儿丰富的运动体验、体质的增强及良好的运动习惯。

静的方面。绘本教学作为一种全新的教学形式，正在幼儿园逐渐兴起，它改变了过去传统的单科式教学方式，有助于幼儿核心素养的提升。基于此，幼儿园成立绘本教学教研室，将绘本教学和山东省高校绘本课题进行有机融合，根据各级部幼儿年龄特点，以每周研讨、月度示范、学期汇报的形式开展教研，以活动载体（童话剧、故事会、朗诵会、“六一国际儿童节”及新年文艺演出等）检验教育教学效果，培养幼儿的阅读兴趣，使其养成受益终身的阅读习惯。

（4）幼儿“幸福”是幼儿园工作的价值追求

为完成这样的历史使命，幼儿园每位教职员工，“官”不分大小，权不分轻重，位不分尊卑，都要增强责任意识，以“等不起”的紧迫感，“慢不得”的危机感，“坐不住”的责任感，心往一处想，劲往一处使，攻坚克难，砥砺奋进，积极有为地做好本职工作，让幼儿获得幸福。让孩子们在幼儿园文化的引领下，懂得分享与责任，学会生活，养成良好的思想品德和行为习惯，成为有礼貌、身心健康的阳光儿童。

【点评】

思路决定出路，创新赢得未来；守护一方热土，点亮每位童子。山东理工小博士幼儿园以此理念为指导，认真总结过去的办园经验，创新内部管理体制机制，凝练办园理念，构建幼儿园文化体系，明确了办园宗旨、培养目标、教风和学风，明确幼儿园文化的内涵，制定实现幼儿园文化的保障措施。创新“动静结合”教育理念，搭建平台，展示幼儿风采。

【案例五】青岛理工大学幼儿园新式校园改造之幼儿园扩建

幼儿园位于青岛理工大学市北校区内，是青岛市市级示范园，有着一支蓬勃向上、爱岗敬业的教师队伍，便利的环境，优秀的教学质量，每年入园率都呈饱和状态。

为此，学校后勤管理处经过多方努力协调，最终在 2017 年暑假期间完成了对青岛理工大学幼儿园的改造扩建。改造扩建后的幼儿园布局科学，设施齐全，提高了幼儿园的接纳能力，解决了教职工子女的入园问题，有效缓解了入园难的局面。此举不仅为幼儿们的健康成长提供了高质量的物质基础和优良的环境保障，也受到了广大教职工的一致好评。

1. 总体目标

青岛理工大学幼儿园原有 6 个班级、2 个户外场地，本次校园改造根据国家有关规定，在学校领导的大力支持下，将原有基础园舍翻新，并扩建出 1 个新班级、1 个新户外场地，将幼儿园的每一个角落、每一寸土地都科学有效地充分利用起来，努力为幼儿打造快乐、健康、安全、舒适的环境。

2. 改造前所存在的问题

（1）布局与扩建方面问题

幼儿园始建于 1953 年，建筑主体是德式特色的红砖校舍，其房屋特点是冬暖夏凉、宽敞明亮，适宜幼儿开展各项室内活动。但各活动室过于分散，总体设计不再适应当下的幼儿园环创要求，借此机会，重新对幼儿园的空间、建筑进行合理的规划调整，坚持贯彻园本理念“我运动，我健康，我快乐，我自信”，纠正校园不合理的布局，对校园进行改造扩建。在原有的6班2户的基础上，重新布局规划，扩建1个新班级、1个户外场地。为幼儿增加更多的活动环境，使幼儿能在更加宽松的环境中得以全面发展。

（2）安全方面问题

改造扩建之初进行了专业的房屋质量鉴定，因平时定期维修检查工作到位，幼儿园内各房屋均符合标准，为更好地为各班师生创造一个舒适安全的环境，将各班的硬装（粉刷墙面、铺设管线、重装地板等）进行重新装修。

（3）光照方面问题

幼儿园所处位置日光照射充足，每一间教室都有着充足的光照，但由于地理位置的原因，下午个别班级西晒光照较强烈，夏季室内会有燥热的感觉。

（4）环创方面问题

幼儿园已建成70余年，其建筑主体是德式建筑风格，建筑表面的色彩不够丰富，缺乏趣味；幼儿园的围墙颜色黯淡，易与周围居民楼混在一起。

3.具体改造措施

（1）改造原则

通过本次改造扩建将校园每一寸土地得以充分利用，避免闲置浪费。

有效整合社会各级幼儿园的环创优点，为幼儿建造安全健康，能够满足学前幼儿身心发展需要的适宜环境。

推进“入园难”问题的解决进程。学前教育资源出现短缺，幼儿园本次的改造扩建工作，将满足200余名适龄幼儿的入园需求，有效改善“入园难”的现状，实质解决我校教职工的后顾之忧。

（2）改造内容

①重塑原有园舍，进行合理扩建

幼儿园通过将办公室进行合并、各活动室打乱重组等方式，在保证每班有一间面积不少于54平方米的幼儿活动室（若活动室与寝室共用，其面积不少于90平方米）、一间面积不少于30平方米的单独寝室、一间幼儿盥洗室的基础上，扩建出1个新班级、1个新户外场地。

②留长处，补短处，打造全方位安全园舍

改造扩建工作以安全为主、为重。在校园各房屋工程质量符合国家安全规定标准的基础上，翻新改造了以下四方面。

电路重走：电源电路是一项需要高度重视的安全点，为从源头严抓用电安全，本次改造扩建工作严格按照国家相关要求，杜绝一切裸露电源的现象，所有用电插座安装高度均离地1.8米以上。

门窗设置：为保证安全，门窗的玻璃全部距地1.2米以上；确保门的双面平滑、无棱角；夏季在班级外门添加纱门。

物品摆放：为保障幼儿能在室内安全、自由地活动，室内设计以将空间最大化利用为原则，不堆砌无用的设施，不摆放有尖角家具，确保室内所有凸角都用防撞海绵包裹，家具符合幼儿的人体工学。

地面改造：活动室的老式地板也在改造扩建工作中进行了更换，本次特意选择安全防滑的新型材料地板，从而避免幼儿因滑倒受到伤害。卫生间墙面贴了瓷砖防潮，地上铺了防滑地砖，改造了地漏，避免污水流出。

③合理规划，创建阳光充足、舒适的生活环境

室内光照的合理性对幼儿有着重要影响，应重点注意以下三点：光照不宜过强，光照过强会使幼儿感到紧张，容易烦躁不安、视力疲劳；光线不宜过暗，光线过暗容易使幼儿产生惊恐、疲劳、压抑等心理感受与生理反应，也会导致视力下降；采光必须充足，充足的光照度和良好的照明方式有利于幼儿精神放松并饶有兴趣地开展各种活动。

为改善下午西晒强烈这一情况，幼儿园统一在朝阳窗户上挂上了薄且半透明的窗帘，以柔和日光，减少过度光照。

（3）彩绘环创园舍，打造童趣世界

幼儿园墙体彩绘是现代幼儿园环境及文化必不可少的一部分，可以直接从色彩视觉影响幼儿的身心发育。在本次改造扩建工作中，幼儿园请专业人士重新绘制了生动活泼、形式多样、符合幼儿审美的墙体彩绘，旨在给幼儿以及家长带来视觉美，同时培养幼儿的色彩感，促进幼儿的全面发展。

除此之外，幼儿园围墙也重新进行了美化装饰，考虑到围墙与居民楼毗邻，特意采用与周围建筑环境相协调的暖色调色彩进行装饰。这样不仅为幼儿园增添了生机与趣味，也为社区增了色。

原来的主园体

新扩建的班级和活动场地

【点评】

在幼儿身心健康发展的过程中，科学的育人环境起着举足轻重的作用。幼儿园本次改造扩建工作坚持贯彻两项科学原则：一、“以幼儿为本”的原则，本次改造依照国家相关规定重新规划布局、严审建筑标准、优化设备配置等，提供了高标准硬件，全园的装饰符合幼儿的审美情趣，营造出寓教于乐的育人环境；二、安全原则，幼儿园的各项改造扩建工作，全部符合卫生环保、防火防震的要求，保障幼儿的人身安全，为幼儿创造了一个安全舒适的现代化育人环境。

第十一章　中小学后勤管理改革

兵马未动，粮草先行，这充分说明了作为“先行官”的后勤工作的重要性。中小学后勤管理工作千头万绪，涉及财务管理、校产管理、物资供应与保管、校舍及设施维修、水电暖管理、校园绿化、食堂管理、校园保洁、门卫管理等方方面面。随着社会经济的发展和人们生活水平的提高，社会各界和学生家长越来越关注学校的育人环境和学生的身心健康，这对中小学后勤工作提出了更高的要求。中小学后勤工作是学校整体工作的一个重要方面，在学校管理和现代教育发展中，起着至关重要的作用，是教育教学发展的重要保障，是学校工作取得成功的基础条件，后勤工作直接影响学校教育教学工作的开展。近年来，党和政府高度重视学校后勤管理工作，要求围绕深化教育教学改革，进一步提升学校后勤服务保障能力，主动服务经济社会发展及全省教育发展，为全省教育高质量发展提供有力支撑。

山东各中小学校认真贯彻落实各项后勤管理法律法规，全面推动学生食堂和公寓管理等后勤工作标准化、规范化。同时重学习抓党建，夯实思想基础，提高后勤人员服务意识，通过加强后勤制度建设，做到责任明确，切实做好后勤保障工作。在后勤管理模式上以自主管理为主，同时创新工作方式，规范管理。部分学校引入了社会化服务，逐步形成“市场提供服务、学校自主选择、政府有效监管、行业规范自律”的后勤服务保障体系。

随着科学技术日新月异的发展，中小学校的发展与信息化的联系越来越密切。全省多数中小学校在后勤工作中引入信息化技术，建设多媒体教室、计算机教室、网络中心等，全面建设校园网，实现办公楼、教学楼、综合楼等场所无线网络全覆盖，实现教师多媒体教学，提高了教育教学质量和效率。后勤也引入数字化管理平台，运用新技术新产品，对学校用水、用电、食品安全、学生用品、能源消耗、设施设备情况等进行监控。

后勤工作繁杂，由于多方面条件的制约，中小学校后勤管理在发展过程中遇到了诸多问题，影响着其功能的有效实现。例如，中小学校对于后勤管理不够重视、后勤管理模式有待创新、管理制度不够科学、管理设施不够先进、专业技术人员短缺等，易出现后勤工作准备不到位而影响教育教学工作的情况。

要想解决目前存在的问题，就要不断强化后勤管理的规范意识、专业意识，形成科学规范的现代化管理体系。要加强制度构建，转变工作思路，坚持以依法治校为中心，强化法治思维，体现依法管理。要抓标准化建设，形成管理规范化、运行精细化、服务市场化、资源循环利用的安全、高效、绿色、智慧的后勤管理体制和服务模式。随着教育教学的深化改革与发展，推动教育后勤现代化建设以适应教育教学发展已势在必行。利用“互联网＋校园后勤服务”的新理念、新业态、新技术、新模式，建设信息化后勤管理平台，实现科技后勤，打造智慧校园已成为未来的发展趋势。

一、 综合改革

建立完善的中小学后勤管理机制，是学校后勤管理的重要保障。加强中小学后勤管理，建立健全切实可行的管理机制，必须加强对后勤管理的组织领导，综合施策，从加强后勤管理的制度建设入手，形成完善有效的后勤管理服务体系，在工作中积极探索和实践，做到精细化管理，逐渐形成较为成熟的工作思路和运作模式。

【案例一】曹县第一实验小学后勤工作自主管理见效益

曹县第一实验小学高度重视后勤管理服务工作，实行精细化自主管理。学校通过加强思想建设、制度建设、文化建设，做到优质服务，力求组织领导到位、管理协调到位、服务保障到位。

1. 抓好后勤人员的思想建设，更新观念，增强服务意识

加强后勤人员的政治学习和业务学习，使其提升认识境界，不断增强做好本职工作的自豪感、责任感和使命感，牢固树立为“教学一线”服务的思想，处处严格要求自己，把每一项工作落到实处。

2. 加强后勤制度建设，明确责任目标，做到规范精细化管理

建立由校长负总责、分管领导专门抓、总务主任具体抓的工作领导小组，建立健全后勤管理制度。实行购物、领物登记制度，校产管理制度等，图书、教学器具、电教器材、文教器具专人负责，专人保管。总务工作事无巨细，每一件事都提前谋划。开学前，订购和发放教师办公用品，教学用品和学生的课本、簿本及卫生工具等，保证按时无误地分发到每个班、每个师生手中，保障开学工作顺利。会计人员每学期结束时及时做好各种账务核算，同时做好校产校具清点、核实工作。

3. 优质服务，争创“放心餐厅”

成立餐厅管理领导小组，校长任组长，同时成立以家长委员会为主导的膳食委员会，

学生家长可以参与餐厅整个流程的监督。餐厅实行“明厨亮灶”，各个操作间配备高清摄像头，监督人员通过操作间外大屏幕对操作流程全程实时监控，确保每个环节在监管下运行，以此保障食品的安全卫生。餐厅工作人员必须拥有健康证和上岗证方可上岗，并每月安排一到两次集中培训。校领导轮流值班，监管学生的饮食，并陪同学生就餐。一周一菜谱，做到科学搭配，营养合理。严格按有关要求采购、留样，做“放心餐厅”，保障师生健康。

4. 着力打造绿色校园

学校注重校园文化的引领熏陶作用，广泛征集师生建议，形成学校的独特文化，让每一堵墙、每一块展板活起来，营造出浓厚的育人文化氛围。设立校园绿化专项资金，聘请专业人员管理绿化。还专门制定了节能减排细则，并有专人监督检查。充分利用班会、国旗下讲话、专项活动等，对师生进行节能减排教育，养成人走灯灭、及时关闭用电设施的习惯，大力宣传节约用水，对纸张的使用定人定量，严禁浪费。

【案例二】烟台市创新工作方式，全面提升中小学后勤保障水平

烟台市在认真贯彻落实上级有关政策规定和广泛借鉴全国先进地区经验的基础上，结合本地实际，对中小学后勤工作进行了大胆探索和创新。

1. 食堂建设和管理工作

投资统一招标采购厨具、餐具、桌椅等食堂配套设施，建成较高标准的学校食堂。实行学校食堂自主经营，有效降低食堂成本；严把食品原料采购关，在全省率先提出学校食堂“米、面、肉、油”等大宗原料在县域范围内实行集中定点采购；建立食品采购索证索票制度和食品验收登记制度，严禁“三无”产品进入学校食堂；出台学校食堂管理意见，从组织领导、管理机制、流程监管、财务管理和督导考核等五个方面对学校食堂管理做出严格规定，要求各学校成立膳食管理委员会，建立学校领导陪餐制、周食谱制度和食堂开放日制度，定期邀请家长入校园、入食堂，让家长代表在开放日进校与学生共同就餐，让学校食堂工作置于家长的全程监管之中。

2. 校车运营和管理工作

实施校车工程。目前，全市已购置或统筹配备的校车基本实现农村中小学全覆盖。主要采取三种运营模式：

政府购置或统筹配备校车，成立专门的校车管理机构，委托道路旅客运输或城市公共交通企业负责运营管理；

依托公共交通运输企业，用公交客运车辆提供接送服务；

社会力量购买校车，政府组织或成立专业校车服务公司负责专门运营管理。

管理方面：

建立市县两级校车安全管理联席会议制度，明确各自职责，形成协调议事常态；

按照“以县为主、财政投入、公司运营、部门联动”的校车管理体制，制定校车服务方案，履行校车安全管理的相关职责，建立健全校车安全管理信息共享机制；

建立校车使用许可制度，做好校车使用许可申请的受理、分送、审查和上报工作，全面掌握学生上下学情况及校车状况；

组织学校开展交通安全教育和校车安全事故应急处理演练；

督促校车运营企业切实履行安全管理职责，健全制度，规范管理，强化对校车驾驶员的安全教育和培训，严格落实校车限速、限行、定员等安全措施，确保校车安全运行。

3. 免费校服

首先在经济实力强、教育基础好的县市区进行试点，然后根据试点经验逐步扩大免费范围。目前，全市 14 个县市区有 13 个免费为义务教育阶段学生配发了校服，覆盖全市义务段学生 90% 左右。

【案例三】烟台市福山区西关小学科学筹划，引入社会后勤服务

1. 专业的事情让专业的人来做

学校的校舍维修等零星工程性项目，按照政府采购的相应规定，由具备资质的工程公司办理，事前、事中、事后按照相关的制度进行审计。

大型的校舍维修，直接经政府采购招标，由中标公司进行维修。

学校各类专业设备的采购供应，按照相应的规定由政府采购办理，供货商会在合同规定的保修期内提供免费售后服务。学校要求供货商在保修期内对学校的设备使用人进行相应的一般性技术培训，包括使用及简单的故障排除等技能。学校在社会上的服务机构中选取技术水平高、服务周到、价格合理的服务机构签订服务合同，由他们的专业技术人员承担较深入的维修等工作。

学校的水、电、暖维护及维修方面，对外公开招聘有职业资格证书的技术人员，签订服务合同，非专职承担学校的供水、供电、供暖的维护管理工作，按工作量付给劳务费。

学校的校园绿化、保洁方面，包括厕所清运，管道疏通等，均选取服务质量优质、价格合理的服务机构，签订服务合同，定时服务。

2. 善于学习，提高后勤人员的工作能力

要求后勤人员要善于学习，掌握后勤服务的专业知识，包括财务、采购、商业、建筑、供水、供电、供暖、卫生、设施维修等多方面的知识。

【案例四】青岛市中小学校聚力学校现代后勤建设

青岛市教育局全面启动了中小学建设节约型学校工程和中小学标准化食堂建设工作，以“两个建设工程”为抓手，以创新工作机制，保障学生身体健康为指导，围绕强化食品和学生用品安全、绿色节约理念、搭建宣传平台、完善工作机制、推广典型经验、推进达标活动、引进节能新技术等方面，加强管理，多措并举，创造性地推进“学生用品简政放权”“节约型学校”“标准化食堂”“生态校园建设”等各项工作。

1. 标准引领，将生态教育、绿色和节能管理纳入标准化轨道

从政策研究和政策引导入手，把生态教育、绿色、节约作为一种科学理念、文化资源和创新动力引入学校管理，提出了“以建设数字化校园能耗监管平台为基础，以节约育人、节能减排和管理创新为重点，以国家奖补政策、合同能源为保障”的工作思路，形成了包括启动、深入推进、专项活动、教育培训和考核评估等的较为完整的政策体系，并将节约型学校建设工作列入青岛市教育局四个表彰项目之一。在新校建设方面，要求学校定位绿色环保，遵循“回归自然，节能环保”的设计理念。

2. 启动生态文明教育，将生态文明教育、绿色学校建设工作常态化、制度化

将每年国家节能宣传周主题教育纳入生态文明教育、绿色学校建设的长效机制和教育主题。举办绿色学校评选，“生态文明你我行动”“节约与文明同行”“节能有我，绿色共享”“工业低碳发展”征文、绘画和摄影等系列宣传作品评选等品牌活动。

学校还通过电视、网络等多种形式，开展生态文明教育课活动，以师生互动、案例分析、现场实验等多种形式，就生态文明的重大意义、生态文明的科学定义与内涵、践行生态文明的有效做法等进行生动形象的讲解。

3. 以数字化后勤管理平台为抓手，努力打造青岛“绿色学校、智慧校园”建设品牌工程

加大投入，为中小学校进行节能改造。采用先进节能技术、节能产品，对学校能耗大的设施设备进行改造。重视日常绿色学校建设，如为市教育局局属学校安装了太阳能集热系统。

建设学校数字化后勤管理平台，通过对学校用电用水实时动态、食品安全、学生用品（含校服）进行监管，及时发现跑冒滴漏、设施设备损坏等情况，发出系统预警。它还可提供实时 WEB 服务、现场设备监控组态等技术，全面整合搭建全数字化的能源监管系统。在 FrontView 模式的数字化能源监管系统平台上建立电能计量管理系统、用水监测管理系统和能源综合分析系统等各成熟子系统，借助网络平台实现远程监控和动态分析，发挥能耗分析、能耗检测的作用，有效实现全方位全过程的能源监管。

【案例五】曹县第一实验小学紧跟“互联网 +”，打造智慧校园

曹县第一实验小学注重学校现代化建设，应用“互联网 +”技术，不断提高管理水平，打造智慧校园。

学校硬件设施建设代表着一个学校现代化的程度，现全校所有教室及各功能用房全部配有一体机等现代化教学设备，为教师课堂教学提供了必不可少的辅助作用，大大提高了课堂效率。

在校园数字化方面，按照《“校校通”工程建设指南》高标准严要求进行装备。学校目前拥有多媒体教室60间、计算机教室3间、全自动录播教室1间、学术报告厅1个，并建有广播中心、监控中心、网络中心、创客中心、科技航模课程基地，实现了办公楼、教学楼、综合楼等场所无线网络全覆盖。从软件环境来看，学校现已建成学校网站、人事管理、资产管理、校本资源库、电子备课、影像资源库、网上报修、心理辅导、家校联系、电子图书等平台。从教职工信息素养来看，教师能熟练应用多媒体开展教学活动，绝大部分教师能制作质量较高的多媒体课件，管理人员能熟练使用办公应用软件。

【点评】

后勤工作是做好教育教学工作的基本保障，省内各中小学校一直致力于优化后勤资源配置，全面提升中小学后勤保障水平，在有关政策规定的指导下，利用“互联网+校园后勤服务”的新理念、新业态、新技术、新模式，对后勤管理体系不断探索与实践，引入新技术、新产品，在强化食品和学生用品安全、绿色节约校园建设等方面取得了较好成效。

二、食堂管理

学校食品安全事关学生身体健康，事关家庭幸福，事关社会和谐稳定，确保食品安全是学校安全工作的一项基础性、保障性工作。近年来，各级党委和政府对食品安全的关注和重视都达到了空前的高度，习近平总书记对食品安全工作提出了“四个最严”的要求，用“最严谨的标准，最严格的监管，最严厉的处罚，最严肃的问责”守护师生舌尖上的安全已经成为全省教育系统的共识。

山东各中小学校认真贯彻落实国家食品安全法律法规，全面落实学校食品安全主体责任，严格落实“陪餐制”，不断改善食堂硬件条件，不断完善食堂管理的各项规章制度，不断优化食堂管理模式，确保食品安全管理责任到人、到位、到岗，筑牢食品安全防线，建设让学生满意、家长放心的食堂。重视食材源头管理，以国家重要产品追溯体系建设为契机，加强食品采购监察力度，并应用信息技术创新管理，创建食品安全屏障，从源头上守护师生舌尖上的安全。重视社会监管，实施学校食品安全“明厨亮灶”工程，通过视频+互联网等信息化手段，公开食品来源、采购、加工制作全过程，自觉接受学生、家长监督。重视食堂文化建设，加大食品安全宣传教育，提高师生食品安全卫生意识。

当前，全省各中小学校食堂管理方面主要存在自营（含购买劳务）、委托经营（含购买服务、承包经营）两种模式。自营模式管理的食堂，能够保障饭菜质量，体现了学校食堂的公益性、非营利性，但是占用了学校大量的人力、物力和精力，还存在一定的用工风险，其中购买劳务管理模式可将用工风险降至较低。承包经营模式管理的食堂，省时省力，但由于学校介入不足，承包的餐饮公司为了追逐利润最大化，往往容易忽视饭菜的质量和营养，无法全面保障学生的就餐需求。购买服务模式经营的食堂，由于监管权限把握在学校手中，能够在保障合理利润的前提下，对食堂经营管理进行严格约束。不论采取哪种模式，都必须坚持为广大师生服务这一导向，确定科学合理的食堂管理机制。

在食堂大宗食品原材料采购方面，大多实行以区县为单位统一招标采购，并建立食品采购查验、索证索票等制度，做到源头可控，有据可查，建设安全追溯链条，规范中小学校食堂食品采购工作，确保食品安全。

省内中小学校逐渐加大食堂文化建设力度，利用板报、专题讲座、宣传看板等多种形式，对学生进行食品安全、反对食品浪费宣传教育，增强学生食品安全意识，提高学生自我防护能力，倡导节约理念，引导学生养成节约好习惯。目前，全省中小学校食堂基本实现“明厨亮灶”全覆盖，将食品加工制作过程展现给师生，部分学校还推行了“互联网＋明厨亮灶”模式，让家长成为学校食堂监管员。多数学校采取组织“家长开放日”等活动，征求家长及社会各界人士的意见，促进了食堂管理水平和饭菜质量的提高。

食堂管理是一项专业性、系统性很强的工程，涉及食品安全、人员管理、财务管理、制度保障等方方面面。由于多方面条件的制约，中小学校食堂管理在发展过程中也遇到了诸多问题，例如土地、资金、基础设施建设和服务意识制约食堂建设步伐，还不能完全满足学生需求；部分学校食品安全主体责任落实不力，对食堂监管力度不够；餐饮服务模式落后、运行效率和服务质量已不能适应形势发展的要求，学校管理模式有待创新；食品追溯体系运行不畅，食材质量有待提高，食堂准入制度缺乏统一标准和要求；食堂财务管理政策支持不足，食堂设施设备配备不够健全；等等。

中小学校食堂要按照《山东省学生营养健康与学校食品安全提升实施意见》的要求，实施学校食堂提升工程。从食堂建设、管理、运营模式、大宗食品定点采购、膳食营养、食品安全监管、食品安全教育等方面加大人员配备和资金投入，全面提升学校食堂的服务质量和管理水平。

【案例一】青州市旗城学校食堂自主经营，构建严密管理体系

青州市旗城学校始终把食品安全工作放到首位。学校食堂采取自主经营的管理模式，通过采取有效措施，构建严密的食堂管理体系，将责任落到实处，工作做到细处，消除安全隐患，确保食品安全。

1. 加强领导，建立安全监管网络

（1）健全食品安全组织机构，明确工作职责

成立以校长为组长的食品安全管理领导小组和监督委员会，从多层面对食品安全工作进行监督。食管科配备了专职食品安全管理员。食品安全管理员做到持证上岗，对食品安全全天候监管。

实行层层负责的食品安全目标管理制度。校长是第一责任人，校长与分管领导，分管领导与食管科负责人，食管科负责人与专职食品安全管理员层层签订食品安全责任书，明确工作职责，确保责任落实到位。

实行食品安全责任追究制度。哪个环节出现问题由哪个环节的具体负责人承担直接责任。安全责任追究制度落实到绩效工资、评优、人员聘任等工作中，实行一票否决制。

（2）定期巡查，加强监管

食品安全管理领导小组成员和监督小组每餐对食品安全状况监督检查。学校主要领导、分管领导坚持每天巡视食堂，对食堂卫生、食品安全提出指导意见。

食品安全管理员每天对食品加工各工序进行现场监管。

（3）规范从业人员管理，提高员工素质

建立餐饮从业人员健康查体制度。食堂从业人员上岗前严格执行健康检查要求，并取得健康证。

建立餐饮从业人员培训制度。定期对食堂从业人员进行食品安全知识法规、食品加工工序流程及职业道德教育培训，并获得培训合格证。

建立食堂从业人员健康、培训等管理档案。

建立食堂从业人员晨检制度。每天早晨各项饭菜烹饪活动开始前，对每名从业人员的健康状况进行检查，并将检查情况记录在案。

2. 高标准投入，完善食品安全设施设备

学校投资 100 余万元为食堂配备了各种食品加工、冷藏、消毒等设备，完善了食品安全设施，有效改善了制餐、用餐环境。

3. 措施到位，构建严密管理体系

（1）严把食品采购关

从源头上杜绝食品安全隐患。

（2）严把食品加工关，食品安全贯穿每道工序

食品加工严格实行荤素分开、生熟分开、专区专用。

炊事人员做到三清：进入操作间前清理个人卫生，操作前对炊具进行清洗；操作中做到炒完一种饭菜，清理一遍炊具；操作后对灶台、炊具进行清扫、消毒。

餐厅配备了专职营养师，每周制定食谱并及时公布。食谱注重食品合理搭配，保证营养均衡。

建立食品留样制度。每餐次的食品成品按规定留样，并按品种分别盛放于清洗消毒后的密闭专用容器内，放置于专用冷藏设施中冷藏 48 小时，并做好记录。

加强对食品加工流程的监督。在食堂安装电子监控设备，餐厅内设有显示屏幕，对食堂进行全方位无缝隙全天候电子监督，监控视频与互联网联通，接受学校师生和社会公众及监管单位的监督。

（3）细化用餐管理，规范就餐秩序

就餐场所管理。就餐场所内张贴均衡营养、健康饮食行为等宣传资料；设置洗手池等设备设施；保持干净整洁，做好地面防滑。

就餐秩序管理。学生就餐时，落实校领导带班、班主任值班制度，做到安全、文明就餐，避免浪费。

尊重少数民族饮食习惯，设立清真灶，灶具、炊具使用，原材料采购、贮存、加工等严格按照清真饮食的规定操作。

（4）严把消毒关，确保食品安全无漏洞

食堂设有专门洗消间，对餐用具洗消按一刷、二洗、三消毒、四保洁的顺序操作，做到污进洁出，并存放在专用保洁设施内备用。食堂采用热力方法进行消毒。

4. 主动接受社会监督

校长、老师与学生同吃一锅饭，同质同价，并保证让学生先吃。

举办学校食堂开放日活动。邀请学生家长代表及媒体记者等社会各界人士实地考察、评议学校食堂。征求家长及社会各界人士的意见，促进食堂管理水平和饭菜质量的提高。

5. 对学生进行食品安全和节约教育

学校经常利用板报、专题讲座、宣传看板等多种形式，对学生进行食品安全教育，实行“光盘行动”，增强学生食品安全意识，提高学生节约意识。

【案例二】山东省青州实验中学标准化餐厅建设

山东省青州实验中学加快深化学校餐厅改制，实现学校餐厅全面自主管理，推动餐厅工作向“标准化、精细化、规范化”迈进。

1. 对餐厅进行标准化改建

学校对餐厅地面、墙壁、屋顶等全面重新装修，添置了平板加热车、餐桌、消毒柜、天然气厨具、抽排系统及油烟净化器，建立了更衣室、快检室、恒温库，安装了电子监控系统和 LED 电子显示屏。

餐厅后厨严格按照标准进行装修布局，备餐间、储藏间、操作间、售饭间等功能区划分合理，生进熟出，设置专用的干杂调料库房、食用油和鸡蛋库房、米面专用库房，所有库房均安装通风换气设备和温湿度计，保持合理的存放温湿度并加装三防措施，避免食品交叉污染。

2. 转型改制，构筑安全平价优质餐厅

学校对餐厅进行改制，把对外承包改为学校自主管理，实行“零利润”自主经营，逐步形成了“九个严格”管理模式：

（1）严格规范餐厅管理，对操作间内部和餐厅进行全面的卫生清理，消灭每一个卫生死角，更换冷藏柜、储藏柜、炉具等设备，重新制订各项规章制度。

（2）严把采购关，对原料和食材进行阳光采购、绿色采购，各种食物原料均来源于正规渠道，从源头上把控食品安全。

（3）严把操作关，重新修订食品原料存储、剩饭剩菜及时处理、生进熟出等制度。

（4）严把餐厅文化关，对餐厅重新进行装饰，张贴各种标识和标语。每天清理环境卫生，保证就餐环境优雅整洁。

（5）严把人员关，学校面向社会招聘工作人员，经过体检与培训，全部实行持证上岗。

（6）严把卫生关，工作人员严格按规范操作。

（7）严把服务关，做到“一切皆教育，人人是老师”的育人理念，服务热情周到。饭菜经济实惠，花色多样，荤素搭配，按青少年的成长需求搭配好食谱。

（8）严把督查关，引进第三方督查。家长委员会、师生不定期对餐厅进行现场检查，对餐厅管理的各个环节进行调研，提出许多建设性意见和建议。

（9）严把价格关，学校邀请家长委员会、部分师生、学生会，召开饭菜价格听证会，讨论并确定饭菜定价方案，做到质量和价格公开透明。

【案例三】惠民县桑落墅镇希望小学把食堂当课堂

惠民县桑落墅镇希望小学对食堂实行自主管理，通过加强制度建设和用餐文化培育，促进学校食堂管理行为科学、规范。

1.将食堂当作课堂来管理，重视就餐文化培育

（1）实施精细化管理，把好食品卫生安全每一道关口。通过完善制度，精细管理，从程序上确保学校食堂饮食卫生、安全。一方面加强宣传教育，建设食堂文化，强化师生食品卫生意识，培养师生文明就餐习惯。另一方面制定完善《学校后勤管理制度》《食堂卫生安全公约》《食堂工作人员岗位职责》《食堂卫生要求》《食堂安全责任书》等各种规章制度，从源头上保证食堂管理工作有章可循。

（2）人员管理。学校与工人签订包含职责与义务的合同，炊事班长作为食堂具体运营第一负责人，负责伙房管理、运转工作，从制度上落实责任，明确工作目标和工作任务。

（3）做好学校食品卫生安全工作，责任到人。建立食堂管理和安全卫生责任制，明确提出“专人负责，健全制度，经常监督，及时整改，杜绝事故”的总体要求。食堂专职管理人员做到“三个到位”：考虑布置到位、指导督促到位、检查落实到位。

（4）加强宣传教育，强化师生食品卫生意识。学校组织师生认真学习贯彻《学校卫生工作条例》《中华人民共和国食品安全法》《学校食物中毒事故行政责任追究暂行规定》等法律法规，坚持用法律法规指导工作，用规章制度规范操作。为提高学校食堂工人、专职管理人员的专业素质，学校每学期举办两期业务知识和卫生知识的学习，并

对师生集中开展食品卫生法律法规有关知识的宣传、讲座，召开有关饮食卫生安全的主题班会各一期，丰富师生食品卫生安全知识。

2. 构建文明、卫生的用餐环境，培养学生良好的用餐习惯

构建一个文明卫生的用餐环境，有利于养成学生文明就餐、卫生用餐、节约用餐、有序就餐的习惯。学校根据每班学生就餐人数，分成每桌 4 人，以路队形式进餐厅就餐。班主任根据学生实际，每桌选出桌长一人，桌长的职责是把该组学生带到餐厅并按照指定位置就座，一桌的学生到齐才能就餐。桌长为本组学生文明就餐责任人。

3. 加强监督检查，使学校食堂管理规范、科学

学校建立对学校食堂食品卫生安全工作定期检查和不定期抽查相结合的督导制度。每月对食堂饭菜质量、卫生及工人服务、专职人员管理等各项工作进行一次全面考核。设置校长意见箱和投诉电话。学校每学期召开两次食堂管理工作专题会议，总结学校食堂管理工作情况，通报考核结果，并将考核结果作为对管理人员和工人的考核依据。账款分离，严格执行财务规定。建立由理财小组成员、教师代表参与的食堂民主管理工作小组，每月开展一次对学校食堂工作的民主评议，征求师生对食堂工作的意见，并及时梳理，制订整改方案。

4. 建立岗位信息公示制度

学校食堂管理采取信息公示制度，将管理人员、工人的基本信息、卫生许可证、健康证等相关证照上墙公示，增加食堂管理工作透明度。制作岗位标示牌，把各自的目标、责任和名字标注到位，进一步细化明示岗位人员的职责。

【案例四】烟台市实验中学抓“四建”、把“五关”

烟台市实验中学实行“校外经营校内管理”的经营方略，从校外招聘从业人员经营，由学校专设管理办负责监督管理，努力做到夯实基础抓“四建”，严字当头把“五关”。

1. 学校夯基础抓“四建”

（1）抓好食堂管理办公室建设。把学校食堂管理事务单列出来，成立以总务为主，以工会、团委为辅的校管办，直接接受校长领导，对食堂进行细化管理和监督。校长对食堂工作进行突击检查，发现问题首先问责校管办，保证食堂各项工作始终在规范的轨道上进行。

（2）抓好管理制度建设。制定了《食材储藏加工制度》《食堂加工操作规范》等 20 余项规章制度，并制成看板悬挂于餐厅的四壁，以便从业者镜鉴于心，管理者循章督查，就餐师生对照检验双方是否遵规守制。

（3）抓好岗位职责建设。校管办同志分工明确，食堂从业人员的监督管理、餐厅环境卫生和学生文明就餐、学生的“节约”教育、食材的签收入库、食堂收支账目的日清月结等食堂管理工作均责任到人。校管办人员的肖像和具体职责悬挂在餐厅大门的两

旁，时刻提醒管理者认真履职，接受群众监督。

（4）抓好领导陪餐机制建设。每学期初，校委会统一安排好领导陪餐日程表，要求做到：陪做餐，陪售餐，陪用餐。陪餐过程中做到“二深入”“三查看”“四及时”：用餐时深入到学生中去，深入食堂；查看从业人员的操作是否规范，查看制作的食品是否质优、是否留样、留样与待售是否一致，查看售餐过程是否文明等；及时了解学生对食堂的评价、意见和建议，及时汇报给行政办公会研究，及时反馈给食堂经营者予以整改，及时给学生圆满答复。

2. 对食堂经营者严把“五关”

（1）严把食堂校外从业人员入门培训关。必须具有较高的思想道德素养，仪态端庄，举止文明，社会信誉良好；有多年食堂从业经验和技能；有防疫部门提供的健康证明。一旦录用，必须文明守法，自觉接受和服从学校的监督和校管办管理，每月接受一次职业道德与技能培训。

（2）严把食料采购关。由校外经营者和校管办组成评标小组，确定食材品质标准，据此实施食材统一招标，选择证照全、信誉好的定点供货商作为长期供货合作伙伴。决不允许从业人员私自从非定点供应商采购低于标准的食材。

（3）严把入库检验关。食材必须由校管办人员、校外经营者与供货商三方同时当面签收入库，做到入库账物明细清楚；库房要求干净整洁，食材摆放精心有序，做到生熟分开、标签明确、类别清晰。学校领导随时抽查。

（4）严把食材操作规范关。校管办时时督查，从业者严禁使用过期或有霉变可能的食材；食材加工操作严格按照规范程序，决不减少工序，决不偷工减料。

（5）严把食品安全关。校管办时时督查，食堂经营者要在食品安全上做到“三上心”。一是食堂环境卫生要上心。做到按时打扫食堂操作间和大厅，不留死角，时时保持干净整洁，防尘、防蚊蝇措施到位。二是餐具清洁要上心。盘、盆、铲及碗筷等要做到一冲、二洗、三消毒、四保洁，强调即使冲洗得再干净，消毒环节也不能省略。三是食品留样要上心。要求经营者按时、持之以恒做好食品留样，标签明确，分日、分餐次放置，不得乱放，更不得不放。

【案例五】临沂市河东区中小学校食堂食品“临沂追溯”

临沂市河东区人民政府成立食品追溯体系建设运行管理领导小组并负责协调本辖区追溯体系建设和运行管理。区商务局负责配合市商务部门做好追溯体系建设规划、组织实施、运行管理、信息发布，制定有关追溯标准、规章制度和相关配套规定，并积极衔接市商务局开发追溯体系软件，提供流通节点共享使用，建设包括肉菜经营主体、检测、交易、进销台账等基础信息的数据库以及相关软件、硬件设备的城市追溯平台。区教体局负责定期加强督导检查，督促学校（含托幼机构）食堂履行食品安全主体责任，指导学校（含托幼机构）食堂和供应商在信息化追溯系统上进行备案登记，并按照信息化追溯系统要求在食品追溯市场交易平台按程序在规定时间内采购食品，同时在整个追溯体系建设过程中负责做好学校与市场、相关部门与市场的工作协调及问题反馈。区食药监局负责落实食品追溯体系市场及供货商的监管责任，强化对市场的日常监督和抽检力度，加强对市场追溯体系食用农产品快检中心的快检工作的监管和指导，加大对市场的监督抽检和风险监测力度，督促市场加强食品安全管理。区农业、畜牧、财政、市场监管局、公安交警、交通、城市管理、税务等部门按照职责分工共同做好肉菜流通追溯体系建设及运行管理等工作。食品追溯市场是追溯体系建设和运行管理责任主体，负责本节点、本业户追溯体系建设和运行维护，及时有效地采集、上传追溯数据，配置与追溯体系相匹配的满足需要的快检设备及具备快检专业知识的检测人员，配备相应的协管人员和车辆，以加强市场管理。

河东区中小学校及幼儿园通过临沂市商务局微信公众号“临沂追溯”，登记注册后可在系统平台上自由选择供应商及食品食材，能够提前 1 天以上下单，并可根据实际情况进行电子化结算，正常运营之后，市场与学校结算期限不超过 7 天，市场与入驻厂家或供应商签结算期限不超过 3 天。从源头上保障中小学食堂采购食材的安全。

【案例六】寿光市第一中学餐厅的智能安全屏障

寿光市第一中学依托“互联网 +”理念和技术，自主研发了学校餐厅智能安全屏障。从农田到餐桌，该屏障系统打通了一个个信息孤岛，汇集、互通、共享食品产业链的生产、流通、检测、消费和阳光厨房的全部数据，一体化实现了信息化采购、药残检测、食材溯源、财务核算四大功能。

1. 餐厅食材购置功能

该系统包括采购下单、订单处理、货物配送、验收交货等流程，工作人员进入采购商账户，购买第二天餐厅所需要的食材，加入购物车，确认订单信息，确认收货人信息、收货时间，然后提交订单。配送商使用配送 APP 接收到订单信息后，按照提示操作，处理订单、填报来源、订单发货。发货之后，采购商进行验收确认，订单交易完成。该系统全程网络操作，省时省力，既保证了食材供应及时，又最大程度上确保了所有食材的新鲜度。

2. 蔬菜农残检测功能

工作人员利用平台配套的智能农残检测一体机，检测员登录平台账号，进入“检测中心”模块，把验收后的蔬菜水果加入预检单，然后打开检测仪，下载检测任务。按照通道提示，把配置好的检测试剂放入检测仪进行检测，检测数据实时上传到平台，供用户进行查询、打印。抽检不达标的食材，当场退货处理，绝不让不达标蔬菜流入食堂，最大程度上保证了所有食材的安全。

3. 食材生鲜溯源功能

为了让在学校就餐的师生随时监督食材的安全问题，学校在餐厅里配备了一台溯源显示屏。通过这台溯源屏，学校师生可以随时查询食材的详细来源信息和农残检测结果，以及餐厅的资质证书、后厨的实时视频监控。通过食材生鲜溯源系统，对所有食材来源信息进行追溯，直达源头，保证了食材安全质量责任清晰化。

4. 财务信息处理功能

采购业务形成大量财务数据，进入平台之后，系统会根据不同的查询条件，提供并打印市场购物单、核算汇总单、结算明细单，一方面用于内部财务核算，另一方面与供应商进行账单汇总与结算。同时，学校领导可以随时核查签批，确保财务安全。

【案例七】龙口市龙矿学校每周菜谱公示制

小学是孩子健康成长的重要起步阶段，学生膳食多样化，并严控质量才能保证学生成长中所需的营养供给。龙口市龙矿学校实行每周菜谱公示制，做到学生饭菜公开透明。

食堂的厨师长每周日下午根据学生营养需要，结合市场肉类、蔬菜供应情况及季节特点，编制好下一周的菜谱公布在食堂的黑板上，并在班级QQ家长群里发布，菜谱注重菜品的多样性，荤素搭配符合营养要求。学生家长根据菜谱可以调整家庭餐的饮食搭配。学校跟家长共同负责学生的营养搭配，促使学生安全、健康成长。

【点评】

构筑食品安全防线，共建和谐校园。省内各中小学校一直将食品安全作为学校工作的重中之重，紧跟信息时代步伐，不断开发应用新技术，在食堂管理机制、食品采购、“明厨亮灶”方面进行探索与实践，努力提高餐厅安全管理水平，创建食品安全屏障，取得了显著成效。总的来说，这几个案例有以下几点值得借鉴：

1. 认识到位，责任在肩，严格落实食品安全主体责任，确保食品安全管理责任到人、到位、到岗。

2. 建立健全食堂管理相关制度，规范食堂管理行为。

3. 引入信息化技术，以“互联网+”技术为依托，从食品采购到师生就餐，食堂管理工作公开透明，接受监督，提高学生满意度。

三、公寓管理

学生公寓是学生生活与学习的重要场所，是开展思想政治工作和素质教育的重要阵地。打造文化公寓，营造温馨之家，要秉承“人本管理、人文关怀、人性化服务”的工作理念，坚持科学发展、人本服务、规范管理的工作原则。要建立以人本管理为根本，以队伍建设为基础，以规范管理为保障，以安全管理为重点，以行为养成为目标的学生公寓管理工作机制。要以服务为理念做教育和管理工作，把服务育人作为学生公寓参与育人的有效途径。

目前，我省有不少学校的学生公寓基本上都是按照“以物为中心”的模式来进行管理的，管理人员往往认为只要尽职尽责地做好“物”的管理就可以了，忽视了人的主动性和能动性。这种公寓管理模式导致学生思想教育工作很难到位，忽视了公寓对学生深层次的思想教育作用。服务人员要把交流、对话、感染作为教育管理活动发生、发展的基本方式，以自己的学识、能力、人格魅力等去感染学生，建立起自己的崇高威信与人格形象，以“润物无声”的效果去影响学生，与学生建立民主、平等、宽容、和谐的关系。要注重公寓文化建设，公寓文化是校园文化的重要组成部分，是教育管理者实施思想影响的载体之一。要本着积极稳妥、循序渐进的原则，通过开展形式多样、风格迥异、内容丰富的公寓文化活动，从政治思想、安全意识、自律能力、内务整理、学习情况等方面激发学生的上进心和集体荣誉感，营造良好的育人环境与氛围。

学校在公寓管理建设中，要自觉地把学生的思想政治教育贯通于公寓管理的各个环节和各个方面，尽快建立起“以学生为中心，以服务为基础，以管理求效益，以文化促发展”的发展机制。切实加强学生公寓队伍建设、文化建设，规范管理，完备服务制度，强化安全意识，形成有效的公寓管理网络。构建一个安全、文明、和谐、温馨的宿舍生活环境，让学生有一种亲切、温馨的家的感觉。

【案例一】滨州实验中学以亲情服务打造温馨家园

滨州实验中学秉承“用行为引导、用感情感化、用思想教育、用制度管理”的服务理念，长期坚持高标准、精细化、人文化管理，在内务卫生、作息纪律和安全保障方面形成了一套成熟而科学的管理体系，努力把学生公寓打造成家长眼中的“放心公寓”、学生心中的“温馨家园”。

1.24 小时值班，无缝隙管理

宿舍管理人员严格做到“三查、三报”。“三查”指查就寝人数、查两休纪律、查内务卫生，“三报”指把三查情况汇总报分管校长、报级部和班主任、报学生本人和家长。级部和班主任根据上报情况及时处理相关情况，做到环环相扣、无缝衔接，真正做到 24 小时无缝隙管理。

2. 诚信星级宿舍评比

诚信星级宿舍评比能充分发挥学生的主体作用，由对学生的他律、互律达到学生的自律，具体做法是把宿舍分为五个等级：诚信无敌级、诚信五星级、诚信四星级、诚信三星级、无星级；由宿舍成员共同商议，确定申报诚信宿舍等级，经学生生活管理指导中心确认后，由学校给予命名星级宿舍等级；星级宿舍不实行终身制，根据内务、卫生、纪律、文明公约、道德方面的检查情况每月审定评估并重新命名，并在文明班评比、学生个人诚信档案和学期综合素质评价中给予相应的评价。

3. 宿舍安全科普竞赛

活动目标：及时妥善处理学生公寓突发的安全紧急事件，熟悉反应迅速、处置有力的应急处置体系，最大限度地降低突发事件的危害，有效保障生命和财产安全，让学生加强安全防范意识。

竞赛内容：将学生安全摆在首位，主要考察日常生活中常见的安全知识问题，涉及日常急救知识，宿舍防火、防盗、防地震、防火灾、防踩踏等公共安全事故，熟悉各种紧急事故应急预案和突发疾病应急预案，熟悉并会使用学生公寓配备的微型消防站设备等。赛后将考题（附答案）张贴于宿舍公告栏。

4. 共享阅读、书香公寓

学生公寓在一楼大厅设立图书阅览室。阅览室有三千多本图书、最新前沿报刊，并备有简约舒适的桌椅，墙壁上张贴充满人文气息的秦皇河照片，营造了优雅肃静的读书环境。学生利用休闲时间读书看报，吸收精神营养，感受公寓生活的温馨，丰富了课余生活，激发了读书兴趣。

5. 弘扬宿舍文化主旋律

为加强文化氛围建设，优化成长环境，学校通过系列活动繁荣学生公寓文化，推动和谐校园建设，构建“文明、和谐、健康、安全、卫生”的学生公寓。学生公寓先后开展“感恩母校，文明离校”倡议签名活动、“公寓因你而美丽，公寓因你而文明”宣传教育活动、春夏疾病（感冒）预防教育、高三考前心理调整、饮食健康指导、高考祝福等系列活动。学校在学生公寓配备宣传展板、橱窗、横幅、视频大屏等，根据宿舍活动开展情况，结合学校动态和宿舍趣闻等，制作富有教育意义的专题材料进行滚动宣讲。

6. 亲情关爱特色服务

始终倡导人性化管理、亲情化服务，既严格要求学生，又给予学生关爱。学生公寓配备公用电话、免费缝纫处、急救医药箱，随时应对学生的突发情况和生活之需。增设信息反馈区，鼓励同学们将有关宿舍的问题或建议写在意见簿上，让生活指导老师及时了解同学们的生活诉求。

【案例二】曲阜市防山镇中学寄宿管理“亲情导师制”

亲情谈心。每周末跟留守孩子谈心，呵护学生心灵。

亲情沟通。给予学生父母般的关爱和照顾，指导孩子学会与父母沟通。关注其心理需求，面对情感需求型的学生，老师要善于做一个倾听者，充分尊重他们，以诚相待，尽力帮他们克服困难；对待心理脆弱、顽皮的学生，更是倾注爱心和耐心；对于交往需求型的学生，老师要善于做一个引路人。在教育教学中营造一种团结和谐的氛围，开展多样的活动，使学生在活动中学会交往，增进了解。

亲情诵读。精心挑选以亲情为主题而又适合中学生的好文章，编印成册，组织、指导留守孩子阅读。让这些文章中汹涌如海的母爱，沉默如山的父爱，深厚的兄弟姐妹情，给学生以心灵的震撼。

亲情教育。定期开展以“亲情”为主题的活动，针对留守学生的特点，通过真情体验、感悟亲情，激发学生爱的情感，比如组织“寒假留守孩子父母交流活动”“留守孩子在校与老师共度中秋佳节活动”“读懂母亲活动”“为爷爷奶奶洗脚活动”等。有些留守学生逃学、迷恋上网、早恋、深夜外出，与老师、临时监护人对立等，寄宿办召开专题会议，从学生的心理问题着手，逐个分析存在的问题及问题产生的可能原因，班主任、学校领导进行家访，与代理监护人，共同商讨教育措施；与学生面对面交谈，了解学生的思想状况，帮助解决学生的实际问题；找其他学生从侧面了解问题学生的相关情况，多方联手，重点突破，取得了很好的效果。

自主体验。为了让孩子学会生活、独立生活，学校从小事做起，让孩子们自主实践，从铺床、叠被、洗衣、洗脚开始，从中体验、感悟，养成良好的自主、自立、自理的生活好习惯。

集体体验。现在的孩子大多是在“三独”的环境下生活的，父母是独生子女、老师是独生子女、自己是独生子女。为此，学校实行家庭式亲情管理与班级小组集体管理结合的办法，每个班级就是一个家庭，每个孩子都是家庭的一员，班主任就是家长。为保证家庭的和谐、进步，孩子自己制定班级公约，在公约的下面有这样一句话：“上述公约是我们家庭成员共同讨论研究制定的，我以自己的人格尊严担保，并保证严格遵守。”

【案例三】青州实验中学人性管理显和谐，以爱育爱促发展

在实验中学，大家不再称呼宿舍管理员为“宿管大爷”“宿管阿姨”，而是亲切地称其为“老师”——“生活指导老师”。因为学校认识到，宿舍管理员与学生朝夕相处，其言行会对学生产生一定影响，这也是教育不可或缺的一部分。如果这个群体被漠视、被边缘化，极容易让他们产生低人一等的感觉，影响他们与学生真正的沟通交流。

1. 领导关心，沟通融洽

学校领导经常慰问生活指导老师，关心他们的工作和生活，为有特殊困难或者遭遇家庭变故的生活指导老师排忧解难。

设立了“寄宿生感恩日”，学生向生活指导老师致谢，每年高三毕业时，让生活指导老师与毕业生合影留念。

2. 精神鼓励，提升获得感

学校在提高他们物质待遇的同时，着力进行精神鼓励。公寓管理科建立了生活老师“亲亲一家人”微信群，利用业余时间搞一些集体活动，如集体爬山、踏青等，增强公寓管理的凝聚力和向心力，让他们感受到家的温暖。公寓设立了“三红一优”奖：“红旗公寓”“红旗宿舍”“红旗服务标兵”“优秀楼长”，每学期举办宿舍文化艺术节，对获奖的公寓、生活老师、宿舍等在全校表彰大会上进行隆重表彰，并联系电视台现场录像进行宣传。生活老师看到自己上了电视，感到满满的幸福和自豪，工作上更积极主动有劲头了。

3. 开展丰富多彩的文体活动

学校每学期举行生活指导老师及其家属自愿参加的各种活动，如象棋比赛、踢毽子比赛、嗑瓜子比赛、春节文艺晚会、集体包水饺等，并安排部分寄宿生与生活指导老师联欢。开展“温馨小黑板”书法比赛，即在公寓楼门前的小黑板上写“励志”主题与天气预报等内容，不定期评比，评出优秀者予以奖励。还组织生活指导老师积极参加学校组织的教职工太极拳协会的活动，用实际行动践行全民健身运动。

4. 加强对生活指导老师队伍的管理

学校严把录用关，对生活指导老师的思想道德、文化程度、健康状况、劳动技能等进行严格考察，录用素质高的人员，并根据国家有关用工制度签订劳动合同，为他们提供社会保障。

定员定岗，规范管理，并对他们进行职业技能培训。每人都必须熟悉公寓管理的各项违纪处理制度和考核制度。学校组织制度过关考试和不定期男女互查评比打分，还定期召开周例会、月总结会及全校舍长会，开展各个层面的问卷调查，及时发现、汇总并解决问题，对生活老师实行涵盖学校、公寓科、舍长的综合评价。

每年为他们免费体检一次，并配发有学校特色的工装。工资待遇有档次，科学规范实行岗位工资和绩效工资，每月评选一个“红旗公寓”和四个“服务标兵”，优劳优酬，让他们既有晋升的机会，又形成比学赶帮超的良好工作氛围。

通过一系列的措施，学校生活指导老师队伍稳定，工作热情高昂，主动作为，服务质量进一步提升，公寓管理水平创实验中学历史之最。学校对普通劳动者的关注、尊重及爱护，践行了“以爱育爱，一切皆教育，人人是老师”的教育理念，提升了生活老师的归属感和荣誉感，也成为对学生教育的一个良好素材，有利于培养学生对劳动者的朴素情感和良好的择业观，也有利于学生形成正确的人生观和价值观。

【点评】

在给学生提供安全、舒适的生活条件和服务设施的基础上，要坚持以“一切为了学生、为了学生的一切、为了一切的学生”为工作方向，及时解决学生在学习和生活中遇到的各种问题和困难，使学生在接受服务的同时陶冶情操、完善自我。因此，学生公寓必须认真做好管理和服务，充分发挥管理育人、服务育人、环境育人作用。学校公寓管理部门不断完善日常管理制度，注重公寓文化建设，强化人性化管理服务，学生公寓对学生成长的重要性越来越深刻地体现出来。

四、智慧后勤建设

智慧后勤主要是指应用互联网、物联网、云计算、大数据等新技术，实现智能服务、智能管理、智能应用等创新管理模式。中小学智慧后勤建设的核心目的是解决当前中小学校后勤管理手段落后、效率低下的问题，策略是充分发挥先进信息技术的优势，推动后勤管理方式和手段的变革。

当前，省、市、区县等各级教育行政部门均设立学校后勤管理科室，安排专人负责后勤管理工作。学校后勤管理涉及学生生活的方方面面，对人员综合能力要求很高，各学校也意识到了后勤干部的重要性。通过加强和完善后勤管理干部的选拔、培养和任用，培养了一批政治素质过硬、业务水平高、服务能力强的后勤管理干部，增强了后勤管理的工作活力，同时为智慧后勤建设提供了人才。各学校积极探索“互联网+”在节水、节电、考勤方面的应用，通过对传统设备升级改造，引入远程控制、人脸识别、大数据等新技术，提高了智能化管理水平，大幅减轻了后勤管理人员的劳动强度。但各区县在教育发展上存在一定差异，并且在建设智慧后勤目标上没有形成统一的标准，这使得中小学智慧后勤建设缺乏系统的规划和管理，有的人认为只要上了网就算“智慧后勤”了，这些片面的理解也迟滞了智慧后勤提升。

近年来，国家大力提倡“智慧校园”建设，学校应当顺应要求，积极打造“智慧后勤管理”，通过高科技手段实现服务管理模式的转型升级，把后勤服务的精细化、标准化与信息化、智能化、便利化有机结合，充分发挥新设备、新技术在教育后勤管理中的作用，并积极探索，不断促进教育后勤行业发展提升。

【案例一】淄博实验中学先进的网上报修系统

维修是学校后勤工作的重要任务之一，学校维修工作千头万绪，跑水、停电、断网等情况时有发生，可预见性较差，及时得到维修信息，是及时处理问题的关键。为解决以上问题，淄博实验中学信息中心自主研发了网上报修平台，使报修信息畅通，极大地方便广大师生和后勤工作人员的同时，也架起了后勤与师生及各部门沟通的桥梁。

系统在学校校园网平台运维，全校师生均有权限登录并进行报修。报修系统包括报修内容、报修时间、报修地点（自动显示 IP 地址）、信息屏蔽、信息回复、信息汇总、信息打印等。未处理信息显示为红色，已处理信息显示为蓝色，直观且方便识别，全校师生也可看到并监督后勤人员的维修情况；后勤人员通过回复报修内容，增加了成就感。

【案例二】淄博高新区一中固定资产的精细化管理系统

随着教学条件的改善，学校固定资产日益增加，加强固定资产管理，提高其使用效益，已成为学校后勤管理的一项重要任务。淄博高新区一中围绕建设数字化校园开展系列工作，实现了资产管理数字化、维修养护规范化。

学校建有国有资产管理系统和乐知行管理平台，根据资产分类建立学校统管账和各室的明细目录账，入库至学校的乐知行管理平台。资产管理员在完成基础工作后，乐知行管理平台会对每一种出库的资产形成一个单独的二维码，这个二维码就是资产的“身份证”，一扫二维码，资产的位置、价格等信息便可一目了然，此项功能将资产准确定位在某一特定位置，不会因为临时性的资产位置变动产生资产混淆、丢失的情况，极大地方便了各班班主任及各功能室负责人开展资产管理工作。

【案例三】潍坊市“互联网 + 学校后勤”管理模式

1. 建立食堂管理与安全一体化管控平台

平台以智能操作、保障食品质量和安全为根本目标，以食品检测和流通溯源为主要途径，并根据国家政策及市场需求，提供全方位食品流通和质量监管解决方案，是一个集服务、管理和防控为一体的食品安全管控平台。

平台运用信息化技术，将食品从农田到餐桌的全过程纳入追溯和监管机制，实现了食品安全可追溯。将校园食材采购、食材配送、食材农残检测、消费者监督及主管部门监管等各项事务进行整合，并根据各方参与者的需求为其提供便利。一方面规范食材采购及配送流程，提供便捷的交易及结算服务，方便数据存档与查阅；另一方面通过多级防控体系，保障食品安全。

（1）普惠多方

校园采购方：精选资源，放心采购。

食材配送商：智能交易，高效经营。

食材生产者：规范生产，打造品牌。

终端消费者：追根溯源，放心食用。

政府监管者：智慧监管，精准服务。

（2）四级防控

一级防控：食品流通溯源。记录食品流通过程，做到来源可追溯，责任可追究。

二级防控：药残快检。每笔交易中的农产品都需要进行农残速检，将数据上传至平台，并进行公示。

三级防控：专业检测。要求供应商每月将相关商品送至专业检测机构进行专业检测，有效提高公信力。

四级防控：政府风险监测与监督抽检。由官方检测机构对平台运营者进行风险检测与监督。

2. 建立校服工作管控平台

平台旨在将信息化的手段运用到校服管理工作中，对校服的“原材料生产—校服生产—发放过程—售后服务—政策执行—监督投诉”各个环节进行全程实时、动态管控，全面提升校服质量。

（1）信息查询

家长、学生及教育部门可以通过平台查询所有与学校有合作关系的校服生产企业的基本情况、校服政策及标准、校服款式、校服质量与安全等信息，实现信息透明化。

（2）质量管控

实时对原材料生产企业的源头质量、校服生产企业的成品质量、校服的质量与安全执行标准、质量检测报告等环节进行管控。

（3）信息共享

手机端与平台信息共享，为教育部门、学生及家长提供校服管理、订制与调换等便捷式服务。

（4）社会监督

将质量及执行标准、企业情况、产品、校服政策等信息发送到学生家长手机上，主动接受学生家长及社会的监督。

3. 建立校园安全管理大数据管控平台

平台旨在加强校园信息化管理，把信息化管理手段应用于学校安全管理中，实现对学校安全管理实时管控。平台下设系统管理、学校安全政策及文件通知、学校安全巡查、安全教育教研、学校安全分类管理（校园安保、消防安全、交通安全、食品卫生安全、防溺水安全、女童保护、应急管理）、学校安全宣传、学校安全大数据统计分析七大模块。

（1）架构四级安全管理体系

利用市、县、镇、校四级教育部门在平台注册的 3200 名安全巡查人员，对学校开展不间断的安全巡查，实行信息实时上传，资源充分共享，校园安全防护，“日上报、周汇总、月通报”的安全管理新模式。

（2）实现“5431”功能

搭建 5 个平台（安全巡查实时上报平台、安全隐患分类管理平台、安全教育教学教研平台、校园案例统计分析平台、安全经验互动交流平台、安全隐患统计分析平台）、学校安全隐患 4 级巡查（市、县、镇、校四级共同巡查安全隐患整改过程）、安全隐患 3 不放过（校园安全不巡查不放过、安全隐患不整改不放过、安全隐患不销号不放过）、安全信息 1 键查询（“三防”及校园安全相关信息查询）。

（3）建立手机 APP 客户端

市、县、镇、校四级巡查队伍通过手机 APP 实现学校安全实时监控、随拍随传，实现快捷的学校安全信息上报、整改及查询，对查漏补缺、及时掌握学校安全动态发挥了重要作用。

【案例四】临朐文昌小学利用智慧校园平台实现后勤多维度管理

1.图书管理

利用智慧校园强大的图书管理功能，实现学校图书电子管理。学生可以通过局域网查找图书，配合超市开架式图书馆借阅，找到自己想要的图书，不仅节约时间，提高了借阅效率，而且大大提高了图书的流通和使用效率，很好地服务了一线教学。

红领巾网上图书馆。利用网上图书馆与智慧校园的链接直接访问，实现师生网上电子阅读。

2.绿化树木管理

一是利用挂牌阅读配合二维码管理，方便师生学习相关知识；二是便于管理者对绿化树木生长情况的掌握和维护。

3.学校财务资产管理

物品存放、物品领用、财务报销、物资管理、报修均可以在网上跟管理员预约办理，比如出差回来后的费用报销，可以根据自己的时间跟学校财务人员预约办理时间；利用智慧校园平台的物品报修，可以让学校后勤管理员及时处理需要维修的物品，以免影响工作。

4.利用智慧校园平台实现安全快捷无纸化办公

利用智慧校园平台即时通讯中的内部消息、事务提醒、短信群发功能，可以方便地提交文件，选择性地推送给需要的工作群或管理者，还可以实现单向传递，节约成本，提高效率。

会议管理。一是利用智慧校园实现会议室的安排，并根据安排及时更新会议宣传标语和会议用品的购置及发放、拍照、宣传、推广等。二是根据会议安排及时调整会议地点并通知到每一位参加会议的教师或管理者。会议冲突时，调整会议地点或会议时间。

公文审批。在智慧校园平台利用公文审批实现上级公文的接收流转和学校公文的审批修改流转。例如上级文件《关于学校食堂卫生和安全检查验收通知》，由学校单位账号接收后转给校长审阅，校长审阅转回后再转给分管学校安全的副校长进行文件落实和实施。学校内部自己制定的文件，比如安全科的《寒假安全责任书》，由安全科制定好后转发给校长审阅，校长审阅修改后再转发回安全科实施落实，实现个人在线办公。

考勤管理。利用智慧校园中的智慧豆（手机客户端）实现在线考勤、打卡。根据打卡地点显示外勤或内勤，从而实现考勤管理。学校考勤管理员根据教师打卡情况进行考勤汇总，极大地方便了教师和管理员。线上打卡考勤方便快捷，解决了集中地点、统一用具打卡的弊端，节约了时间，方便了教师，也方便了管理者对于教师日常活动请假、外出、出差、加班等的管理，提高了管理效率。

校务公开。利用智慧校园实现校务公开。比如贫困生资助、学校招生简章及平台操作步骤等及时在平台公示宣传，不仅让师生、家长了解学校政策，而且可以接受社会的监督。

利用智慧校园平台实现家校互动式管理。学校的管理信息及时公开到平台上，教师和家长可以随时查看，了解孩子和学校的情况，还可线上留言，学校根据情况及时调整工作思路或及时了解家长和学生的需求。例如，每天食堂的菜单晒到网上，让家长了解孩子的就餐情况（学生只在校午餐），依据学校菜单调整家庭菜单，以达到合理膳食，均衡营养；学校的合理收费放到网上，便于家长了解政策，更好地配合学校管理，提高对学校办学的满意度。

5. 效果反馈

在平台中，领导根据各自的权限进行督查督办，随时监控下级督查、督办及反馈情况。在网上就可以看到工作进度，实现在线办公，从而使工作效率提高，使每一位工作人员自觉积极主动地工作，并且工作痕迹留存在平台上，回顾工作日志，会有成就感，从而享受工作的幸福。

【点评】

在智慧后勤建设方面，各地中小学校结合自身实际进行创新，从完善管理制度体系、加强互联网技术应用等方面树立了良好的经验典型。学校的发展离不开良好的管理体系，而好的管理体系一定是顺应时代潮流的、先进的。通过探索，建立既符合学校实际，又能适应社会发展的管理体系，对学校发展起着重要的基础保障作用。将互联网技术引入原后勤管理系统，不仅可以大大提高管理的便捷度、节省人力物力成本，还可以提高管理成效，做到溯源可行、精准定位，实时备案。

由于各地经济发展程度不同，中小学校智慧后勤建设取得的成果也不尽一致。因此，各地市还应进一步加强交流学习，借鉴成熟经验，取长补短，共同推动全省中小学智慧后勤建设步伐。

五、 绿色校园建设

20 世纪 70 年代开始，世界各国开始了建筑节能方面的研究，着力构建适合不同地区的绿色建筑体系。20 世纪 90 年代，英国将建筑节能引入校园，开始了绿色校园研究工作，制定建筑设计规范，推动绿色校园建筑的发展。同期，我国从国外引入绿色校园概念，全国范围内新建学校开始在规划设计时尝试引入绿色校园的设计理念。早期我国的绿色校园研究主要集中在大学层次，中小学绿色校园建设规划相对缓慢。改革开放以来，随着我国经济的不断发展和人民生活水平的不断提升，人民群众对美好生活的向往日益凸显。学校是一个庞大的系统，师生是高素质人员，这促使绿色校园建设逐步成为社会关注的热点。因此，如何将绿色校园应用到校园规划和校园建筑设计中，贯穿于校园建筑的全生命周期，已成为中小学校园绿色发展的需求和趋势。

学校是绿色校园建设的组织者和实施者。我省各级各类中小学校积极开展绿色校园创建探索工作，普遍建立了专门的组织机构，落实严格的管理，进行科学的分工，建立考查和估评机制，从校园的整体规划和布局设计到绿色校园宣传教育，将绿色校园建设的每一项工作落到实处，对绿色的内涵进行了深层次的挖掘，努力改善学校环境，让绿色环保理念深入人心。

绿色校园建设的目的是构建和谐、绿色、环保、可持续的人文环境，让校园在“绿色”氛围下发挥育人功效。当前，各中小学校积极落实校园亮化工程、“绿化”工程，充分发挥学校的美育作用。通过粉饰墙壁、修建文化长廊、栽树种花绿化环境等途径，将“绿色”真真切切呈现在校园中；将学校特色展示在墙面、门厅、走廊、教室、食堂等公共场所，让“绿色”成为学校生活的一种习惯。教师和学生是绿色校园的践行者，各学校普遍将“绿色”理念与课堂教学相结合，通过学科教学，教育学生树立绿色环保理念，传达可持续发展的美好愿景。大力开展绿色校园实践活动，从节约每一度电、每一滴水、每一粒粮开始，将“绿色”付诸实践，让节约、环保、绿色成为全校师生的自觉行为。

虽然师生的环保意识得到了提升，校园环境得到了改善，但是，纵观这些年的建设成果，大多数中小学校的绿色校园建设仍停留在表面，缺乏系统的研究和深层次的挖掘，尚未形成比较科学、系统的理论体系。有的学校在操作上也缺乏全面思考，片面地把绿色校园建设理解为“校园绿化”。因此，要对绿色校园建设做出系统的分析，并提出指导性的建议，以促使中小学绿色校园建设得到更加科学系统的落实和发展。学校建筑要更加注重与现代化生活的结合以及与新时代理念的统一，引入更多新技术和新材料，提高节能降耗成效；进一步扩大太阳能、地热、风能等清洁能源在绿色校园建设中的应用，并利用互联网技术加强能源的智慧管理，使“绿色”理念在后勤服务的各方面得到深入贯彻，从而更有力地支撑学校各项事业的发展。

【案例一】淄博市教育局节约型校园创建

淄博市教育局高度重视节能工作，认真落实上级节能减排工作部署，以建设节约型学校为目标，以强化师生的节能环保意识、落实节能降耗为重点，从加强管理、监督等方面推动节能工作全面开展。

1. 完善制度，加强管理

成立了淄博市教育系统节能工作领导小组，由局主要领导担任组长，分管领导担任副组长，市教育服务中心、办公室、计财科、基教科、职教科等科室负责人任成员，领导小组办公室设在市教育服务中心，负责日常工作。先后下发了《关于印发淄博市学校节能低碳行动实施方案的通知》《淄博市教育局关于开展勤俭节约教育的通知》《关于做好学校能源资源消耗统计工作的通知》等文件，从节能任务目标、组织体系建设、制度建设、工作措施、宣传教育、监督考核、能耗统计等方面对学校节能工作进行全面部署。

明确教育部门的节能任务和目标，建立监督检查机制，将节能工作纳入对教育行政部门和学校的检查考核范围。各级各类学校建立节能工作目标责任制和节能工作考核评价体系，实行能源管理岗位责任制，将节能目标和责任落实到岗、到人，重点用能设备配备专业技术人员管理。加强日常检查监督，细化水、电、油、气、煤炭、办公用品的节能工作措施，完善能源消费计量、统计和审计制度，开展办公室、班级、部门的节能评比，做到人人重环保，事事讲节能，处处践低碳。

2. 选树典型，创建示范

2017 年，市级节约型公共机构示范单位创建活动正式启动，市教育局对局属学校的创建提出明确要求，并对学校申报材料严格审核，不断加强指导、检查。各学校将创建节约型公共机构示范单位作为强化学校节能工作的重要方式和抓手，制定了详细的工作方案，采取有效措施，切实做到了节能降耗，创建工作有力地促进了学校节能工作的开展，取得了良好效果。

3. 推进节能技术应用

在新建项目中落实节能政策。2018 年，淄博实验中学新建 38559 平方米教学楼、实验楼、学生宿舍、食堂、风雨操场等 11 个单体建筑，完全按照节能规范进行设计建设，提高建筑节能效率，同时学校还创造条件，逐步对原有建筑进行节能改造。积极推广应用节能新技术、新产品、新能源和可再生能源，各学校建设了太阳能浴室，淄博柳泉中学投资 735 万元建设了地源热泵系统，使用地热资源供暖和制冷，实现节能降耗。淄博实验中学、淄博一中、淄博四中、淄博六中等学校更换了高耗能变压器，安装了节电器，灯具由 40 瓦日光灯改为 22 瓦节能灯，图书楼、路灯由 40 瓦日光灯改为 18 瓦 LED 灯。淄博五中在教学楼、音乐楼改造中，将原来走廊、楼梯上的荧光灯管全部更换为 LED 节能灯管，所有楼梯、卫生间等公共部位全部使用声光控灯，室外照明全部使用时间控制仪定时开关。淄博实验中学、淄博一中、淄博四中、淄博中学等学校对自来水做了水平衡测试并顺利通过了水务部门评审验收，更换老旧自来水管路，解决了自来水跑冒滴漏问题，卫生间水龙头、蹲便器全部使用延时阀等节水设备，部分教学楼小便池改造为红外线自动冲水系统。

4. 加强节能宣传教育培训

各学校把节能教育作为学校德育的重要内容，强化学科渗透，充分发挥课堂、主题班会、国旗下讲话、宣传栏、黑板报、校园网络等主阵地作用，贯穿于教育教学全过程，引导学生树立节约光荣、浪费可耻的思想观念。各学校组织学生开展与学龄段相适宜的形式多样的体验活动。利用节能宣传周、能源短缺体验日、环境日、粮食日开展节能宣传活动，建设节能环保校园文化，引导学生从身边的小事做起，从自己做起，逐步养成节约节能的行为习惯。

【案例二】莱芜师范附属小学凝聚文化力量，奠基美丽人生

一是以创建花园式学校为目标，加强校园美化绿化，初步建成了环境清新、布局合理、层次分明的校园景观，校园做到了常年有绿色，四季有花香，克服校园用地困难，开辟了“植物憩园”，栽植了樱花、柿子树、石榴树、山楂树、丁香、海棠、杏树、银杏树、迎春花等30余种四季植物，彩绘出了一幅春天花香袭人、夏天绿意盎然、秋天硕果累累、冬天宁静致远的美丽画卷。

二是赋予建筑设施以文化灵性，升级了包括改造3条道路（分别命名为明远路、励行路、天健路）、5大建筑（启智楼、崇德楼、至真楼、博学楼、启蒙楼）、20条文化走廊、10处景观、26个功能室、40间教室在内的硬件设施，形成了崭新的校园设施文化新格局。

三是丰富走廊文化，营造学习环境。启智楼1—5层的5条走廊从上到下，设计了从古到今的文学史话。“文学史话”将中国文学史的分期、历史演变、特征等做了高度总结提炼，以图文并茂的形式培育同学们基本的文学素养。

四是丰盈教室文化，张扬学生个性。各班根据自身实际学情，认真分析，精心设计，创建了包含班名、班徽、班诗、班训、班级口号、班主任寄语、班级愿景、班级博客及微信群的班级管理价值体系，增强了班集体的凝聚力、自豪感和荣誉感，形成了“百花齐放春满园”的良好格局。

五是强化习惯教育，培育养成文化。学校坚守“教育就是培养习惯”这一教育理念，根据学生的年龄特点，科学制定了“好习惯80个”和“校园文明用语30句”，每班都设有“好习惯排行榜”，班主任和任课老师及时给每个学生做出客观公正的即时评价，当学生的一种习惯逐步成熟时，就在排行榜对应的习惯栏中粘贴一颗星，逐步构建起习惯养成目标体系和评价体系。

【案例三】济宁市兴东小学建绿色校园，办幸福学校

济宁市兴东小学坐落在大运河之畔，太白湖之滨，具有得天独厚的生态条件。学校充分利用自然优势，从校园美化、地方特色课程开发、实践教学等方面开发出一条颇具特色的绿色校园建设之路。

1. 加大投入力度，创造优美环境

加大校园绿化投入力度。近年来，学校先后投入100多万元用于学校绿化、园林建设和管理，有计划、分阶段进行校园绿化建设：进行乔木、灌木、绿篱球、草坪4层交叉立体绿化，栽种了大叶女贞、国槐、红榉、银杏、广玉兰、高杆红叶石楠等40多种名贵花木。

加大硬件建设投入力度。学校每年购置环境教育图书、报刊、音像资料，供师生阅读。投资100多万元建立了三网合一的局域网系统，使学生在网络世界中学到更多的环保知识。各办公室、教室、功能室安装了节能灯管，各楼层安装了声控开关，教室使用了无尘粉笔。学校还建起了德育廊、艺术廊、宣传橱窗 40 多个，设置环保教育宣传板 20 多块。

2. 渗透绿色教育，拓宽教育内容

开设“环境教育”地方课程。安排专兼职教师上好每节课，做到课表、教材、教学计划、课堂教学、教研活动“五落实”。学校支持教师外出参加学习、培训，为教师提供成长的平台。

在学科教学中渗透绿色环保教育。为增强学生的环境保护意识，教师根据各学科特点和课程内容，进行有机渗透。如，语文《只有一个地球》《蛇与庄稼》等课，教师巧妙地渗透绿色教育；思品课结合垃圾分类、爱护环境等内容，向学生渗透环保绿色教育，增强环保意识；科学课《怎样认识空气》《水的净化》《土地的保护和改良》等课结合教学内容与环境教育密切联系的特点，具体落实环保教育目标。

精心打造“文化厕所”。依据小学生的生理、身高特点，设计了高度适宜、大小适中的洁具，并且广泛发动师生，搜集了若干图文并茂的古诗、故事及励志短文。抽调部分语文骨干教师，从中整理了 200 个成语小故事，100 个益智小故事，100 篇校园小品文，精心制作成可以随时替换的文化展示窗。

3. 创新教育形式，开展教育活动

结合重大节日，开展绿色环保活动。每年 3 月 12 日植树节，学校都组织师生参加大型植树活动，师生热情高涨。4 月，组织部分学生到太白湖环保踏青，捡拾废纸、塑料袋等杂物，以实际行动保护环境。9 月，在全校开展“保护环境、保护地球”师生书画作品、学生手抄报展评。12 月，开展环保格言征集、评选活动。每学期组织 1—2 次环保知识竞赛，对优秀同学表彰奖励。

开展环保主题队会活动。结合“世界水日”“世界环境日”等节日开展系列环保实践活动，还举行了“保护环境，从我做起”师生千人签名活动，效果良好。

抓养成教育，培养良好的行为习惯。结合《小学生日常行为规范》《校园“十无”》《环保行为规范》等相关要求，充分利用主题班会、宣传栏、黑板报、广播站等，对学生进行环保宣传教育，利用每周文明班集体的量化评比、每月“环保之星”评比，规范学生行为，促进良好行为习惯的养成。

开展我为世界添绿色“五个一”活动。学生每人养一盆花，种一棵树，包保一片区域卫生，写一篇“我心中的绿色学校”征文，每班建立一个垃圾分类回收袋，学生自觉植绿护绿，搞好清洁卫生，养成良好的行为习惯。

【案例四】临沂第十中学与绿色同行，打造美丽校园

1.2012 年，学校进行 D 级危房改造

如今，教学楼、科技楼、办公楼三座楼形成了“品”字结构，分别命名为致远楼、

致真楼、致和楼。科教楼前小广场，绿树成荫，翠竹环绕，灰砖壁画与假山瀑布相映成趣，鹅卵石小径回旋其中，让师生在工作学习之余仿佛置身江南庭院。

2. 校园绿化方面

学校主干道设计为林荫大道，小草、低灌、中灌和高树结合的设计方案迎合了学校的教育理念——“为了每一个生命的发展”，即每一个小苗经过悉心关爱和教育，终会长成参天大树。学校理念与绿化美化设计完美结合的校园，空间多元化，景观精致大气，大大提高了学校的整体绿化美化效果。餐厅楼顶的绿化工程，为校园绿化面积增加了600多平方米。

3. 把育人环境与精神文化建设结合起来

学校努力把校园布局与育人功能结合起来，做到和谐统一，以人为本，将校园的每一个角落建设成育人堡垒，因地制宜，设立各种文化设施。新建防腐木材质文化长廊，其内容涵盖了学校“三风一训”及华夏悠久文化历史的内容，集中展示《弟子规》等丰富内容，广泛地在学生中开展传统美德教育，进行爱祖国，爱家乡、尊师重孝教育。

4. 注重学科教育渗透环境教育

第一，培养一支高素质的环境教育教师队伍。积极进行创建绿色学校知识、信息培训，建设骨干教师队伍，把环境教育渗透到各学科教学之中。第二，要求各科教师把环境问题与教学内容有机结合起来，教师成为环境教育的主力军，让学生在学习各专业知识的同时，对环境科学的基本原理有初步的认识和了解。第三，把日常班级管理定为渗透环境教育的有效渠道。规定每学期组织一次以环境教育为主题的班会课，同时还组织学生进行环境知识竞赛、辩论及社区环保行动，让学生自觉做到保护环境。

【案例五】淄博柳泉中学节水系统改造

淄博柳泉中学于2016年8月建成并投入使用，作为新建学校，各种耗能项目较多，水、电用量一直居高不下。其中用水量特别高，分析其原因，一是学校各类用水都是自来水，包括生活用水，冲洗、绿化浇灌用水等；二是建校时，所有学生厕所都设计为蓄水箱式冲水蹲坑。由于每层楼都没有设计单独阀门，学生下晚自习之后即使无人使用，蓄水箱仍旧反复冲水，浪费十分严重。前期学校只能通过周末关闭教学楼总阀门，减少水的浪费。学校高度重视水资源浪费这种现状，不断尝试各种节水措施，都不理想。经过多次市场调研，咨询相关专家，决定采用人体感应全自动冲水。厕所智能节水系统的使用大大提高节水效率，原来每个厕所一天的用水量在12立方米左右，现在的用水量仅为1.4立方米，节水率达到88%以上，学校每月用水量大幅下降，不仅节约了水资源，还大大减少了学校经费的支出。智能化节约型校园的建设既是节约的过程，也是创造的过程。

【案例六】龙口第一中学真抓实干，节能见实效

龙口一中是一所有着120多年历史的百年名校，然而，学校规模的扩大，办学条件的完善，也使学校一跃成为全市公共机构中的消费大户。学校全面加强节能领导和用能管理，将节能减排工作纳入了学校整体发展规划，从以下三个方面发力。

1.完善规章制度，将节能工作引入规范化、制度化轨道

为推进依法节能，促进节能工作规范化、制度化，建立节能工作的长效机制，学校制定并不断完善了一系列规章制度，并在日常点滴工作中严格落实。同时，在校园建设中更换多种节能设备，多方位实现能源节约。

（1）节水管理

加强节水意义的宣传教育，在师生中普及节水知识，增强节水意识，培养节水习惯；要求师生用水后及时关好水龙头或阀门，采用节能开关部件；采用滴灌、自动喷灌、储集雨水等科学方式进行绿化浇灌，科学设置灌溉用水频率；加强供水管线和设备的巡查检修，定期及时分析用水量变化，杜绝跑、冒、滴、漏浪费现象。

（2）节电管理

实施绿色照明工程。所有用电场所都要求做到人去灯灭，人走电断；合理设置空调温度，夏季不低于26摄氏度，冬季不高于20摄氏度，所有办公区域都做到无人时不开空调，开空调时不开门窗；办公、教学用计算机、打印机、复印件、电视机、多媒体、大屏幕等用电设备，使用后要及时关闭，减少待机电耗；师生饮水集中供应，统一使用蒸汽回放步进式节能开水器，禁止使用电炉、电水壶、热得快等大功率电器；环境照明、道路照明、景观照明实行定时管理，并且普遍使用节能灯和LED灯；岗位管理人员要随时对照明线路和用电器具进行检修，杜绝跑电漏电现象，检查、发现、制止、处罚违章用电和浪费电能的行为。

（3）办公用品管理

严格办公设备、用品配置标准，打印机、复印机、传真机、电话机等设备，能共享的一律共享，提高办公设备利用率；循环使用办公用品，提倡双面使用纸张，减少一次性用品的使用，饮水提倡使用茶杯，尽量减少使用一次性纸杯和瓶装饮用水；推行电子政务，充分发挥校内外网络作用，减少纸质文件的印制，推行电子无纸化办公，修改文稿要在电子媒介上进行，减少重复打印次数，实行公文审阅和报送网上传输。

（4）能耗统计报告制度

学校后勤设立专职人员负责学校每天用能计量、纪录、统计、查询、报表以及节能文件、台账管理，全天监测能源消费情况；在对能源消费进行分户、分类、分项计量的基础上，对用能状况进行科学分析并提出可行的解决办法，提交学校节能工作领导小组研究整改方案，立说立行布置落实；按上级要求，准时向龙口市公共机构节能工作领导小组报送能耗情况月报表、季报表、年报表和能源资源消费状况分析报告。

（5）能耗定额、节能立标责任制度

学校坚持实事求是、科学合理，稳中有降的原则，制定每年能源消耗定额标准，分

解细化到月、季度，在上报市节能工作领导小组审查备案并批复后，将各部门和岗位责任人员定额完成情况同节能目标责任制度结合起来，纳入学校总体目标责任管理，作为评价各级领导和岗位责任人员工作业绩的重要依据。

2. 严格建设节能把关，从源头控制上奠定节能降耗的保障基础

学校新校区建筑工程的设计、施工和监理都严格地遵守国家建筑节能标准，全部使用新型建筑材料和节能设备，从源头控制上奠定了节约型校园建设的保障基础。

（1）严格执行建筑节能标准规范，以加强建筑物围护结构自保温和强化遮阳、通风技术为重点，采用适宜学校实际需要的建筑节能新技术、新工艺、新材料，降低实施建筑节能的成本。

（2）应用浅层地能利用系统，采用地源热泵供暖和制冷。学校一次性投资 578 万元配备了三台地源热泵机组，既有效降低了能源消耗，又保护了地下水资源，仅每年的供暖、制冷两项就节省资金 198 万元。

（3）充分利用太阳能光热，投资 120 万元建设了太阳能，集热面积 1200 多平方米，可产生热水 100 吨以上，可以满足全校三处伙房餐厅的热水供应。太阳能还可为地源热泵补充热水，大大降低了地源热泵的用电量。太阳能的利用每年可为学校节约电费 47 万元。

（4）重视非传统水源的利用，建设了两个收集储备雨水的人工湖，容量可达 6140 立方米，成为学校绿化用水的主要来源。

【案例七】山东省安丘市实验中学节能减排初见成效

1. 更换新型的照明设备，用一年的时间将原来的普通节能灯和日光灯更换成新型的 LED 灯，教室、办公室采光尽量用自然光，用灯时做到人走灯灭，杜绝长明灯。楼道和厕所全部更换声光控开关。路灯、外用射灯采用定时器，并根据不同季节及时调整开、关时间。

2. 电脑、饮水机等智能用电设备，设置为不使用时自动进入低耗能休眠状态，半日不使用自动关闭。

3. 用水管理，落实每日巡查制度，杜绝跑、冒、滴、漏现象。更换节水龙头，避免长流水。

4. 办公用品的使用和管理。倡导无纸办公，充分利用现代办公工具。办公用笔换芯使用，从小处节约做起。

【点评】

绿色校园的创建是一项持久性的工作，各地市学校充分认识到了此项工作的重要性和必要性，结合地方特色进行积极探索，积累了一些有价值的经验。

宏观层面，要建设真正的“绿色校园”，首先是要创造一个环境绿化的校园，让校

园理念、思想绿色化，再通过制度、管理的约束使绿色化的理念、思想促进绿色校园建设，最终实现两者相互促进，相互融合，形成良性循环。各地市学校可以进一步在制度建设、绿色理念塑造等方面进行发掘，探寻出最适合自己的路径。

微观层面，节能技术改造投资少、见效快，各地市学校可以在充分利用原有技术的基础上进行节能可行性挖掘，巧用技术创造更好的效果。从细节入手，从小处抓起，“小气”的长路上得到的是可观的节能效益。

六、校服管理

校服是与中小学生成长息息相关的特殊服饰，是反映教育水平和青少年精神面貌的标志之一。校服有两大功能，其一是标志性功能，校服是学生身份的象征；其二是实用性功能，即衣服本身具有的遮身蔽体的自然属性。我们应当积极打造适合中小学生身心需求的校服，在校服功能结构上寻求突破，探寻自己的校服文化和精神，改善学生整体精神风貌，使校服文化成为教育体系的一部分并形成体系，使其对教育产生积极的影响。全省中小学生校服的制备管理水平不断提高，尤其是全省校服展，无论样式、质量，还是价格、监管都有很大变化，有力助推了校服的发展，学生的精神风貌和学校的面貌越来越受到社会肯定。

但相当一段时期以来，校服制备供应方面存在的问题，引起了社会各方面的关注，家长对学生的着装安全和健康问题十分担忧，校服款式和价格问题也成为社会热议的话题。一是质量（安全）问题，还存在校服面料质量不高的现象，需要加强管理；二是舒适性问题，运动式为主的校服，肥大不合体，做工不精致；三是美观问题，校服款式、色彩相对单一，体现不出对美和时尚的追求，不能体现出男女生的性别差异；四是价格问题，还存在低价中标的现象；五是文化问题，表现为校服的育人功能未得到很好的体现；六是费用问题，我国经济发展有了很好的基础，但校服免费发放还是困难重重。

加强校服管理成为教育主管部门和学校的重要工作。学生和家长的主要需求是穿上美观、舒适的校服，并非追求低廉的价格，我们应充分考虑消费者的需要和教育的发展，引导消费理念回归理性。完善校服的设计研发、采购、使用、回收重复利用等工作流程，在设计上应符合青少年儿童身心发展特点。要运用信息化手段，构建“互联网 +”平台，强化管理与服务，建立校服展评视频资料数据库，做好后续的服务工作。要打破地方保护壁垒，引入竞争机制，把权力关进制度的笼子。坚决按照《山东省中小学校服管理工作指导意见》的要求，积极推行批次送检，结合实际落实“双送检”制度，大力倡导以区县为单位统一招标，集中采购，推行政府为学生统一配发校服或采用政府和家长共同承担的方式为学生配发校服。校服生产者和校方应通过建立良好合作关系，实现共赢，促进校服市场良性发展。要虚心学习，博采众长，探索出自己的发展之路。要注意保持相对的稳定性，体现文化的传承，不要因为负责人换了就大变一次校服；地域上的相对统一可体现在要表现出齐鲁风韵，起码也要以区县为单位，在款式、颜色上相对统一，可在学校标志上有所差别。这种相对稳定也有利于企业的生产，便于保证质量。

要逐步实现校服免费配发。学生穿着校服是培养团队意识、传播平等精神的有益方式，有利于学校管理，是社会文明、时代进步的体现，其质量关系学生的健康成长，式样影响学生的形象和气质养成。它还是一个城市和学校文化层次、文化底蕴的反映，在潜移默化中影响学生的审美观、文化品味。优质、合体、美观、舒适的校服是培育校园文化的重要载体，能展现青少年朝气蓬勃的精神面貌，是城市一道靓丽的风景。校服问题不是一个小问题，涉及成千上万的学生和家长，逐步实现校服免费配发，是政府的重要职责。经过调查，我省济南市、青岛市、烟台市大都推行了政府免费配发政策，并列入民生项目，大大提升了城市的整体形象，提高了群众满意度。其他区县也在规范校服招标管理、款式更新、确保校服质量等方面做出了很大努力，但在免费配发方面还不够理想。

【案例一】山东省临沂第一实验小学“我的校服我做主”

1. 筹备，严谨充分

学校成立了以校长为组长的领导小组，明确规定：尽管学生服装采购不属于政府采购项目，但一定要严格按照政府采购程序，阳光操作，招标采购；工作小组成员除了学校中层领导、年级主任、班主任代表、家委会代表外，更要有最为重要的参与者——各年级学生代表，他们也将全程参与校服招标。学校安排后勤处委托代理机构分别在山东省政府采购网、临沂市公共资源交易中心平台发布采购招标信息公告。

2. 竞标，严格认真

学校先后召开全体教职工会议和各班级家长委员会会议，投票选出了校服设计方案，明确要求凡是在网上报名参加竞标者均要选择一款投票所选出的设计方案，届时展示。在临沂市兰山区公证处公证员的监督下，由家委会代表现场抽签决定，约七百名学生有序进入会场，一起参与服装款式评选。主持人宣布完规则后，在公证人员的监督下，投标企业按抽签顺序进行5分钟的设计演讲。工作人员打乱样品进行编号，学生模特试穿样衣上台走秀。家长委员会代表、学生代表对样品进行投票。工作人员在家长委员会及公证员的监督下汇总票数排出名次。

3. 揭晓，欢欣鼓舞

工作人员现场公布得分最高校服号码，并现场展示样品。淡蓝色的上衣与高远的蓝天相互辉映，代表着孩子们纯洁而广阔的心灵，配以红、蓝、黄三色条纹，似乎在书写着孩子们天马行空般的想象力；深蓝色的裤子上，用荧光的黄竖线作装饰，展现的是大地的沉稳与百年老校的厚重。家长和学生们为自己选出的校服兴高采烈。

4. 上装，体验自主

发放校服时，孩子们迫不及待地穿上身，教室里笑声、欢呼声盈盈。适性教育的最终目的是为每个孩子的终身发展奠基，而我们要做的就是用爱心、耐心来完善每一个教育细节，让孩子选择自己的校服，给他们更多的自主权，让他们做自己真正的主人。

【案例二】烟台经济技术开发区免费校服配备成果

烟台市 14 个县市区已有 13 个县市区实现了全部义务教育阶段学生校服的免费配备，覆盖面达到学生的 90% 以上。烟台经济技术开发区在校中小学生 3 万余名，目前已经实现高中段和义务教育阶段全部在校学生校服的免费配发，覆盖面达到 100%。

1. 严格规范配备程序，专业检测确保质量

（1）公开招标

烟台开发区一直采用公开招投标的形式，通过项目报建、专家论证、招标公告发布、招标文件发布、答疑、开标、评标、确定中标人、招标结果公示、发放中标通知等公开招标程序，确定校服生产企业。开标后，中标校服生产企业与学校分别签订合同并确定生产数量。

（2）严格标准

校服招标参数中对学生着装用料的规格及质量技术均有明确要求，主要选用安全环保、穿着舒适，耐脏、耐磨、耐洗、透气、防静电、富有弹性的面料，为确保学生着装后的安全、舒适提供了保障。

（3）安全生产

严格规范的招标程序确保了中标校服生产企业保障体系健全、产品质量优良、社会信誉度好。多年来中标的校服生产企业均具有强大的生产能力和技术实力，能够保证校服及时生产、工艺精湛、质量优良，同时保证能够为学生及时调换和补充校服。

（4）专业检测

坚持校服送检制度和检测报告公示制度，确保校服安全。对同一批次校服，实行两次检测。厂家在进行校服生产前，按照厂家主动、自愿的原则，由厂家先把生产校服的面料抽样送检，面料抽检合格后再进行生产。学生校服生产完成后，对正式的校服成品再次进行抽样检测，抽样检测率不低于 1%，校服成品检测合格后，才可以发放给学生使用。每一批次的校服成品抽样检测报告按照规定进行公示，并将检测结果告知全区师生及家长。

2. 摸清需求逐批发放，完善制度合理使用

（1）规范的校服发放制度

根据区教体局统一部署，学校提前向家长发放“致学生家长的一封信”，统计学生校服型号需求，对制服式校服，采取现场试穿、量体等方式确定型号。9 月，发放小学二、

三、四年级，初中三年级校服；10 月，根据 9 月的数量统计发放小学、初中、高中、高职的一年级校服。

（2）完善的校服使用制度

区属各学校根据情况修订学生校服着装（穿着）制度，做到上学时统一着装，重大活动或集会时，必须穿校服。各学校上学时学生统一校服着装时间达到 50% 以上，部分学校统一着装时间达到 90% 以上。各学校通过校服着装规范，培养学生的团队精神和平等意识，增强学生的行为举止规范和自我约束能力，提升学生的自信心和精神面貌，逐渐形成各具特色的校服文化。

（3）合理的校服更新制度

本着遵循学生身体生长规律的原则，小学生一、三年级配备运动款校服；二、四年级配备冲锋衣和制服，确保每名小学生在小学阶段每类校服配备 2 套；初中则是在一、三年级配备校服，确保每名初中生在初中阶段每类校服配备 2 套。

（4）人性的校服补充制度

考虑到部分学生的额外需求，本着完全自愿的原则，学校每年统计有额外校服需求的学生数量，按照招标价格向校服生产企业进行购买，校服生产企业确保质量不降低，并及时配送。

烟台开发区配备免费校服一直致力于提高校服的设计水平，提升校服的品位和质量，增强校服的育人功能，既强调统一，又各具特色，目的就是为了唤醒学生美的意识，滋润其心田，提高其气质，从而形成烟台开发区充满活力的校服文化。

【案例三】安丘市青云双语学校“校服穿我身，校园添光彩”

近年来，学校不断实施和悦教育，在校服设计、使用和管理等方面做到了个性化与统一性的有机结合，实现了因和而悦，因悦生彩。

1. 校服设计精心策划，获得了学生的广泛认可

学生着装整齐、统一，是上级教育主管部门的要求，也是学校实际工作的需要。经研究，学校采用招标的形式，聘请有专业裁剪设计资质的设计师为学校设计，通过勤管办联系生产商生产。设计分为多种类型，供学生民主选择，同时学校统一召开学生会议，最终投票决定。实践证明，学生的校服着装既得体又大方，充分展现了蓬勃向上的青春活力。同时，学校本着自主自愿的原则，分别订制春秋、夏季、冬季校服，免费赠送一套和悦礼服，三年各两套。三季校服与一套礼服基本上满足了学生上学期间的穿着，进一步确保了学生校服天天穿，既方便了学校对学生的管理，又为校园增添了书生风采。

2. 规范校服，消攀比之风

校服虽小，但却可规范学生之德。学校属于寄宿制学校，学生来自全市各地，家庭情况各异。为了杜绝攀比现象，学校充分利用校服规范学生的行为习惯，培养其正确的

价值取向。在校期间，学生要统一着校服，参与集体活动，如周一升国旗仪式、大型集体活动等，要求统一着校服。

3. 实行校服调换人文化，确保校服有序退出

如存在有缺陷的校服，学校会及时联系供货商统一调换。为了保证学生在校服出现撕裂等问题后及时得到修复，学校在公寓设立校服修补窗口，由公寓管理员兼任校服修补员，及时跟踪修补，确保学生日常穿着。人性化的调换修理，也温暖了学生的心。

【案例四】潍坊市坊子区教育局校安中心积极推进校服改革

1. 改革三原则

（1）自愿原则。学校自愿、学生自愿、家长自愿。

（2）协商原则。价格、款式等由家长、学校协商决定。

（3）制度原则。实行竞标、公示、备案制度。

2. 九条工作流程

（1）学校建立校服选购委员会。成立以学校和家长委员会为主体，学生、家长、教师、社会代表等多方参与的校服选购委员会，广泛征求学生、家长、教师等的意见。

（2）严格审查把关。认真审查参选企业资质，确保符合规定要求，学校要查看原件，并留取复印件（或照片）存档备查。

（3）初选。组织家长、学生、教师、社会等代表现场试穿、审核、筛选，最终确定生产企业、三种以上校服款式、价格等备选。

（4）票选。发给学生家长一封信，附带彩色图片资料，让家长和学生投票选出最喜欢的款式及价格等。选定得票最多的一种为该校校服。资料存档备查。

（5）加强监督。公示中标企业、校服质量标准、采购流程、采购价格等，主动接受社会监督。

（6）验收。学校与供货企业签订供货合同，执行“双送检”制度，严格查验“本批次成衣质量检验合格报告”“成衣标识”等，确保产品质量合格安全。

（7）服务。组织校服厂家为学生逐一量体裁衣，并做好校服发放及后续调配、质保等工作。

（8）严格落实减免政策。认真落实贫困学生减免救助政策，确保每一名学生不因贫困而穿不上校服，以保证校服的统一整齐，培养团队意识、传播平等精神。

（9）备档。企业资质、原材料质检报告、成衣合格质检报告、合同、贫困生减免等资料，由学校存档备查。

3. 加强五项重点监督

（1）资质监督。区教育局帮助学校共同把关企业资质，学校要查看企业资质等原件，并留存复印件（或照片）存档备查，区教育局进行抽查。

（2）质量监督。实行“双送检制度”，严查各项质检报告，确保校服质量合格安全。

（3）价格监督。以家长同意并签字为准，区教育局加强价格监督，确保校服“质优价宜”。

（4）流程监督。要求学校严格按区教育局规定流程操作，确保程序公开、公正、公平。

（5）减免政策落实监督。有减免申请，符合减免条件的，由班主任签字、学校盖章同意。确保减免对象真实有效。

【点评】

校服工作是做好教育工作的基本保障，省厅及市县区、各中小学校都高度重视校服配备工作，着力挖掘校服文化内涵，不断提升管理水平。在有关政策规定的指导下，构建“互联网+”平台，规范校服采购程序、打造地区校服文化、发挥校服育人作用、强化管理与服务。积极推行批次送检，大力提倡以区县为单位统一招标集中采购，鼓励政府为学生统一配发校服或采用政府和家长共同承担的方式为学生配发校服。我们相信，不远的将来，靓丽的校园风景线会因认识的提高、制度的完善、校服文化的进步、免费的配发而更加绚烂！

后　记

本书是在两年前山东高校后勤社会化改革20年成果征集资料的基础上，组织相关专业人员整理、提炼编写而成的，虽然因工作繁忙和疫情耽误了些时效，但对20年的改革历程、经验是很好的记录和总结，对深化高校后勤改革具有一定参考价值。

20年来，山东高校后勤在中央和山东省方针政策的指引下，不断探索、试验，不断总结、完善，社会化改革取得了巨大成就，保障了学校教学科研和各项事业的快速发展。新时代呼唤现代化后勤保障，高校后勤如何深化社会化改革，新业态如何提升后勤服务保障能力，如何做好传承与创新等一系列新课题摆在高校后勤人面前，历史经验无疑是本好的教科书。为此，编者力求保持原貌，或一例或整体进行点评，为读者提供仁者见仁、智者见智的资料参阅。

由本书编委会研究制定编写体例和原则，按编分工，刘学祥同志进行了统编定稿。书中只按编写分工署名，没有列出资料提供者，在表示感谢的同时，祈望见谅！

由于水平所限，书中肯定有许多不妥甚至是谬误之处，尤其是所列案例不一定是最典型的，敬请专家、同行批评指正。

编　者

2022年8月26日